教育部人文社会科学重点研究基地重大项目
「中华人民共和国民法典评注」（18JJD820001）

杨立新 —— 著

中国民法典精要

北京大学出版社
PEKING UNIVERSITY PRESS

目 录

引 言 ·· 001

上卷 民法总论

第一章 民法与民法典 ·· 007

一、民法与民法典的概念 ·· 007
 （一）民法的语源 ·· 007
 （二）民法的不同含义 ·· 008
 （三）民法的概念 ·· 008
 （四）民法典 ·· 009

二、民法的性质和本位 ·· 009
 （一）民法的性质 ·· 009
 （二）民法的本位 ·· 011

三、民法的历史发展 ·· 012
 （一）罗马法 ·· 012
 （二）日耳曼法 ·· 013
 （三）近现代民法 ·· 014
 （四）中国的民法 ·· 015

第二章 《民法典》的基本规定 ·· 018

一、《民法典》的调整对象 ·· 018
 （一）民法的调整对象及其意义 ·· 018
 （二）《民法典》调整对象的内容 ·· 018

二、《民法典》的基本内容 ·············· 020
（一）规定民事权利 ·············· 020
（二）规定民事权利行使规则 ·············· 021
（三）对民事权利的保护 ·············· 022

三、《民法典》的基本结构 ·············· 022
（一）《民法典》的基本结构 ·············· 022
（二）《民法典》结构与内容的关系 ·············· 023

四、《民法典》规定的民法基本原则 ·············· 024
（一）私权神圣原则 ·············· 024
（二）平等原则 ·············· 025
（三）意思自治原则 ·············· 027
（四）公平原则 ·············· 028
（五）诚信原则 ·············· 030
（六）公序良俗原则 ·············· 031
（七）绿色原则 ·············· 032

第三章 民事法律关系 ·············· 034

一、民事法律关系概述 ·············· 034
（一）民事法律关系的意义 ·············· 035
（二）学习与研究民法的基本方法必须从法律关系入手 ·············· 036

二、民事法律关系的概念和特征 ·············· 037
（一）民事法律关系的概念 ·············· 037
（二）民事法律关系的特征 ·············· 037

三、民事法律关系要素的具体内容 ·············· 039
（一）主体 ·············· 039
（二）客体 ·············· 040
（三）内容 ·············· 041

四、民事法律关系的基本类型 ·············· 042
（一）民事法律关系类型划分的意义 ·············· 042
（二）民事法律关系类型化的级别 ·············· 043
（三）按照性质划分的民事法律关系类型 ·············· 043

第四章　民事主体 ··· 045

一、自然人 ··· 045
（一）自然人的概念 ··· 045
（二）自然人与公民概念的区别 ·· 046
（三）民事权利能力 ··· 046
（四）民事行为能力 ··· 051
（五）监护 ·· 055
（六）个体工商户与农村承包经营户 ······································ 057

二、法人 ··· 059
（一）法人的概念与特征 ·· 059
（二）法人的产生原因与本质 ··· 060
（三）法人的类型 ·· 061

三、非法人组织 ·· 062
（一）非法人组织的概念 ·· 062
（二）《民法典》规定非法人组织为独立民事主体的主要根据 ········ 063

第五章　民事权利与民事义务 ·· 065

一、民事权利的概念 ··· 065
（一）民事权利概念的界定 ··· 065
（二）与民事权利相关的概念 ·· 065

二、民事权利的本质和本位 ··· 066
（一）民事权利的本质 ··· 066
（二）权利本位 ··· 067

三、民事权利的特征 ··· 068
（一）民事权利以特定的民事利益为客体 ································· 068
（二）民事权利是对特定民事利益赋予的法律之力 ····················· 068
（三）民事权利是民事主体自由行使意志实施法律行为的范围 ······· 068

四、民事权利类型的一般划分 ·· 069
（一）人身权、财产权与综合性权利 ······································ 069
（二）绝对权和相对权 ··· 069
（三）主权利和从权利 ··· 071

（四）专属权与非专属权 …………………………………… 071
　　（五）既得权与期待权 …………………………………… 072
五、民事权利的类型 …………………………………………… 073
　　（一）支配权 ……………………………………………… 073
　　（二）请求权 ……………………………………………… 075
　　（三）抗辩权 ……………………………………………… 076
　　（四）形成权 ……………………………………………… 078
六、民事权利行使 ……………………………………………… 080
　　（一）民事权利行使的概念 ……………………………… 080
　　（二）《民法典》规定的民事权利行使规则 …………… 080
　　（三）民事权利行使的限制 ……………………………… 082
　　（四）民事权利失效 ……………………………………… 083
七、民事权利保护 ……………………………………………… 084
　　（一）民事权利保护方法 ………………………………… 084
　　（二）民事权利保护途径 ………………………………… 085
八、民事义务的概念和特征 …………………………………… 086
　　（一）民事义务的概念 …………………………………… 086
　　（二）民事义务的特征 …………………………………… 086
九、民事义务的类型 …………………………………………… 087
　　（一）作为义务与不作为义务 …………………………… 087
　　（二）法定义务与约定义务 ……………………………… 088
　　（三）对世义务与对人义务 ……………………………… 088
　　（四）主给付义务、从给付义务与附随义务 …………… 088
　　（五）真正义务和不真正义务 …………………………… 089

第六章　民事法律行为 …………………………………… 090

一、民事法律行为的基本问题 ………………………………… 090
　　（一）民事法律行为的概念和特征 ……………………… 090
　　（二）法律行为的分类 …………………………………… 091
二、民事法律行为的成立 ……………………………………… 096
　　（一）民事法律行为成立的概念 ………………………… 096
　　（二）民事法律行为的成立要件 ………………………… 096

三、民事法律行为的形式 096
（一）书面形式 097
（二）口头形式 097
（三）特定形式 097

四、民事法律行为的生效 097
（一）民事法律行为生效 098
（二）民事法律行为生效对行为人的拘束力 098

五、意思表示 099
（一）意思表示的概念 099
（二）意思表示的特征 099
（三）意思表示的调控范围 100
（四）意思表示的心理过程 100
（五）意思表示的构造 101
（六）意思与表示不一致 103
（七）意思表示不自由 104
（八）意思表示的生效 105
（九）意思表示的形式 107
（十）意思表示的撤回 107

六、民事法律行为生效的要件 108

七、涉及民事主体的民事法律行为的效力状态 109
（一）无民事行为能力人实施的民事法律行为的效力 109
（二）效力待定的民事法律行为 109

八、相对无效的民事法律行为 111
（一）相对无效的民事法律行为的概念和特征 111
（二）重大误解的效力 111
（三）欺诈行为的效力 113
（四）胁迫行为的效力 114
（五）显失公平的效力 115
（六）撤销权的行使 117
（七）撤销权消灭的事由 118

九、绝对无效的行为 ·· 119
 (一)虚假行为无效 ·· 119
 (二)违反法律、行政法规强制性规定的行为无效 ··· 119
 (三)违背公序良俗的民事法律行为无效 ·· 120
 (四)恶意串通的行为无效 ·· 121
 (五)根据法律规定确定效力的民事法律行为 ·· 121

十、民事法律行为无效和被撤销的法律后果 ·· 122
 (一)自始无效 ·· 122
 (二)部分无效 ·· 123
 (三)返还责任 ·· 123

十一、民事法律行为的附条件与附期限 ··· 124
 (一)附条件的民事法律行为 ··· 124
 (二)附期限的民事法律行为 ··· 125

十二、民事法律行为的代理 ·· 126
 (一)代理的法律概念与特征 ··· 126
 (二)代理权 ·· 127
 (三)代理行为 ··· 129
 (四)职务代理 ··· 130
 (五)表见代理 ··· 131

第七章　民事责任与诉讼时效 ··· 133

一、民事责任 ··· 133
 (一)民事义务与民事责任的关系 ·· 133
 (二)按份责任与连带责任 ·· 134
 (三)民事责任的承担方式 ·· 135
 (四)抗辩事由 ··· 136
 (五)见义勇为受害人的特别请求权 ·· 137
 (六)善意救助者的赔偿责任豁免 ··· 138
 (七)英雄烈士的人格利益保护 ·· 139
 (八)民事责任竞合 ·· 139
 (九)非冲突性责任竞合与民事责任优先原则 ·· 139

二、诉讼时效 ··· 140
- （一）《民法典》对于诉讼时效类型和期间的改革 ························· 140
- （二）对三种特别请求权诉讼时效期间的计算方法 ························· 141
- （三）诉讼时效期间届满的法律后果 ·· 141
- （四）诉讼时效期间中止和中断 ·· 142
- （五）诉讼时效适用的权利类型及不适用的范围 ··························· 143
- （六）诉讼时效期间的强制性 ··· 143
- （七）仲裁时效与诉讼时效的衔接 ··· 143
- （八）有关除斥期间的一般规定 ·· 144

下卷 民法分论

第八章 物权编 ··· 147

一、物权和物权法律关系 ·· 147
- （一）物权的概念 ·· 147
- （二）物权法律关系 ·· 147
- （三）物权平等保护原则 ·· 148

二、物权的设立、变更与转让 ··· 148
- （一）物权变动概述 ·· 148
- （二）不动产物权变动 ··· 149
- （三）动产物权变动 ·· 150

三、物权的保护 ··· 151
- （一）物权保护及其方法 ·· 151
- （二）物权请求权的行使 ·· 151
- （三）侵权请求权的行使 ·· 153

四、所有权 ·· 154
- （一）所有权的概述 ·· 154
- （二）国家所有权、集体所有权和私人所有权 ······························· 155
- （三）业主的建筑物区分所有权 ·· 157
- （四）相邻关系 ··· 159
- （五）共有 ··· 163
- （六）善意取得 ··· 165

五、用益物权 ... 166
（一）用益物权概述 ... 166
（二）土地承包经营权 ... 167
（三）建设用地使用权 ... 169
（四）宅基地使用权 ... 170
（五）居住权 ... 170
（六）地役权 ... 172

六、担保物权 ... 172
（一）担保物权概述 ... 172
（二）抵押权 ... 174
（三）质权 ... 177
（四）留置权 ... 179

七、占有 ... 181
（一）占有的概念与功能 ... 181
（二）占有的种类 ... 181

第九章　合同编 ... 183

一、合同与《民法典》合同编 ... 183
（一）合同 ... 183
（二）《民法典》合同编的调整范围 ... 184

二、合同的订立 ... 184
（一）合同的形式 ... 184
（二）合同条款 ... 185
（三）要约与承诺 ... 185
（四）合同的成立 ... 191
（五）悬赏广告 ... 194
（六）缔约过失责任 ... 194

三、合同的效力 ... 195
（一）合同生效的一般规则 ... 195
（二）格式合同及其效力 ... 195
（三）免责条款 ... 197

四、合同的履行 … 197
- (一)合同履行及其原则 … 197
- (二)对合同非主要条款的确定 … 198
- (三)网络交易合同的履行 … 199
- (四)双务合同中的抗辩权 … 199
- (五)情事变更原则 … 201

五、合同的保全 … 202
- (一)债权人代位权 … 202
- (二)债权人撤销权 … 203

六、合同的变更和解除 … 205
- (一)合同变更 … 205
- (二)合同转移 … 206

七、合同消灭 … 207
- (一)合同消灭的概念和效力 … 207
- (二)合同消灭的原因 … 207

八、违约责任 … 209
- (一)违约的形态 … 209
- (二)违约责任的承担方式 … 210
- (三)违约金 … 211
- (四)定金 … 212
- (五)债权人拒绝受领和受领迟延 … 213

九、准合同 … 214
- (一)无因管理 … 214
- (二)不当得利 … 215

第十章 人格权编 … 217

一、《民法典》闪耀着大写的"人"字 … 217
- (一)我国《民法典》最重要的突破是人格权独立成编 … 217
- (二)《民法典》人格权编形成了比较完整的人格权体系 … 218
- (三)《民法典》规定的人格权的内容充实而且丰满 … 218
- (四)《民法典》规定了完善的人格权保护体系 … 219

二、人格权及其法律特征 220
　　(一)具体人格权与一般人格权 220
　　(二)人格权保护 220
　　(三)人格权的固有性 220
　　(四)人格权的公开权 221
　　(五)人格权请求权 221
三、生命权、身体权、健康权 222
　　(一)生命权 222
　　(二)身体权 223
　　(三)健康权 224
　　(四)禁止性骚扰 224
四、姓名权和名称权 225
　　(一)姓名权 225
　　(二)名称权 227
五、肖像权 227
六、名誉权和荣誉权 229
　　(一)名誉权 229
　　(二)荣誉权 230
七、隐私权和个人信息保护 231
　　(一)隐私权 231
　　(二)个人信息保护 234

第十一章　婚姻家庭编 236

一、一般规则 236
　　(一)婚姻家庭法的地位 236
　　(二)我国婚姻家庭制度的基本原则 237
　　(三)婚姻家庭法中的禁止性规则 237
二、亲属、近亲属、家庭成员 238
　　(一)亲属 238
　　(二)近亲属 239
　　(三)家庭成员 239

三、结婚
(一)结婚的必备要件 ... 239
(二)禁婚亲 ... 240
(三)结婚的程序 ... 240
(四)无效婚姻 ... 241
(五)可撤销婚姻 ... 241

四、家庭关系
(一)夫妻关系 ... 242
(二)父母子女关系和其他近亲属关系 ... 247

五、离婚
(一)登记离婚 ... 250
(二)离婚冷静期 ... 251
(三)诉讼离婚 ... 252
(四)对于离婚的限制 ... 253
(五)离婚后的子女关系 ... 253
(六)离婚财产分割 ... 255
(七)离婚过错损害赔偿 ... 256

六、收养
(一)收养的概念与法律特征 ... 257
(二)被收养人、收养人的条件 ... 257
(三)收养的形式要件与法律效力 ... 258
(四)亲友抚养 ... 259
(五)祖父母或外祖父母的优先抚养权 ... 260

第十二章 继承编 ... 261

一、继承
(一)继承的概念和本质 ... 261
(二)继承权的概念 ... 262
(三)我国继承制度的基本原则 ... 262
(四)遗产范围 ... 263
(五)继承人丧失继承权及事由 ... 263

二、法定继承 264
(一)法定继承的概念和特征 264
(二)法定继承的适用范围 264
(三)法定继承人的范围 264
(四)我国法定继承人的继承顺序 265
(五)代位继承和转继承 265
(六)遗产分配原则 265

三、遗嘱继承 266
(一)遗嘱继承的概念 266
(二)遗嘱继承的法律特征 266
(三)遗嘱 266
(四)遗嘱的变更、撤回和执行 267
(五)遗赠 268
(六)遗赠扶养协议 268

四、遗产的处理 269
(一)继承开始 269
(二)死亡时间推定 269
(三)继承权的接受和放弃 269
(四)遗产分割和被继承人债务的清偿 269
(五)遗产分割 270
(六)被继承人的债务的清偿 270
(七)无人继承与无人受遗赠的遗产 271

第十三章 侵权责任编 272

一、侵权责任的归责原则 272
(一)过错责任原则 272
(二)过错推定原则 272
(三)无过错责任原则 273

二、多数人侵权行为与责任 273
(一)共同侵权行为与连带责任 273
(二)共同危险行为 274
(三)分别侵权行为 275
(四)免除责任和减轻责任的主要事由 276

三、损害赔偿 ... 277
（一）人身损害赔偿 ... 277
（二）侵害人身权益造成财产损失的损害赔偿 ... 278
（三）精神损害赔偿 ... 279
（四）财产损害赔偿 ... 279
（五）故意侵害知识产权的惩罚性赔偿 ... 280

四、责任主体的特殊规定 ... 280
（一）监护人责任 ... 280
（二）暂时丧失心智人的责任 ... 281
（三）用人者责任 ... 282
（四）定作人指示过失责任 ... 282
（五）网络侵权责任 ... 283
（六）违反安全保障义务侵权责任 ... 285
（七）校园伤害事故责任 ... 286

五、产品责任 ... 287

六、机动车交通事故责任 ... 289
（一）机动车交通事故责任的一般规则 ... 289
（二）机动车交通事故责任的特殊规则 ... 290

七、医疗损害责任 ... 292
（一）医疗损害责任的一般规则 ... 292
（二）医疗损害责任的类型 ... 293
（三）医疗损害责任的免责事由 ... 293

八、环境污染和生态破坏责任 ... 294

九、高度危险责任 ... 294

十、饲养动物损害责任 ... 295

十一、建筑物和物件损害责任 ... 297
（一）不动产倒塌、塌陷责任 ... 297
（二）不动产及其搁置物、悬挂物脱落、坠落损害责任 ... 297
（三）从建筑物中抛掷、坠落物品致害而侵权人不明 ... 298
（四）堆放物损害责任 ... 299
（五）障碍通行物损害责任 ... 300
（六）林木损害责任 ... 301
（七）地下工作物损害责任 ... 301

引　言

2020年5月28日,《中华人民共和国民法典》(以下简称《民法典》)在第十三届全国人民代表大会第三次会议上经过审议表决,高票通过,自此,我国有了自己的《民法典》,开启了民法典时代。

我国的《民法典》是具有时代精神特征的民法典。这部《民法典》是中国人民自己的民法典,具有中国的鲜明特色,是新时代"中国特色"的法治表达。

我国《民法典》无论是体例、结构还是具体内容,都不同于任何一个国家的民法典。这部《民法典》,是改革开放之后几十年民事立法积累的经验总结,遵循了民事立法的基本规律,体现的是民事立法的中国经验和中国特色。我们经常说,在改革开放之后,如果没有及时制定《民法通则》,就不能保证我国社会生活能有今天这样的进步,改革开放就不会有今天的成果。而《民法典》是社会、经济和生活的法治基础,特别是改革开放到今天,社会关系更加复杂,社会经济形态更为多样,人民对美好生活的追求标准更高。在这样的形势下,如果只是依靠《民法通则》等一批松散的民事单行法来治理国家,显然是不够的。因而,没有《民法典》,就无法进一步实现依法治国,就无法进一步改革开放,就无法实现人民对美好生活的更高追求。《民法典》的正式出台,正是为了顺应国家治理体系和治理能力的现代化,进一步改革开放、推进社会的进一步发展和进步的需求,必将开启国家法治建设的新篇章。

《民法典》对完善国家治理体系具有重要的价值。

国家治理体系包括各种治理国家的方法,是各种治理国家的方法有机结合形成的系统。其中,依法治国、依法治理是最重要的部分。而在对国家依法治理的不同方式中,依照私法的治理方法对国家进行治理,是主要的法治治理方法。

治理国家的私法治理方法,主要是通过对民事主体的地位和行为设置规范,确立权利、义务和责任的规范体系,实现对国家的治理。

首先,国家的主体是人。私法把人作为社会生活的主体,包括自然人、法人和非法人组织。他们是国家的主人,是社会的主体,是国家发展和稳定的力量,也是国家最应当关怀和保护的对象,实际上,国家的一切活动都是为了保护自己的人民,包括法人和非法人组织的地位和权益。所谓私法,就是把民事主体作为私的主体,具有至高无上的地位。国家治理的私法方法,就是通过《民法典》,确立民事主体的地位,使民事主体成为国家的主宰。

国家尊重民事主体,保护民事主体,通过《民法典》的制定,规定民事主体享有何种民事权利。《民法典》的总则编规定,民事主体享有人格权、身份权、物权、债权、知识产权、继承权以及股权及其他投资性权利。民事主体享有这些民事权利,并且按照《民法典》的规定依照自己的意志行使权利,任何组织和个人不得干涉,就能够实现自己的价值,发挥自己的才干,享受自己的生活,实现自己的人格尊严。

国家保障民事主体实现自己的权利,最主要的方法是,通过《民法典》规定民事主体对他人的权利负有义务。当民事主体享有的权利是人格权、身份权、物权、知识产权、继承权、股权等绝对性的民事权利时,要求权利主体之外的所有的自然人、法人、非法人组织都对其权利负有不可侵的义务。《民法典》在规定民事权利的条文中,差不多都规定了任何组织和个人不得侵害其权利的内容,就是规定对他人享有的绝对权负有的不可侵的义务。在民事主体享有相对性的民事权利时,一方面要求义务主体必须依照权利主体的请求履行作为或者不作为的义务,以保证权利的实现,例如合同的债权人和债务人的债权和债务;另一方面也规定其他任何人也对债权负有不可侵义务。如果民事主体负有的民事义务都能够充分履行,民事主体的权利就能实现。

如果民事主体不履行义务,权利主体的民事权利就不能实现,甚至受到侵害,不仅民事主体自己的地位和权利受到损害,而且还会破坏整个社会的和谐、稳定和发展。《民法典》为保障民事主体权利的实现,推进社会发展和进步,设置民事责任制度,强令不履行民事义务甚至违反民事义务要求的行为人,承担民事责任,强制其履行义务,使民事主体受到侵害的民事权利得到恢复,使其民事权利得到实现,因而使社会恢复正常秩序,稳定发展。

所以,民法通过民事主体以及民事主体在社会生活中的"权利—义务—责任"基本逻辑体系,强化对私法社会主体的尊重和保护,维持私法社会的基本秩序,实现对私法社会的基本治理。当将这些民法对私法社会的基本治理方式确定下来,并且形成《民法典》的时候,就是把这些成熟的治理私法社会的规则形成法典的体系,在国家治理中应用,实现对国家的治理。

社会生活中的私法社会,不同于社会生活中的政治社会、经济社会、文化社会等社会形态,但是,又与这些社会形态具有密切的联系。国家是通过各种方法调整各种社会关系,达到治理国家的目的。而对私法社会的治理,就必须通过《民法典》以及《民法典》规定的私法治理方法实现。国家制定了一部成熟的《民法典》,对于私法社会中的民事法律关系的调整,就交给《民法典》处理,在执行《民法典》的过程中出现了民事纠纷,交由司法机关裁断,而非由政府天天去念"紧箍咒",把人民作为行政管理的相对人,天天进行管理。

《民法典》对每一个人的生活都具有重要价值。

有人说,对于任何一个人,从生到死,都要受到《民法典》的规制。这样来认识《民法典》的重要性,当然是对的。一个人自出生开始,直到死亡为止,必定离不开《民法典》规定的行为规则的约束,一举一动都在《民法典》的规范之下。人格权自是如此,生而享有生命权、身体权、健康权、姓名权、肖像权、名誉权、荣誉权、隐私权、人身自由权、个人信息权。这些权利与人须臾不能分离。身份权也是如此,亲子关系、祖父母外祖父母与孙子女外孙子女关系、兄弟姐妹关系,以及其他亲属关系,地位固定,权利义务明确。即使对于财产的享有和流转,无一不依靠物权规则、债权规则、知识产权规则、股权以及其他投资性权利规则的规制。即使在自己即将离开人世的时候,也需要通过遗嘱或者通过法律规定,流转遗留下来的财产,使之在亲属或者亲友之间分配。

其实还并非如此,一个人不仅在生而至死的一生中,受到《民法典》规定的权利的保护,而且在其出生之前的胎儿时期,以及死亡之后的一定时间,其人格利益和部分财产利益仍然受到法律的保护。《民法典》确认人在胎儿时期和死亡后的一段时间,仍然具有部分民事权利能力,在胎儿时期,接受遗产、赠与以及人格利益的保护,都视为已经出生,予以保护;在死亡之后,其姓名、肖像、名誉、荣誉、隐私和尸体也都受到《民法典》的保护。在《民法典》对人的这种保护下,说《民法典》保护的是人从生到死的民事权利,显然是不够的。

当然还有法人和其他组织,在《民法典》的视野下,也都是具有人格的组织,也都受到《民法典》的全面保护。

通过以上对《民法典》价值的一般分析,应当能够看到我国《民法典》在我国社会生活中的地位和价值。

有了《民法典》,还应当学好《民法典》,掌握好《民法典》,适用好《民法典》。让我们的《民法典》在国家治理中,在每一个人的生活和工作中,发挥它的规范作用。

在只有156个条文的《民法通则》的规范下,我国社会的几十年改革开放就取得了这样大的成绩,相信在1260个条文的《民法典》的规范下,我国的改革开放事业一定会不断深入发展,取得更伟大的成果。

应当特别说明的是:本书的编写,是为了使更多想要了解我国《民法典》的读者尽快了解和掌握该法,用最简洁的方法说明《民法典》规定的基本规则。一部10万字的《民法典》要用30万字来表达其精要,确实有点强人所难。为应急需而勉为其难,在对《民法典》进行解说的时候,只能选择重点说明,对有的规则有所忽略,且点到为止,例如,对《民法典》合同编规定的典型合同,就完全没有说明。功力不足,篇幅有限,书中出现问题难免,既请读者谅解,也请读者批评。

中国人民大学民商事法律科学研究中心研究员

中国人民大学法学院教授

杨立新

2020年7月2日

上 卷
民法总论

第一章 民法与民法典

学习《民法典》,首先应当掌握什么叫民法,什么叫民法典,并且弄清楚民法与民法典的关系。我们在学习《民法典》之前,还要掌握民法的一般知识,作为入门的向导。

一、民法与民法典的概念

(一)民法的语源

民法的概念源于古代罗马法的市民法(*ius civile*),它与万民法(*ius gentium*)相对应。英语将其转译为 civil law。学者一般都认为,在后世,万民法成为国际法的语源,市民法则成为民法的语源。在罗马法中,市民法是对罗马市民适用的法律的总称,是与万民法相对应的概念。在查士丁尼制定《民法大全》时,罗马帝国对其境内的所有居民皆赋予市民权,导致市民法与万民法相互融合。自中世纪以来,"市民法"一词成为罗马法的总称,西方学者称之为私法,并曾经与教会法相对应。在法国大革命之后,市民被理解为公民,因而民法被认为是适用于全体公民的法律。

中国古代也用过"民法"一词(见于《尚书孔氏传》),是指商汤时咎单所著的一部著作,即《明居民法》,即说明居民之法,也就是民法规范,不过这与近现代使用的民法概念并不一样。

近现代意义上的汉字"民法"一词出现在近代日本明治时代,从法语"droit civil"或者荷兰语"burgerlyk Regt"翻译而来。最早使用中文民法概念的是 20 世纪初南洋公学译书院翻译的《日本法规大全》,其中将第三类法规译为"民法"。光绪三十二年(1906 年),修订法律馆参照南洋公学译本,对系统化的私法法典也采用了"民法"的概念。清末修律变法,起草了《大清民律草案》,使用了"民律"概念。

1929年国民政府起草《中华民国民法·总则篇》,在法律中正式使用"民法"的概念。

(二)民法的不同含义

法律为社会生活的规范,民法为法律的一种,故民法亦为一种规定社会生活的规范。

民法概念分为形式意义的民法和实质意义的民法。

1. 形式意义的民法

形式意义的民法就是指民法典。民法典是按照一定的体系结构将各种基本的民事法律制度加以系统编纂所形成的规范性法律文件。其最基本的特点就是体系化和系统化,体现了民法的形式理性的要求,使其成为民事法律规范中的最高形式。

由于民法典是对基本民事法律制度的规定,其内容是普遍适用的基本民事法律规范,因此不管在哪里,民法典往往都被当作整个法律制度的核心。例如在法国,民法典则被认为是"法律的真正心脏"。从另一个意义上说,形式意义上的民法即民法典也是民法的普通法。

2. 实质意义的民法

实质意义上的民法是指所有调整民事法律关系的法律规范的总称,它包括民法典和其他民事法律规范。也就是说,实质意义的民法不仅包括成文的民法典,还包括一切具有民法性质的法律、法规以及判例法、习惯法。在中国古代,只有实质意义的民法,而无形式意义的民法,民法规范包含在《唐律》《宋刑统》《明律》《大清律》等律令之中。

我国在没有《民法典》之前,实质意义的民法具有特别意义,原因是我国长期以来没有制定民法典,自20世纪80年代以来,才陆续制定了《婚姻法》《继承法》《民法通则》《收养法》《担保法》《合同法》《物权法》《侵权责任法》《民法总则》等民法单行法,形成了松散的类法典化的民法。但这还不是严格意义上的法典化的民法典。直至2020年5月28日,全国人大审议通过了《民法典》,我国有了形式意义上的民法典。《民法典》于2021年1月1日开始生效,原有的《民法通则》等民法单行法被废止。我国正式走入民法典的法典化时代。

(三)民法的概念

在立法上,只有少数国家的民法典对民法的概念作出了界定。例如,《奥地利民法典》第 1 条规定:"民法为规定人民私权利义务之法典。"《巴西民法典》第 1 条规定:"本法典为规定私的权利义务,即人、物及其关系之法典。"其他国家的民法典均无此类明文规定。对于民法概念的界定,均由学理作出概括。

我国《民法典》第 2 条规定:"民法调整平等主体的自然人、法人和非法人组织之间的人身关系和财产关系。"依照这一规定,对我国民法的概念可以界定为:民法是指调整平等主体的自然人、法人和非法人组织之间的人身关系和财产关系的法律规范的总称。

(四) 民法典

民法典就是民法规范的法典化结果。1949 年以来的 70 年中,我国的法律从来没有用过"法典"的概念。《中华人民共和国民法典》是我国立法史上第一部被称为"法典"的法律,因而具有重大意义。

民法典就是将民事立法规范化、体系化、科学化、法典化。通过编纂民法典,将所有的民法规范统合在一起,进行体系化、科学化、系统化的编纂,使之成为具有稳定性、确定性、全面性的法典,全面规范社会的民事生活,实现民事生活的规范化。

二、民法的性质和本位

(一) 民法的性质

民法的性质涉及对民法法律地位的定位,以及对民法怎样进行理解等问题,因此,必须对其准确界定。

1. 民法是私法

公法和私法是历史上对法律性质的基本划分。调整公的行为即国家行为的法律是公法,是规律国家组织及国家主权行为的规范;调整私的行为即个体行为的法律是私法,即所有规定人类彼此之间法律关系的规范,其确认人类彼此间有哪些自由、权利、义务和风险。

在改革开放之前,我国法学界否认公法、私法的划分,认为调整计划经济关系的民法也属于公法性质的法律,只有调整婚姻家庭关系的婚姻法和继承法才勉强具有私法的性质,因而在社会主义的法律中不存在私法的概念。这种观点不能正确界定部门法律的性质,混淆了公法和私法的界限,也与世界各国法律划分的标准不相协调。经过拨乱反正,我国恢复了对公法、私法基本性质划分的做法,确立了民为私法的观念,认为中国现行的经济体制是市场经济,在经济活动中主要是依靠经济规律来调整商品生产者和经营者以及个人的活动;国家对市场经济的干预、对个体行为的干预,都是通过事前规范行为标准的方法,即事前调整的方法进行的,事后调整不是主要的调整方式;商品经营者和生产者以及个体在市场经济中,还是依照自己的意志依法实施民事行为。因而,民法的性质是私法,而不是公法。

2. 民法是人法

民法对社会关系的调整,是通过调整人的行为的方式进行的,因此,民法以人为本,把人作为基本出发点和归宿,规定自然人、法人和非法人组织的根本地位,确定合理的人性观点,依公平、正义的观念来规范人的行为,建立和谐的人际社会。在国家法律体系中,其他法律尽管也都涉及人的问题,但更偏重对社会秩序的调整。而民法的基本内容就是对人的关系的调整,规定人的法律地位,规定人的法律人格,规定人对市民社会利益的支配,以及对人的权利和利益的保护。这些都是把人作为市民社会的中心,是市民社会的主宰者,一切都是以人为中心进行的民法规范。因此,民法就是人法。

3. 民法是权利法

民法的基本内容是规定民事主体的民事权利,规定民事权利行使的规则,规定对民事权利的保护。《民法典》在第1条开宗明义,规定了其立法宗旨,即"为了保护民事主体的合法权益",并把"私权神圣原则"作为民法首要的基本原则。整部民法就是一部民事权利法,是一部以私权利即民事权利为中心的法律。

民法之所以是一部民事权利法,就在于整部法律的内容基本上是授权性法律规范,授予民事主体以人格权、身份权、物权、债权、继承权、知识产权、股权等权利,鼓励民事主体行使自己的权利,当自己的权利受到损害时敢于依法寻求法律保护。因而,民法与主要是禁止性法律规范的刑法形成鲜明对比。

4. 民法是具有行为规范和裁判规范双重属性的法律

行为规范是指作为人民行为的准则的规范,而裁判规范则并非作为人民行为的准则而是作为法院裁判案件的准则的规范。有些法律仅仅是裁判规则或者行为规则,例如,刑法是裁判规范而不是行为规范,道路交通规则是行为规范而不是裁判规范。而民法作为市民社会的行为准则,以不特定的人为规范对象,性质当然属于行为规范。但是,民法这种行为规范是以国家强制力作为保障的,违反该行为规范,法官当然要以民法规定作为裁判的基准,故民法又是裁判规范。正因为如此,民法具有行为规范和裁判规范双重属性。

(二)民法的本位

1. 民法本位的含义和发展

民法的本位,是指民法的基本观念、基本目的和基本任务。在民法的发展历史中,民法本位的变化分为三个时期:

(1)义务本位时期。民法的义务本位时期始于罗马法,终于中世纪。在这个时期,人与人的关系局限于家族和家庭,各成员均有其特定身份,而整个社会秩序就是以此身份地位关系为基础,个人没有独立的地位,也不能有独立的思想表达。这种以身份关系为基础的市民社会的民法,就是民法的义务本位。其基本特点在于,民法的构建以义务为法律的中心,其立法本旨在于规定禁止性规范和义务性规范,通常刑民不分;法律更强调其强制性,目的在于对人的地位的确认,不承认私的自治;不是将各种各样的法律关系形成委之于个人的自由意思,而是对不同身份的人规定不同的义务,维护社会的身份秩序。

(2)权利本位时期。民法的权利本位时期存在于中世纪以后,从16世纪开始,成熟于19世纪。在这个时期,民智渐开,社会进步,家族日渐解体,个人成为政治经济社会各方面的独立主体,各自处于平等的地位,法律关系的发生均以个人的意思为依归,实现了从身份到契约的转变。因此,民法从义务本位改变为权利本位,实现了民法本位的根本变革。因此,权利本位观念是资本主义上升时期的自由主义法律思想和自由放任经济制度的产物,对于保护个人财产权、鼓励自由竞争、促进市场经济发展,具有重要作用。

在权利本位时期通行契约观念,而它必须包含两个基本观念,即自由和平等。民事主体的地位必须平等,否则一方在下,一方在上,绝对不是平等,而是服从和命令,不能成立契约。契约为两个意思趋于一致的行为,意思不可能不自由,也不可能被动作出。契约只有在平等的地位且自由表达意志时,才能够达成,才能够发生。因此,从权利本位出发,以往的强制义务变为统一的义务,义务观念大减,而以往的绝对义务变成权利的内容,权利观念大张。法律的基本任务,是使人尽其义务而保护其权利,为使权利的实现,才有义务的履行。这就是权利本位的法律。因此,个人权利的保护成为法律的最高使命,权利成为法律的中心观念。在这一时期,权利本位的集中体现,就是近代民法的三大原则,即契约自由原则、所有权绝对原则和过错责任原则。

(3)社会本位时期。自20世纪初期开始,民法进入社会本位时期。在这个时期,资本主义逐渐进入垄断阶段,资本主义市场经济的发展形成了各种严重的社会问题,诸如劳资对立、贫富悬殊等,这些问题都与民法的三大原则有关。因此,民法观念为之一变,由极端尊重个人自由变为重视社会公共福利,出现了最低工资规定、最高工时限制、消费者权利保护等立法新潮,形成了社会本位的立法思想。主要表现在:第一,对契约自由的限制,表现在对缔结契约加以公法上的监督,注重保护经济上的弱者;第二,所有权绝对原则的限制,规定权利滥用的禁止,所有权行使应遵守诚实信用原则;第三,无过错责任原则的采用,对高度危险、产品责任、环境污染的公害案件等实行无过错责任原则。

社会本位并不是对权利本位的否定,也不是义务本位的复活,而是对极端权利本位进行的修正。在社会本位时期,权利观念和权利保护仍然是民法的最大任务,法律只是矫正19世纪立法过于强调个人权利而忽略社会利益的偏颇,并没有脱离个人及权利观念,仅仅是在个人与社会、权利与义务之间谋求平衡。

2. 我国民法的本位

我国古代民法崇尚宗法和身份,轻视权利,义务本位思想传统极为深厚。近代以来,直至《大清民律草案》《中华民国民律草案》的制定和《中华民国民法》的正式颁行,才初步建立了权利本位的观念。在社会主义建设初期,封建传统思想残余存在,加上"左"的思想影响,片面强调国家、社会利益,在法律思想上表现为彻底的、极端的社会本位,否定个人利益、个人意志和个人权利。

改革开放之后,进行思想上的拨乱反正,在法律上确认权利本位,具有重要的意义。因此,《民法通则》确定民事立法以民事权利及其保护为中心,通篇体现了民事权利主体、民事权利取得、民事权利种类和民事权利保护的权利本位思想。同时,《民法典》进一步体现了社会本位思想,例如,公平原则、诚信原则、公序良俗原则、禁止权利滥用原则、无过错责任原则等。因此,我国民法的本位是突出权利本位,兼采社会本位,以权利本位为主、社会本位为辅的立法思想。

三、民法的历史发展

(一) 罗马法

罗马法是罗马奴隶制国家整个历史时期法律的总称,通常是指罗马起源时起至查士丁尼时代止的罗马法律,由于罗马法最有影响的是其私法,因此,在通常意义上所称的罗马法,就是指罗马法的私法。

罗马法尽管产生在奴隶制社会,但是由于在自然经济中发展起来的简单商品经济得到了充分的发展,因而它的私法在调整私人财产关系方面也得到了最充分的发展,形成了那个时期最完善的私法。罗马人在实证法领域获得无比的成就,其精致的理论对于相隔 2 000 年之久的现代实证法,仍有决定性的影响,直至今天,罗马法的制度还在发挥着影响。

罗马法的范围分为三部分,一是人法,二是物法,三是诉讼法,分别调整罗马市民的人身关系、财产关系以及市民之间的诉讼关系。

在人法领域,罗马法以个人主义思想、个人利益为私法保护的中心。罗马法中最重要的创造是抽象的人格法律制度,以人格作为民事主体的基本资格,享有的人格不同,人的法律地位也就不同。同时,罗马法也创设了完整的身份权法律制度,规定了亲属之间的身份地位和权利义务关系,而配偶、婚生子女、非婚生子女等概念的创造,直至今天仍有影响。在继承法领域,遗嘱继承、胎儿的继承权保护等,都是极为重要的法律制度。

在财产法领域,罗马法以高度抽象的方法表现了商品经济社会的一般形态,确认和保护私有财产的权利,确认私有者有权处分其私有财产、自由交换其财产,有自由签订合同的权利,鼓励进行交易,创造了一系列民法的基本概念和基本规则,反映了社会商品经济发展的正常要求。

在诉讼法领域,罗马法对实体法和程序法进行区分。罗马法甚至更为重视程序法,这具有重要的价值。

当然,罗马法存在诸多不符合今天民法精神的规则,例如,强调人格的不平等,将自然人的人格分为自权人和他权人,甚至不认为奴隶是人而是财产;过于强调身份的支配关系和家父权的作用,家子受制于家父的强权支配;过于强调法律关系的形式而忽略法律关系的实质,甚至宣称形式是法律的天堂。但是,这些问题都不能掩盖罗马法的光辉,罗马法提出的平等原则、物权法中的无主物先占取得制度、后手权利不得大于前手的原则、契约法上的意思自由原则、侵权法中的损害赔偿原则、继承法中的保护胎儿的继承权原则、子女继承份额平等原则、清偿被继承人债务以遗产范围为限原则,以及亲属法中婚生子女推定原则,等等,都在世界各国的民法中产生了巨大的影响,并且一直在发挥着重要作用。

(二)日耳曼法

日耳曼法是指公元 5 世纪至 9 世纪西欧早期封建制时期适用于日耳曼人的法律。日耳曼法是在日耳曼部族侵入西罗马帝国建立蛮族国家的过程中,在罗马法和正在形成的基督教教会法的影响下,由原有氏族部落习惯逐渐发展而成的法律。就地区范围而言,凡是古代日耳曼人所建立的国家的法律都属于日耳曼法。日耳曼法主要是习惯法,没有区分公法和私法,也没有区分公权和私权。

日耳曼法在世界上的影响与罗马法一样强大,很多规则与罗马法相同。日耳曼法与罗马法的最大区别在于,日耳曼法更强调团体主义,保护的中心是团体,诸如家庭、氏族、公社等。在法律上,个人利益应当服从于团体利益;人们之间的关系是由他们的身份决定的,而不能凭个人的意志加以改变。日耳曼法更侧重的是以具体的生活关系为依据,注重调整支配与义务拘束的关系,因此,后世将日耳曼法称为团体本位。相对于罗马法的个人主义法律思想而言,日耳曼的法律思想实属超个人主义的,两者恰成鲜明的对比。

在具体制度上,日耳曼法创设的团体概念、物权中的总有权概念,注重对物的利用而不是支配的观念,在交易中强调以手护手的原则等,都对后世民法产生了重大影响。

(三)近现代民法

1. 近代民法

近代民法是指经过17世纪和18世纪的发展,在19世纪欧洲各国通过编纂民法典而获得定型化的一整套民法概念、民法原则、民法制度、民法理论和民法思想的体系。

这个时期民法的主要特点是:第一,确认抽象的人格平等原则。民法从身份的法、等级的法逐渐发展到财产的法、平等的法,独立的个人只服从于国家,不再依附于各种领主和封臣,人与人之间的关系完全按照契约设定,实现的是人格的形式平等。第二,开始形成私法自治观念,形成了私法和公法的基本概念和分野。国家主要是保护个人的意思自由和个人的权利不受侵害,而私法关系的产生、变更和消灭由个人的意志决定,不受国家权力的干预。第三,产生了民法的三大原则,即契约自由原则、所有权绝对原则和过错责任原则,这些原则的产生以《法国民法典》的诞生为代表。第四,注重形式理性和形式正义,前者体现在法典化的趋势中最有代表性的《法国民法典》;后者表现在注重抽象的法律地位的平等、自由,而不考虑当事人的地位差异所造成的实质上的不平等。

2. 现代民法

现代民法的起始时期在19世纪末至20世纪初。这一时期自由资本主义向垄断资本主义发展,国家对经济生活加强干预,生产力迅速发展,科技发展取得巨大进步,大公司和大企业不断兴起。为了适应这种新的经济形势,现代民法发生了很大变化,以适应这种变革。不过,现代民法并没有发生根本性的变化,与近代民法没有本质的区别,是对近代民法的原理、原则进行修正和发展的结果。

在这个时期,民法的主要特点是:第一,强调人格的实质平等,重视人格权的法律保护。尤其是经过两次世界大战之后,人权观念普及,现代民法越来越重视人格权,尊重和保护人格尊严、人格自由和人格平等,实行男女平等,创造了严密的人格权体系和保护方法。第二,民法社会化功能大大增强,在民法典和民法单行法中确立了公共福利原则、诚实信用原则、禁止权利滥用原则等,在私权之上加上了新的社会性规定。对所有权进行适当限制,对契约自由也进行适当限制,从单一的过错责任原则向多元归责原则发展,体现了民法社会化的功能。第三,加强对实质正义的维护。随着市场经济的高度发展和社会结构的巨大变化,贫富差别日益突出,形式平等已经无法实现社会正义,因此,民法从注重对形式正义的维护转向维护实质正义,例如对劳动合同、集体合同、格式条款进行干预,加强对劳动者和消费者的权利保护。第四,民法商法化和交易规则一体化。前者不仅仅是指民法和商法的趋同,更重要的是商法的一些原则和精神被民法所采用。后者是指近几十年来,经济全球化和世界市场的形成,对民法产生了巨大影响,作为交易共同规则的合同法以及票据法、保险法等日益国际化。同时,20 世纪末期至 21 世纪初期,在世界范围内出现了计算机技术、网络通信技术、电子技术、人工智能技术医学的迅猛发展,这些新科技向民法提出了更多的挑战,促使民法作出更多的改变,以更好地保护人的权利。因此,21 世纪的民法将成为更开放、更富有进取精神,同时坚守人文主义立场的法律。

(四) 中国的民法

1. 中国历史上的民法

中国古代的封建立法的特点是刑民不分,诸法合体,法典的主体内容是刑法法规,但其中包含着丰富的民法内容,尤其是在物权法、契约法、侵权法和亲属法等方面,都有完善的内容,适应当时社会的经济发展需要。

中国古代民法的基本特点是:第一,诸法合体、刑民不分,基本的民事法律规范都掩盖在刑事法律规范之中。但不可否认的是,中华法系的民法是十分丰富、完整的,并不因为诸法合体而减弱民法的地位。第二,强调严格的宗法等级观念,身份关系极为强大,强调君为臣纲、父为子纲、夫为妻纲,实行家族本位,实行专制统治。第三,人格不平等,法律仅仅确认生命权、健康权并予以民法保护,但对皇族、贵族以及尊长的人格,法律予以更为充分的保护,平民的人格和人格权无法得到保障,甚至奴隶和家奴根本丧失或者部分丧失人格和人格权。第四,个人独立的财产权受到限制,缺少真正意义上的私人所有权,在国家为皇权至上,"普天之下,莫非王土";在家庭为财产归一,"父母在,无私财",子女不得拥有自己的财产。

清末的统治者实行维新变法,借鉴日本的立法经验,制定了《大清民律草案》,使中国近现代的民法建设有了雏形。民国之初,曾将《大清民律草案》改为《民国暂行民律草案》试行,1925年,北洋政府在此基础上制定了《民国民律草案》,但没有公布实施。国民政府在1929年至1931年先后制定了《中华民国民法》各编,陆续实施,最后一编在1931年5月实施,使中国在历史上第一次有了现代意义的民法典,实现了中华法系传统民法向现代民法法典化方向的变革。

2. 中国当代民法

中国当代民法的立法进程,笔者将其大致分为三个时期:一是1949年至1978年的非法典化时期,其间只有一部1950年制定的《婚姻法》,民法的其他立法毫无建树。二是自1979年至2019年为类法典化时期,即以《民法通则》为引领,以《婚姻法》《继承法》《收养法》《担保法》《合同法》《物权法》《侵权责任法》等单行民法为组成部分,构成类法典化的松散民法的时期。三是自2020年制定完成《民法典》,我国开启了民法的法典化时期,结束了没有法典化的民法的历史。

如立法机关所言,我国曾在20世纪50年代、60年代、80年代和21世纪初四次启动民法典的立法工作,但都由于诸种历史原因而没有完成民法典编纂的立法任务。

2014年,中央决定启动民法典编纂程序,作为依法治国重大战略决策的组成部分,要求在五年内完成民法典的立法工作。立法机关决定将编纂民法典的立法工作分为两步走:第一步,用两年时间完成民法典总则编的制定工作;第二步,用三年时间完成民法典分则各编的编纂,并最终将民法典的总则和分则各编合体,形成《民法典(草案)》,交付立法机关审议。

2015年开始,立法机关启动民法典总则编的立法进程。在民法专家起草的各种版本的中国民法典总则编建议稿的基础上,起草了《中华人民共和国民法总则(草案)》,几经专家和有关部门的讨论修改,提交立法机关审议。经过全国人大常委会三次审议,不断修改完善,于2017年3月15日提交第十二届全国人民代表大会第五次会议审议通过,完成了编纂民法典总则编的第一步立法任务。

接下来,立法机关开始起草民法典分则各编草案,在《物权法》的基础上起草了物权编草案,在《合同法》《担保法》的基础上起草了合同编草案,在《婚姻法》《收养法》的基础上起草了婚姻家庭编草案,在《继承法》的基础上起草了继承编草案,在《侵权责任法》的基础上起草了侵权责任编草案。由于原来没有关于人格权的完整立法,因而新起草了人格权编草案,这样就形成了民法典分则各编草案。在全国人大常委会第一次审议之后,开始对民法典分则各编草案进行分编审议。全国人大常委会 2019 年 12 月 24 日对《民法典》总则编和分则各编合体形成的《民法典(草案)》进行审议后,决定将其提交全国人民代表大会审议。

由于新冠肺炎疫情的原因,第十三届全国人民代表大会第三次会议推迟召开。2020 年 5 月 28 日,《中华人民共和国民法典》经审议通过,成为我国当代第一部民法典。

回顾编纂民法典的五年经历,笔者深有感触。在 2001 年初调离最高人民检察院去中国人民大学法学院任教时,笔者就有一个强烈的心愿,即能够全身心地参加民法典的编纂工作。作为一名民法理论研究者和民法司法实务工作者,几十年沉浸于民法的研究和实务操作之中,以自己的经验和研究成果,参加了《合同法》《物权法》《侵权责任法》等民法单行法的立法工作,并有幸参加了编纂民法典的立法。这是一种充满幸福感和责任感的重大工作。在《民法典》通过的时候,笔者感慨万千,一方面为我国《民法典》的诞生而无比欣慰;另一方面是秉承佟柔教授、王家福教授、江平教授、魏振瀛教授、谢怀栻教授等老一辈民法学家为之奋斗的民法典立法大业坚忍不拔的传统,终于让他们的民法典之梦变成现实,并以 1260 个条文的《民法典》,告慰逝去的和健在的老前辈们。

第二章 《民法典》的基本规定

《民法典》共有1 260个条文,体量极为庞大,是目前我国法律体系中规模最大的法律,类似于法律体系中的"航母"。对于这样庞大且复杂的《民法典》,学习起来比较困难,除了要掌握有关民法的基本知识之外,还要掌握《民法典》的基本规定。

一、《民法典》的调整对象

(一)民法的调整对象及其意义

法律是以调整对象的不同为标准分为不同的法律部门的。

民法典调整的对象,就是民法规范所调整的各种社会关系,即平等主体的自然人、法人和非法人组织之间的人身关系和财产关系。我国《民法典》第2条规定:"民法调整平等主体的自然人、法人和非法人组织之间的人身关系和财产关系。"

掌握《民法典》调整对象的意义在于:第一,每一个不同的法律部门,都有自己的特定调整对象和适用范围,因而形成了特定的法域,并在此基础上构建整个法律体系。正确划分法律部门,区分民法和其他基本法,构建不同于其他基本法的民事法律体系。第二,根据民法不同于其他法律的调整对象,确定民法独特的法律调整方法,即主要是通过任意法的方法,赋予当事人以私法自治的权利,调整民事法律关系。第三,明确法院民事案件的管辖权限,对不同性质的诉讼案件适用不同的诉讼程序,在司法机关内部实行科学的分工。

(二)《民法典》调整对象的内容

《民法典》的调整对象分为两大类:一是平等主体之间的人身关系,二是平等主体之间的财产关系。《民法典》将民事主体之间的人身关系放在调整对象的首位,突出了《民法典》的人文主义立场和人文主义立法精神。

1. 平等主体之间的人身关系

人身关系,是指与人身密切相连而不可分割的社会关系。平等主体之间的人身关系,是指平等主体之间与人身不可分离而无直接财产内容的社会关系。一般认为,人身中的"人"是指人格,"身"是指身份。民法调整的人身关系,就是指人格关系和身份关系。这两类法律关系在民法上表现为人格权和身份权。前者是具有非财产性、专属性、固有性的社会关系,后者是亲属之间的非财产性、身份性和义务性的社会关系。《民法典》调整人身关系,坚持以人为本,突出对人格利益和身份利益等精神利益的保护,体现人的尊严,体现人格平等和人格自由,实现对人权的完善保护。

《民法典》调整的人身关系的特点是:第一,主体地位平等。民法调整的人身关系的主体具有平等的法律地位,相互之间没有隶属关系,任何一方不得命令或者强迫另一方实施或者不实施某种行为。第二,与人身不可分离。人身关系是基于人身利益而发生的关系,离开了人身就不会发生人身关系。无论是自然人还是法人,离开了人格关系,就不成其为人,就会丧失主体资格;同样,自然人如果离开了亲属之间的身份关系,也丧失了民事主体身份。第三,不直接体现财产利益。人身关系中权利人的权利和义务人的义务,都不直接体现财产利益,但人身关系与财产利益又有联系,有的人格利益可以转化为财产利益,例如,企业名称权可以依法转让,有偿转让即可获得财产利益;有些人格利益经过合理授权使用,也会产生财产利益,例如《民法典》第993条规定的公开权,就是可以将自己的某些人格利益许可他人使用,而使自己获得利益的权利。

2. 平等主体之间的财产关系

财产关系是以财产为媒介而发生的社会关系,是平等主体在物质资料的生产、分配、交换和消费过程中形成的具有财产内容的社会关系。在民法上,这种财产关系主要表现为两种,一种是财产的所有关系,另一种是财产的流转关系。财产所有关系是人们在占有、使用、收益和处分物质财富过程中所发生的社会关系,表明财产的归属关系,体现某一种特定的财产归谁所有,以及其他人就该财产与财产权利人之间的利用关系。财产流转关系是指人们在转移物质财富过程中所发生的社会关系,是动态的财产关系,包括商品流转关系、遗产流转关系以及其他财产流转关系,其中商品流转关系是最主要的财产流转关系。

财产的所有关系着眼于财产利益的享有,是享有的安全,为"静的安全",这种安全主要由物权法等来保障。财产的流转关系着眼于利益的取得,是交易的安全,为"动的安全",调整财产流转秩序,最为重要的为债与合同法。民法调整财产归属关系的目的在于维护财产的归属秩序,以保护财产的"静的安全",而调整财产的流转关系的目的在于维护财产的交易的安全和秩序,以保护财产的"动的安全"。

上述社会关系作为《民法典》的调整内容,必须是在平等主体之间发生的,不是平等的主体之间发生的人身关系和财产关系不能作为民法调整的内容。主体平等,就是当事人之间互不隶属,处在同等的地位,保持自己独立的自由意志。

二、《民法典》的基本内容

与《民法典》的调整对象和调整方法相适应,《民法典》的基本内容包括以下三部分:

(一) 规定民事权利

《民法典》以权利为本位,民法的基本内容之一是规定民事权利。

《民法典》规定的民事权利是与民法的调整范围相关的,即调整人身关系的部分规定的是人身权利,调整财产关系的部分规定的是财产权利。人身权利和财产权利是民法的两大支柱,民法就是由这两大类民事权利构成的。

1. 人身权利

人身权利是民事主体的基本权利,是民法规定的一大类民事权利,是指民事主体依法享有,以在人格关系和身份关系上所体现的,与其自身不可分离的利益为内容的基本民事权利,包括人格权和身份权。

人格权是指民事主体专属享有,以人格利益为客体,为维护其独立人格所必备的权利。人格权包括生命权、身体权、健康权、姓名权、名称权、肖像权、形象权、声音权、名誉权、信用权、荣誉权、人身自由权、隐私权、个人信息权、性自主权等。

身份权是指民事主体基于其特定的亲属身份关系并由其专属享有,以其体现的身份利益为客体,为维护该种关系所必需的权利。身份权包括配偶权、亲权、亲属权。

2. 财产权利

财产权利是民法规定的另一大类民事权利。《民法典》将财产权利分为五种:一是静态的财产权,即物权;二是动态的财产权,即债权;三是无形财产权,即知识产权;四是继承权;五是股权以及其他投资性权利。

物权是指权利主体在法律规定的范围内,直接支配一定的物并享受其利益的排他性权利,分为自物权和他物权,自物权即所有权,他物权包括用益物权和担保物权。

债权是指按照合同约定或者依照法律规定,在当事人之间产生的特定的权利义务关系,体现这种权利义务关系的动态权利,就是债权。债权分为合同之债、侵权之债、无因管理之债、不当得利之债和单方法律行为之债。其中合同之债是最典型的债权,最能体现动态财产关系的实质。

知识产权是指自然人、法人对自己的创造性的智力活动成果依法享有的民事权利,包括著作权、专利权、商标权和其他智力成果权。知识产权既有财产权的性质,又有人身权的性质,是一种财产权利和人身权利相结合的综合的民事权利。

继承权的性质是财产权,是以身份权作为基础而发生的继承遗产的权利,调整的是自然人死后的遗产的分配关系。

《民法典》第125条还规定了股权和其他投资性权利。股权是指民事主体因投资于公司,成为公司股东而享有的权利,包括公益权和自益权。其他投资性权利是指民事主体通过投资而享有的权利。

(二)规定民事权利行使规则

民事主体享有了权利,可以依照自己的意愿行使自己的权利,而行使权利必须按照法律规定的规则行使。在所有的成文法中,《民法典》的篇幅之所以最为庞大,其原因就在于民事权利的行使规则最为复杂。

《民法典》第130条至第132条规定了民事权利行使的一般规则:

第一,民事主体按照自己的意愿依法行使民事权利,不受干涉。这是规定民事主体享有的自我决定权,即民事主体行使民事权利,依照自己的意愿依法自主决定,不受他人干涉的权利。

第二,民事主体行使权利时,应当履行法律规定的和当事人约定的义务,即权利义务相一致原则,不得只享有权利而不履行法律规定的和当事人约定的义务。

第三,民事主体不得滥用民事权利损害国家利益、社会公共利益或者他人合法权益,即禁止权利滥用原则,滥用民事权利,造成他人损害的,应当承担民事责任。

在民事权利行使的具体规则中,有一个对比分明的现象,就是财产权利的行使规则最为复杂,人身权利的行使规则相对较为简洁。在《民法典》中,规定物权和债权的内容占了很大的篇幅,而人格权的规定在《民法典》总则编有3个条文,在人格权编有51个条文,在很多国家的民法典中甚至对人格权只作一般性规定。至于身份权,尽管需要规定具体的规则,但是这些规则也没有财产法的规则复杂。这是因为,财产权利都涉及财产的归属、利用和流转,权利人行使权利必然要涉及他人的利益,不仅琐碎,而且复杂,需要规定详细的、具体的规则。同样,财产权的行使必须遵守严格的规则才能够保证财产归属、利用和流转秩序不发生混乱。而人身权尤其是人格权的行使,只要权利人不滥用权利,义务人不侵害权利人的权利,就不会发生问题,因而不需要规定特别详细的规则。因而,《民法典》规定财产权法的篇幅超过人格权法和婚姻家庭法,这不仅是完全可以理解的,而且是必要的。

(三) 对民事权利的保护

民法的第三部分内容,是对民事权利的保护,即采用民事责任的方式,对违反民事义务侵害民事权利的民事违法行为进行制裁。保护民事权利,民法的强制力就体现在这一部分内容上。《民法典》总则编第八章就规定了民事责任的一般规则。

正当行使民事权利是适法行为,是正当的行为,受到法律的保护。权利受到侵害,民法就要进行救济,对侵权行为人进行制裁,对受害人进行保护,使其受到侵害的权利得到恢复。

民法对民事权利的保护,采用请求权的方式。对于民事权利受到侵害或者妨害的民事主体,法律赋予其请求权,有权请求侵害或者妨害其权利行使的人承担法律规定的责任,恢复其权利。保护权利的请求权体系分为两个体系,一是固有请求权,二是侵权请求权,二者分别担负保护权利的职责。前者是各种民事权利所固有的权利,后者是根据侵权责任法的规定,在权利受到侵害之后新发生的请求权,依据侵权责任法的规定保护民事权利。

三、《民法典》的基本结构

(一)《民法典》的基本结构

我国《民法典》的基本结构由四个部分组成,这四个部分搭配和排列的方式不是平行的,而是纵横相交的框式结构。《民法典》的这四个部分,就是总则部分、人法部分、财产法部分和权利保护法部分。

《民法典》的总则编处于框式结构的顶部,其所表现的是《民法典》民法的一般规则。总则编是对民法全部内容的抽象概括,是对民法的一般方法即民事法律关系的抽象,其实规定的就是民事法律关系的一般规则,是《民法典》的全部内容的抽象和概括,是统领《民法典》全部内容的总纲,也是民法的基本方法。

在《民法典》总则编之下,是《民法典》的两个基本构成部分,即人法和财产法,处于《民法典》框式结构的两边,是民事权利的两大系统。《民法典》规定的所有民事权利即人身权利和财产权利,是民法的两大支柱,是民法中的人法和财产法。这是民法的主体部分,《民法典》的主要条文都规定在这两部分中。人法规定的是民事主体关于自己的权利,包括人格权、身份权;财产法是民事主体基于财产所发生的权利,包括物权、债权、知识产权和继承权。在这两大支柱之中,规定了《民法典》三方面的基本内容,即规定民事权利、民事权利行使的规则以及民事权利所固有的保护自己的请求权体系,如物权请求权、人格权请求权和身份权请求权等。

权利保护法是《民法典》的最后一个部分,处于框式结构的底部。它所处的地位,表明了侵权责任编在《民法典》中的权利保护法的地位。尽管《民法典》将侵权行为的后果规定为债,但是不能因此而否定侵权责任编的权利保护法的地位和性质。

(二)《民法典》结构与内容的关系

《民法典》由四个部分组成的结构与其三个基本内容的关系,是内容与形式的关系。其相对应的关系是:

《民法典》结构的第一部分总则编,是对民事法律关系的一般规定,也是民法的方法论,是认识民法的基本方法,是研究民法的基本方式,也是适用民法的基本方式。

构成《民法典》主体部分的人法和财产法的两个部分所涵盖的,是规定权利、规定权利行使规则以及权利保护的固有请求权系统。在《民法典》的分则各编中,按照不同的权利类型分为不同的编,在每一编规定一类民事权利,以及该类权利包括哪些具体权利,同时规定行使这些权利的时候应当遵守何种规则。

《民法典》结构的最后部分,是侵权责任编,规定的是第二类权利保护方法,即侵权请求权的保护方法。侵权责任编作为主要的权利保护法,充当了各种权利的保护法,凡是权利受到侵害的,都由侵权责任予以救济,使之恢复权利。

四、《民法典》规定的民法基本原则

民法的基本原则是民法的最高规则。

(一) 私权神圣原则

《民法典》第 3 条规定的是私权神圣原则,即:"民事主体的人身权利、财产权利以及其他合法权益受法律保护,任何组织或者个人不得侵犯。"

私权神圣原则是指民事主体的人身、财产权利以及其他合法权益神圣,受法律保护,任何组织或者个人不得侵犯的民法基本准则。

私权神圣原则的含义是:

(1)民事主体享有广泛的民事权利,包括人身权利、财产权利。凡是《民法典》规定的民事主体享有的民事权利,都是神圣不可侵犯的,都受到民法的全面保护。民法的任务就是创设私权并保障这些私权的实现。尽管我国民法从义务本位到权利本位,再到社会本位加权利本位,但一直残留着公权力干预的影子,这样的现状并不是完全的私权神圣。在立法上,只规定公共财产神圣不可侵犯,而私人的合法私有财产表述为不受侵犯,对私人财产权利的保护就存在不平等的问题。确立私权利神圣原则,就是要拉平对公共财产与私人的民事权利的保护程度,使所有民事主体的民事权利都处于神圣的状态,都依法受到保护。

(2)民事主体不仅享有广泛的民事权利,还享有合法的其他利益,凡是民法保护的民事主体的利益,都属于法益的范畴,也都是神圣不可侵犯的,都受到民法的全面保护。尽管法律不能对民事权利进行全面确认,但是在民法规定的民事权利之外,只要法律不加以禁止,民事主体就应该享有其他合法利益,并且受到民法的保护。

(3)民事主体的合法权益神圣,就意味着民事主体享有、行使民事权益,不受任何人和任何机关的非法干涉和侵犯,凡是非法侵犯民事主体合法权益的,都构成侵权行为,应依法予以制裁。民事主体享有的合法权益,只要未经人民法院依法剥夺就永远享受,即使自然人死亡之后,其人格利益也仍然受到法律保护,不能够被剥夺,侵害死者的人格利益,同样也构成侵权责任。

(4)民事主体的民事权益受到侵害的,受害人享有请求权,有权依法向法院起诉,请求保护,而使受到侵害的权益得到恢复,保持民事权利的圆满状态。法官不得以法无明文规定而拒绝审判,从而防止受到侵害的民事主体的民事权益无法得到恢复。

(二) 平等原则

平等原则是《民法典》针对民事主体地位确定的基本原则,是指在民法上所有的民事主体在地位上一律平等,没有任何人的地位可以高于其他人的地位。《民法典》第 4 条规定:"民事主体在民事活动中的法律地位一律平等。"

平等原则作为民法的最高规则,居于重要的地位。这是因为:第一,民事主体地位平等集中体现了民法调整对象的特征。《民法典》的调整对象是平等主体之间的人身关系和财产关系,而不是非平等主体的社会关系;非平等的主体之间的社会关系,不由《民法典》进行调整。第二,民事主体的地位平等集中反映了民事主体对其市民社会地位的诉求。如果民事主体的地位不平等,其享有的权利和负担就会不平等,一定会造成不公平的后果,使一部分民事主体可以支配、歧视另一部分民事主体。第三,民事主体地位平等是市场经济的本质要求。市民社会与市场经济紧密相关,市场经济的最本质特征就体现在主体之间的平等性上,因为交易天然地要求交易双方的地位是平等的,在利益上是等价的,否则就不能产生公平的竞争,不能形成有序的市场经济秩序。

平等原则是由《民法典》调整的社会关系的性质决定的。民事主体地位平等的前提是人格独立和人格平等,在此基础上,任何民事主体的地位都一律平等。平等以独立为前提,独立以平等为归宿。平等的实现,使得民事主体相互之间互不隶属,各自能独立地表达自己的意愿,其合法权益得到平等保护。

平等原则虽然是《民法典》的最高规则,但是在法人这种团体主义产物出现后,民事主体地位平等开始面临威胁,其根源就是法人的垄断地位。一方面,法人在法律上的垄断是指当事人根据法律规定而对某些特殊行业或者领域拥有独占经营权,因而使其他主体无法介入该领域的经营,从而使法律许可的主体取得了垄断经营权。另一方面,法人在事实上的垄断是指当事人在经济上的强大优势,使其在一定领域形成了事实上的垄断经营权,因而使其他主体对该领域的经营不敢问津,从而造成事实上的垄断。法人跃然于自然人之上,形成价值的错位。《民法典》将平等原则作为首要的规则,就是要挑战这种现象,纠正这种错位。在当代,民法必须由平等且对等的人民为前提向以多样性为前提的实质平等的人民转换,晚近德国修改其民法典,将保护消费者的各有关法规纳入民法典中,将消费者的概念写入民法总则的主体范围,就是有力的证明。我国《民法典》第 128 条也将消费者权益保护法纳入民法特别法的范畴,同样实现了这样的立法目的,对消费者的权益实行倾斜保护措施。

平等原则的具体含义包括:

1. 民事主体的资格平等

民事主体资格平等就是所有的民事主体的民事权利能力一律平等。《民法典》第 13 条和第 14 条规定,自然人从出生时起到死亡时止,具有民事权利能力,即具有民事主体资格。民事权利能力一律平等,而不问性别、年龄、民族、宗教、信仰、文化程度以及智力程度。《民法典》第 59 条也专门规定,法人的民事权利能力和民事行为能力,从法人成立时产生,到法人终止时消灭,享有民事主体资格。法人的业务性质不同,具体的业务范围有可能不同,但其民事主体资格完全平等。

2. 民事主体的地位平等

在各种具体的民事法律关系中,在各种民事活动中,民事主体的法律地位一律平等。当事人参与法律关系时的地位必须平等,任何一方都不具有凌驾或优越于另一方的法律地位。当事人在进行民事活动时,必须平等协商,不得对另一方发出强制性的命令或指示,不得要挟和强制另一方。

3. 民事主体平等地享有权利、承担义务

在民事法律关系中,当事人的权利义务也是平等的,享有权利,承担义务。例如,人格权的权利人对其人格利益享有人格权,财产所有人对其所有物享有所有权,作者对其作品享有著作权;所有的人格权、财产所有权的义务人都负有不可侵义务,所有的著作权义务人对他人的著作权都不得侵害,所有的第三人对他人的合法债权都负有不可侵义务等。因此,民事主体在享有权利和承担义务的时候一律平等。当然,在某些具体的民事法律关系中,例如,在赠与合同关系中,双方当事人可能约定的权利义务并不对等,仅有一方享有权利,另一方负有义务,但这并不是对平等原则的否定,而是意思自治原则使然。

4. 民事主体在适用法律时平等对待

当事人在法律面前人人平等,在适用法律规则时一律平等,平等地受到民事法律的拘束,违反法律时承担相应的民事责任,不得有任何偏袒和歧视。

5. 民事主体的民事权益平等地受法律保护

民事主体的民事权益,有法律直接规定的,也有当事人依法通过合同约定的。任何民事主体的合法民事权益都受法律保护,他人不得侵犯。任何一个民事主体的权利受到侵害之后,都平等地受到民法的保护和救济。

(三)意思自治原则

《民法典》第5条规定的是自愿原则,是对意思自治原则的高度概括,即"民事主体从事民事活动,应当遵循自愿原则,按照自己的意思设立、变更、终止民事法律关系。"自愿原则是指平等当事人之间在确定、变更或者终止民事法律关系的时候,要以各自的真实意志来表达自己的意愿。可见,自愿原则是对意思自治原则的另一种表述。

意思自治原则也被称为私法自治原则,是指民法规定的民事主体在法定范围内享有广泛的行为自由,并根据自己的真实意志设立、变更、消灭民事法律关系的基本准则。

意思自治原则在民法领域具有重要地位,其要求在市民社会中,所有的民事主体都能在自我决定下,依据个人的意思行使民事权利,履行民事义务,参与具体的民事活动,实现自己对社会生活的需求,而无须国家的介入。因此,意思自治原则体现了民法的基本精神,贯穿于整个市民社会之中,调整全部民事法律关系。

《民法典》将意思自治原则规定为民法的基本原则,是因为意思自治原则奠定了民法作为市民社会基本法的基本地位,强调私人之间各法律关系应取决于个人的自由意志,承认当事人依本人自由意志所为的意思表示具有法律约束力,应对基于此种意思表示所形成的私法上的生活关系赋予法律上的效力。意思自治原则最直接地反映了市场经济的本质需求,在市场经济中,民事法律关系特别是合同关系是主要的社会关系,这种关系越发达、越普遍,就意味着交易越活跃,市场经济就越具有活力,社会财富才会在不断增长的交易中得到增长。《民法典》强调意思自治原则,就是要保障民事主体在市场中享有在法定范围内的广泛的行为自由,并能根据自身的意志从事各种交易和创造财富的行为。因此,意思自治原则是贯彻民事主体行为自由的必然要求,每一个民事主体只有具备了这种行为自由,才能够充分地发展自己的人格,维护自己的尊严,实现自己在市民社会中的价值。

尽管意思自治原则在民法的各个部分强度有所不同,例如,在合同领域,意思自治原则具有更重要的地位;在物权领域,因物权规则主要是强制法,意思自治原则不得改变物权法定原则,但是意思自治原仍是《民法典》的基本原则,调整几乎全部的民事法律关系。

意思自治原则的主要内容是:

1. 确立民事主体在法律允许的范围内具有广泛的行为自由

意思自治原则的实质,就是赋予民事主体以行为自由,在法律允许的范围内,自主决定自己的事务,自由从事各种民事活动,确定参与市民生活的交往方式,最充分地实现自己的价值,而不受任何非法的干预。意思自治原则赋予民事主体行为自由的范围包括:一是有权依法从事某种民事活动和不从事某种民事活动的自由,即民事主体的民事活动完全由当事人自由安排,只要不损害公共利益或者他人的利益;二是有权选择其行为的内容和相对人,即可以自由地选择其他民事主体作为缔约伙伴,通过协商一致而达成合同条款,确定行为的内容,自愿接受这些条款的约束;三是有权选择其行为的方式,无论是口头形式、书面形式还是公证形式,除了法律法规要求某种民事行为须采取特殊形式的民事行为之外,行为人都有权就行为的方式自由做出选择;四是有权选择有利于自己的补救方式,当民事主体履行义务不适当而应当承担民事责任时,权利人一方有较大的选择自由,在责任竞合的情况下,有权选择有利于自己的请求权保护自己的权利。

2. 确立民事主体自由实施法律行为,调整主体之间的相互关系

意思自治原则确立民事主体的行为自由,就是要保障民事主体能够自由地实施法律行为,调整与其他民事主体之间的相互关系。他们可以根据民法的一般性规定,通过自主协商而达成合意,这种合意具有优先于法律的任意性规范适用的效力,并据此在民事主体之间设立、变更或者消灭相互之间的权利和义务。这就是意思自治原则所具有的保障民事主体根据自己的意志,通过法律行为构筑其法律关系的功能。

3. 确立法无明文禁止即为自由原则

意思自治原则同时也表明,在私法领域,民事主体实施法律行为的原则是,只要法律未设立明文禁止的规定,民事主体即可为。这与公权力行使所适用的法无明文规定即不可为原则,是完全相反的。后者是对公权力的限制,前者是对私权利的保障。只要不违反法律法规的强制性规定,民事主体就可以自由行使民事权利,国家不得对其进行干预。

(四)公平原则

《民法典》第6条规定:"民事主体从事民事活动,应当遵循公平原则,合理确定各方的权利和义务。"这就是公平原则,是《民法典》针对民事利益确定的基本原则,是在对市民社会的人身利益、财产利益进行分配时,必须以社会公认的公平观念作为基础,维持民事主体之间利益均衡的基本规则。

市民社会的基本构成成分:一是民事主体,二是各种民事利益,包括财产、人身

利益。《民法典》规范民事利益的分配关系,是以权利为标准,对全部民事利益进行分配,实现利益均衡的公平。因此,公平原则作为《民法典》的最高规则,是进步和正义的道德观在民法上的体现。在处理涉及权利冲突和利益争执的纠纷时,公平原则是最基本的平衡标准。

公平原则要求民事主体应本着公平、正义的观念实施民事行为,司法机关应根据公平的观念处理民事纠纷,民事立法也应该充分体现公平的观念。

公平原则的具体含义是:

1. 公平原则的基本要求是民事利益分配关系的均衡,以实现分配正义

民法的公平,是以利益的均衡作为价值判断标准,调整民事主体之间的民事利益关系。公平是指一种公正、正直、不偏袒、公道的特质或品质,同时也是一种公平交易或正当行事的原则或理念。任何民事活动,都涉及民事利益的分配。公平原则要求民事主体利益分配的公平性,以保证民法分配正义的实现。

2. 公平原则要求民事主体依照公平观念行使权利、履行义务,以实现交换正义

公平原则是强调民事主体在民事活动中,要遵循公平正义的理念和道德法则。因此,民事主体在从事民事活动的过程中,应当按照公平的观念正当行使权利,严格履行义务。在民事利益交换中,体现民法正义的要求。例如,在合同订立后,当事人应当顾及对方当事人的利益,进行充分准备,避免自己的行为给对方造成利益的损害。又如,在权利行使过程中,应当充分顾及他人的利益,不得滥用权利。

3. 公平原则主要是对民事活动目的性的评价标准,以实现实质正义

判断任何一项民事活动是否违背公平原则,很难对行为本身和行为过程作出评价,需要从结果上对是否符合公平要求进行评价。如果交易的结果导致当事人之间极大的利益失衡,除非当事人自愿接受,否则法律应当作出适当的调整。例如,在某种特别情形下,依据过错原则作出的裁判结果如果违背了公平原则,则可以依据公平原则进行调整。由于公平是一种目的性的评价标准,所以公平原则更多地体现了实质正义的要求。

4. 公平原则是法官适用民法应当遵循的基本理念,以实现裁判正义

法律是善良公平之术,而民法最充分地体现了公平、正义的要求。所以,法官在适用法律处理民事纠纷时,应当严格依照公平理念作出判断。可以说,一个判决如果在结果上是不公平的,就可能有缺陷。公平虽然是一个抽象的概念,但因为社会一般人对公平仍然有一个基本的价值评判标准,所以,法官应当依据社会的一般

公平、正义观念进行司法活动,实现裁判正义。

(五)诚信原则

诚信原则,是民法针对具有交易性质的民事行为和民事活动确定的最高规则,是将诚实信用的市场伦理道德准则吸收到民法规则当中,约束具有交易性质的民事行为和民事活动的行为人应当诚实守信、信守承诺的民法最高准则。诚信原则也被称为《民法典》特别是债法的最高指导原则,甚至被称为"帝王原则"。《民法典》第7条规定:"民事主体从事民事活动,应当遵循诚信原则,秉持诚实,恪守承诺。"

诚信原则是一项特别重要的原则,是市场经济交易当事人应严格遵循的道德准则,也是每一个民事主体在社会生活中行使权利、履行义务所应当遵循的基本原则。诚实信用原则既是基本的商业道德,也是信用经济的基础。任何一部法律的执行都要求执法者、守法者具有良好的法律意识和诚信观念。否则,再好的法律也将在执行中被规避,甚至形同虚设。从这个意义上说,依诚信原则行使权利和履行义务将为法治社会奠定坚实的基础。

尽管诚信观念实际上是道德和伦理观念,但在法律上确认诚信原则也表明了法律对这一伦理价值的珍视,说明违反诚信原则并不仅仅是只承担道德上的谴责或者其他道德责任,而且还需要承担法律上的责任。诚信原则作为民法的一个基本原则,属于强行性规范,当事人不得通过约定的方式排除和规避该规则的适用。

诚实信用原则的基本功能是:

1. 确定民事行为规则

诚信原则在确定民事行为规则时,主要体现在两个方面:一是行使民事权利应以诚实为本。民事主体行使民事权利,与他人之间设立、变更或者消灭民事法律关系,都必须诚实,不作假,不诈欺,不损害他人的利益和社会公共利益,特别是不得滥用民事权利。滥用权利,造成他人损害的,应当承担民事责任。二是履行民事义务应恪守信用。民事主体履行义务必须守信用、重承诺,严格按照法定义务和约定义务履行。不履行义务,以及因不履行义务给他人造成损害的,都应当自觉承担责任。

2. 为解释法律和合同确定准则并填补法律漏洞和合同漏洞

《民法典》确立诚实信用为最高规则,同时还根据需要制定若干体现诚实信用原则的具体条款,使诚信原则通行于民法的各个环节。在解释法律和合同时,应当遵守诚信原则;在法律出现漏洞时,应当依据诚信原则进行补充;在法律规定不足或者存在空白的时候,法官应当依据诚信原则作出补充,不得因法律无明文规定而拒绝审判;在合同法领域,如果合同出现漏洞,也应依据诚信原则进行补充。

3. 依诚信原则衡平当事人的利益冲突

法官以及仲裁员在处理民事案件时,应当贯彻诚实信用原则,要以事实为依据,以法律为准绳,全面保护各方当事人的权利,平衡各方当事人的利益,平衡当事人与社会之间的利益平衡。同时,要求当事人在民事活动中充分尊重他人利益和社会利益,不得损害国家、集体和第三人的利益。

(六)公序良俗原则

《民法典》第8条规定:"民事主体从事民事活动,不得违反法律,不得违背公序良俗。"本条规定的是公序良俗原则。公序良俗原则,也是《民法典》针对民事行为和民事活动确定的最高规则,是指以一般道德为核心,民事主体在进行非交易性质的民事行为时,应当尊重公共秩序和善良风俗的基本准则。这是《民法典》要求民事主体对社会和道德予以起码的尊重,针对的主要是非交易性质的民事行为和民事活动。

公序良俗是由公共秩序和善良风俗两个概念构成的。我国《民法通则》第7条以社会公德和社会公共利益代替公共秩序和善良风俗,要求民事活动应当尊重社会公德,不得损害社会公共利益,实际上承认了公序良俗原则。《民法典》改变了以前的表述方法,直接规定为公序良俗原则。在非交易的民事行为和民事活动中,公序良俗是衡量利益冲突的一般标准。法官依据公序良俗原则,填补法律漏洞,平衡利益冲突;确保国家和公共的利益,协调冲突;保护弱者,维护社会正义。

公序良俗原则最早起源于罗马法,并为大陆法系国家的立法所借鉴。《法国民法典》将公共秩序和善良风俗规定在一起,第一次明确规定"个人不得以特别约定违反有关公共秩序和善良风俗的法律",并将其称为公序良俗原则。《德国民法典》只规定了善良风俗,没有规定公共秩序的概念,《日本民法典》则确认了公共秩序原则。

公共秩序,是指全体社会成员的共同利益。法律维护公共秩序,保障社会公共利益,也就是保护全体人民的共同利益,保护每一个公民的自身利益。《民法典》不仅将遵守公共秩序作为民事活动的基本原则,而且在民事法律行为制度中,将遵守公共秩序作为民事法律行为的有效条件之一。《民法典》第143条也明确规定,有效的民事法律行为不得违背公序良俗。法律强调违反公共秩序的行为无效,是从反面强调了对公共秩序的维护。

善良风俗,是指社会全体成员所普遍认许、遵循的道德准则,是我国民法恪守的基本理念之一,如我国民法提倡尊重人格尊严,切实保护民事主体的人格权;提倡家庭生活中互相帮助、和睦团结,禁止遗弃、虐待老人和未成年人,禁止订立违反道德的遗嘱,禁止有伤风化、违背伦理的行为;在财产关系中,要求人们本着团结互助、公平合理的精神建立睦邻关系,提倡拾金不昧的良风美俗,确认因维护他人利益而蒙受损失者有权获得补偿,等等。这些都是善良风俗的表现。

法律规定公序良俗原则的意义是:

1. 主要目的在于实现对社会秩序的维护

由于对秩序的维护不可能全部由强行法来完成,规定公序良俗就是为了强调民事主体进行民事活动中必须遵循社会所普遍认同的道德,补充强行法规定的不足,从而使社会有序发展。

2. 对意思自治进行必要的限制

意思自治必须遵循公序良俗原则,实现意思自治必须在不违背公序良俗原则时才为适法,据此对民事行为提供更为全面的规则,并对其法律效力作出评价。

3. 弘扬社会公共道德

在民法领域确立公序良俗原则,也是为了弘扬社会公共道德,建立稳定的市民社会秩序,从而保障市民社会有序发展。

(七)绿色原则

《民法典》第9条规定:"民事主体从事民事活动,应当有利于节约资源、保护生态环境。"绿色原则也被称为生态原则,是指民法要求民事主体在从事民事活动时,应当有利于节约资源、保护生态环境,实现人与资源关系的平衡,促进人与环境和谐相处的基本准则。

加强环境和资源保护,是我国《宪法》规定的基本国策,也是人类的共同职责。在编纂民法典时,规定环境保护的原则即绿色原则,是学者们的普遍愿望。《民法典》把绿色原则作为中国民法的基本原则,以其统领民法典,以加强对环境和资源的保护,体现出《民法典》"绿色"的本质,对于我国现实情况而言,具有特别的价值。

把绿色原则规定为民法的基本原则,其意义在于,任何民事主体从事民事活动,不仅要遵循公平、正义、平等、诚实信用、公序良俗的原则,还必须把保护生态环境、节约资源的基本精神,作为贯穿物权、债权、知识产权、婚姻家庭、继承以及侵权责任的基本准则。民法基本原则虽然不能直接适用于具体案件,但却是民事活动的指导思想所在。节约资源、保护生态环境成为贯彻民法始终的行为准则,进而使人与资源的关系平衡,人与环境和谐相处。

民事主体从事民事活动、遵循绿色原则的目的,就是节约资源,保护生态环境,促进人与自然的和谐发展。在民事主体行使民事权利时贯彻绿色原则,不仅仅要严格执行侵权责任编对环境污染和生态破坏责任的规定,制裁环境污染的侵权行为人,责令环境污染的责任人负担更重的举证责任,甚至承担惩罚性赔偿责任,更重要的是,在行使物权、债权、知识产权等财产权利时,充分发挥物的效能,防止和避免资源被滥用,使资源的利用达到利益最大化,使有限的资源在一定范围内得到更充分的利用,以及保障好动物的福利。即使在婚姻家庭、继承等方面,也要体现绿色原则,缓解资源的紧张关系,在利用家庭财产、继承领域分配遗产时,采用最有利于发挥物的效能的方法。

第三章　民事法律关系

在民法领域,能够统领一切民法现象的,就是民事法律关系。可以说,民事法律关系是认识市民社会、规范市民社会、裁断民事主体之间的民事纠纷,以及学习民法都应当使用的方法。即使在编纂民法典中,也是用民事法律关系的方法。《民法典》的总则编,就是规定抽象的民事法律关系方法,分则各编,则是民事法律关系的具体化。

一、民事法律关系概述

在讨论民事法律关系在《民法典》中的重要作用之前,先来看一个案例:

假设甲与乙签订了房屋买卖合同,出卖自己的一套房子。由于市场价格波动,甲不愿意将这套房子卖给乙,于是与丙串通,双方签订房屋买卖合同,并进行了过户登记,也将房子交给丙使用。在丙死亡之后,丙的儿子丁继承了这个房子,随后将房子抵押给戊,办理了抵押登记。现在甲对这套房子提出权利主张,乙也提出了权利主张,丁和戊都以自己的权利证书进行抗辩。

这是一个相当复杂的民事纠纷案件。唯一的办法,就是分清其中的民事法律关系,分别按照各个不同的民事法律关系的性质,确定应当适用的法律。这就是对民事案件的"定性"。没有定性,就没有民事案件的法律适用。这个案件中的法律关系有:甲和乙之间的民事法律关系,这是一个合法、有效的合同关系。甲和丙之间的民事法律关系,这是一个恶意串通的双重买卖的法律关系,也是一个合同关系,但却是相对无效的合同法律关系。乙和丙以及甲之间的民事法律关系,这是一个侵害债权的法律关系,是侵权法律关系,具有恶意,构成侵害债权。丙和丁之间的民事法律关系,这是一个继承的法律关系。丁和戊之间的抵押法律关系,这是一个经过登记,且戊是善意、无过失的法律关系,因而是一个有效的抵押关系。

经过这样的定性分析,这个案件怎样处理就很清楚了。在《民法典》的规则体系中,最基本的方法就是民事法律关系的方法。通过民事法律关系的方法,能够掌握民事立法的规律、规范民事主体行为的规律,以及规范民事纠纷司法裁判的规律,市民社会的一切现象就都能够被规范起来,能够被准确认识并且予以把控。

(一)民事法律关系的意义

民法的基本方法是民事法律关系,《民法典》总则编规定的是抽象民事法律关系的一般性规则;《民法典》分则各编规定的则是具体的民事法律关系规则,即民事法律关系的展开,规定的是民事法律关系的类型。

《民法典》总则编确定立法的逻辑结构,就是按照民事法律关系要素的逻辑关系,即民事法律关系的主体、民事法律关系的客体和民事法律关系的内容这三个要素的结构进行的。

首先,《民法典》总则编规定的是抽象的民事法律关系规则。其基本内容,除了规定民法的基本原则之外,还规定民事主体、民事权利、物、民事法律行为及其代理以及诉讼时效。

这些内容实际上就是规定民事法律关系的抽象规则,即民事法律关系的全部要素:①《民法典》总则编规定民事主体,即是民事法律关系的主体要素,只有具备了民事主体资格的人、法人和非法人组织,才能够成为民事法律关系的主体。②《民法典》总则编规定民事权利,即民事法律关系的内容,也就是民事权利和民事义务。至于诉讼时效的规则,则是规定民事权利的存续期间,即民事法律关系的存续问题。③《民法典》总则编规定物和行为,即民事法律关系的客体,是民事权利和民事义务所指向的对象。

其次,《民法典》分则各编规定的是具体的民事法律关系。其基本内容,是对民事法律关系的展开,是规定具体的民事法律关系。按照民事法律关系的各个基本类型,《民法典》分则分为不同的编。物权编规定的是物权法律关系,合同编规定的是合同法律关系(包括无因管理之债和不当得利之债),婚姻家庭编规定的是身份法律关系,等等。依此类推。

民事法律关系的基本要素看起来极为简单,仅仅是主体、内容和客体,但它概括了全部的民法内容。这一点可以从三个方面说明:

1.《民法典》总则编规定民事法律关系的一般规则

从简单的角度观察,民事法律关系就是讲主体、内容和客体。民事法律关系把人作为主体,赋予其人格,确认其权利,使其成为市民社会的主宰,民事主体以其意志支配民事法律关系,决定民事法律关系的各种不同类型和形式,决定其各项内容,构成各不相同的民事法律关系,通过这些民事法律关系的内容即权利和义务,支配市民社会的客体,支配人格利益、身份利益、财产利益,最终支配整个市民社会,构成市民社会的基本活动。抽象地观察民法世界,整个社会就是在民事法律关系的运动之中,主体、客体和内容不断变化和发展。

2. 民事法律关系是极为复杂的社会关系

《民法典》分则各编,是对极为复杂的民事法律关系的全面展开,构建了市民社会的行为规则,构成民法规范的全部。一方面,各项民法制度都是民事法律关系的细化、展开和具体化。展开民事法律关系的全部,就是整个市民社会的全部内容;另一方面,任何民事法律制度不过是民事法律关系的再现,只不过是在再现的过程中将其具体化而已。

3. 民事法律关系在实践上具有极为重要的意义

在司法实践中处理民事纠纷案件,最基本的方法就是"定性",也就是对纷繁复杂的民事纠纷怎样适用法律,首先必须对案件的法律关系的性质进行确认,找到这个案件应适用的法律,依法进行处理。只有通过对民事法律关系的定性,才能够对民事纠纷依法处理,解决争议,保护合法权利,制裁民事违法行为,维护市民社会的正常秩序。

(二)学习与研究民法的基本方法必须从法律关系入手

很多人在开始学习、研究《民法典》时,面对纷繁复杂的民法世界和各种各样的民法规则以及形形色色的民事案件,感到无从下手,不知道怎样才能学好《民法典》。说到底,民法的奥妙就在于民事法律关系,只要从民事法律关系入手,学习《民法典》就会一通百通,研究民法就会得心应手,对那些百思不得其解的民法疑难问题就会找出妥善的解决办法,丰富民法理论,指导民事司法实践。

关键是在学习《民法典》时,要发现民事法律关系的基本运动规律,运用这个基本的运动规律去掌握民法的基本精神,掌握各项民法的规则;在研究《民法典》时,也是要用民事法律关系的基本运动规律作为指导,使研究得出的结论符合市民社会的运动规律。

二、民事法律关系的概念和特征

（一）民事法律关系的概念

民法的法律关系理论，由德国民法学家萨维尼首次提出。他认为，各个法律关系就是由法律规定的人和人之间的关系。在我国，法律关系这一概念作为概括一切法律规定的人与人之间的关系的基本概念，并不仅包括民事法律关系，其外延应当包括公法关系和私法关系，而民事法律关系只是私法上的法律关系。

民事法律关系是指民法规范调整的权利义务关系，是由民法所调整的平等民事主体之间的人身关系和财产关系。民事法律关系是整个民法逻辑体系展开与构建的基础。

（二）民事法律关系的特征

1. 基本特征

（1）民事法律关系是人与人之间的社会关系。民事法律关系是人与人之间在社会生活中产生的权利义务关系。民事法律关系通常离不开物，甚至有时还直观地表现为人与物之间的占有、支配关系，但是，物只能是人与人之间的民事法律关系的客体或者中介，而不可能是民事法律关系的主体。例如，买主与卖主为买卖物而产生买卖关系，该买卖关系的主体只能是买卖双方当事人；特定的人对特定的物享有所有权，从表面上看这种所有权关系是人与物的关系，但这种关系的背后意味着所有人与所有人以外的不特定人之间的所有与排他的法律关系，所有人以外的不特定人都负有不得侵害所有人的所有权的义务，因而所有权关系归根结底还是一种人与人之间的法律关系。

（2）民事法律关系是民法规范调整的平等主体之间的社会关系。民事法律关系是根据民法规范建立起来的关系，而民法是调整具有平等法律地位的主体之间的人身关系和财产关系的法律，所以，民事法律关系是平等主体之间的人身关系或者财产关系。主体平等是民事法律关系的一个重要特征。在市民社会，民事主体都是平等的，其人格、地位一律平等。在民事法律关系中，当事人之间不存在管理与服从的关系，而是彼此平等、互不从属的关系。民事法律关系的内容也是平等和对等的，在通常情况下，一方取得权利必须以承担相应的义务为前提，反之亦然。主体平等是区别民事法律关系与行政法律关系等的特征。

(3) 民事法律关系是以权利义务为内容的人身关系和财产关系。民事法律关系是以权利义务为内容的关系,即民法调整平等主体之间的关系的方法是赋予当事人以民事权利,同时使当事人承担民事义务,权利义务构成了民事法律关系的内容。民事法律关系是以民事利益为客体的权利义务关系,其全部的权利义务内容都是关于民事利益的关系,这就是人身关系和财产关系。这一方面是说,民事法律关系是以民事利益即人身利益和财产利益为客体,另一方面也说明,凡是关于人身关系和财产关系的权利义务关系,都是民事法律关系。

(4) 民事法律关系是由国家强制力保障的社会关系。民事法律关系是由国家强制力保障其实现的,国家禁止不履行民事义务和对他人民事权利的侵犯。在民事法律规范中,民事主体可以做什么,或者应当做什么,不可以做什么,都体现了国家对各种行为的态度,由此形成了国家认可的市民社会秩序。如果这种现实的权利义务关系受到破坏,破坏者就必须承担民事责任。

2. 其他特点

民事法律关系除了具有上述法律特征外,还具有以下特点:

(1) 主体的平等性。民事法律关系的主体具有平等性的特点。民事法律关系是平等主体之间的关系,各民事主体无论是自然人、法人还是非法人组织,都具有平等的法律地位。同样,基于民事主体的平等性,各主体之间的权利义务也多数具有公平性、对等性,许多财产关系都以等价有偿为原则,未经本人同意,都不得为其科加义务。

(2) 内容和变动上的任意性。在市场经济条件下,民事主体都是其个人利益的最佳判断者,只要不涉及公序良俗问题,法律没有必要加以禁止,允许民事法律关系的变动和内容具有相当的任意性。具体表现是:民事法律关系的设立、变更和终止具有一定的任意性,法律允许当事人在法律规定的范围内自主创设和消灭民事法律关系;法律也允许当事人自由确定民事法律关系的内容,即与他人之间的权利义务关系。只要这些内容不违背法律的禁止性规定和公序良俗,法律都确认其效力。因此,在民事法律关系中,法无禁止即可为。这与公法中的法无授权为禁止恰好形成鲜明对照。正是基于这种任意性,新型的民事法律关系不断出现,并且决定了对民事案件法官不得以法律没有明文规定为由而拒绝裁判。

(3) 客体上的复杂性和制度上的开放性。随着社会、经济、科技的发展,各种新型的民事利益为人们所发现、认知和利用,民事法律关系的客体具有相当的复杂性。随着民事法律关系客体的不断发展变化,民法逐渐形成了一系列的新规则。

正因为如此,《民法典》必须具有开放性,及时接纳新的民事利益,围绕这些新的法益形成新的民事法律关系。由于大陆法系民法成文法形式的局限,有时难以预见到未来社会生活的发展变化,因此,现代各国民法典一般都通过诚实信用原则、公序良俗原则等抽象规范为法官创造新的法律规则提供指引,从而适应其开放性的要求。

三、民事法律关系要素的具体内容

民事法律关系包括主体、客体和内容三个方面的要素。

(一) 主体

民法以权利为中心,权利的中心即为权利主体。因此,对《民法典》研究之始,就要研究民事权利主体的问题。

民事法律关系的主体也被称为民事主体、权利主体,是指法律所承认的能够以自己的名义参加民事法律关系,享受民事权利并承担民事义务的人。

民事法律关系主体是市民社会的支配者,是市民社会中对民事利益的支配者。从总体看,全体民事法律关系主体对全部的民事利益进行支配;从具体的方面看,各个民事主体则在不同的范围内,对个别的民事利益进行支配,而不是对整体的民事利益进行支配。各个不同的民事主体对各自不同的民事利益进行单独的支配,综合形成了民事主体对民事利益的整体支配,实现了人对市民社会的支配。

民事法律关系的主体就是人,包括自然人、法人和非法人组织。

民事主体首先是自然人,现代法治强调自然人均享有民事主体资格,而且此种资格不容剥夺。法人是法律拟制的人,这是基于社会生活的需要,法律应当允许一些社会组织在依法创设之后,以自己的名义参加民事法律关系,进行民事活动。随着市场经济的发展,法人之外的非法人组织也成为一类新的市场主体,法律也逐渐承认其可以以自己的名义参加民事法律关系,从而非法人组织也成了民事主体。《民法典》第102条第1款规定的"非法人组织是不具有法人资格,但是能够依法以自己的名义从事民事活动的组织",确认了非法人组织是独立的民事主体。此外,国家在特定场合也可以成为民事主体,例如,国家作为国家所有的土地的所有权人,就是以民事权利主体的身份享有国家所有权的。

将民事法律关系主体称为"人",须具有作为民事主体的法律资格,即"人格"。此所谓的人格,就是民事权利能力。

在民事法律关系中,民事主体分为权利主体和义务主体。这是由于民事权利和民事义务的对应性,一方享有权利一般就意味着由另一方承担义务;而一方承担义务也就意味着另一方享有权利。因此,在民事法律关系中原则上有双方甚至多方主体。在某些民事法律关系中,双方当事人既享有权利又承担义务。例如,在双务合同如买卖关系中,买方有请求交付标的物并移转使用权的权利,同时负有支付价款的义务,而卖方有收取价款的权利以及交付出卖物的义务。

民事法律关系的一方主体可以是单一的,也可以是多数的。例如,在物权关系中,除物权人以外的所有人都是义务主体;而在共有的情况下,其权利主体却是两个或两个以上的人。

《民法典》总则编首先规定的是有关民事主体的抽象规则:第一,规定民事法律关系的主体包括自然人、法人和非法人组织,以及特殊情形下的国家;第二,规定民事主体的民事权利能力,自然人、法人和非法人组织具有完全民事权利能力,胎儿、死者、设立中和清算中的法人以及设立中和清算中的非法人组织具有部分民事权利能力;第三,规定民事主体的民事行为能力,自然人的民事行为能力分为不同的民事行为能力状态,即完全民事行为能力、限制民事行为能力和无民事行为能力,规定对限制民事行为能力人和无民事行为能力人的监护制度;法人和非法人组织具有相同的民事行为能力。

(二) 客体

民事法律关系的客体也称为权利客体,是指民事权利和民事义务所指向的对象。换言之,私权之客体,为归属于私权主体的权利的对象。民事权利和民事义务是以特定的民事利益为客体的,没有客体,民事权利和民事义务就无所依归,从而无法确定。而各民事主体之间也正是因为一定的客体而彼此发生联系,从而为民法所调整。《民法典》总则编第五章规定了部分民事权利客体,包括物权的客体为物、债权的客体为行为、知识产权的客体为智力成果以及继承权的客体为遗产。对人格权的客体即人格利益和身份权的客体即身份利益,则没有规定。

各国民法典并未对权利客体作一般性的规定,而主要规定最重要的客体即物,只有少数国家,例如《俄罗斯联邦民法典》全面规定了民事权利客体。物只是民事权利客体之一种,民事权利因其种类不同,可以有不同的客体。将这些不同民事法律关系的客体概括起来就是民事利益,其中包括物和其他民事利益。这些物和其他民事利益包含了市民社会的不同利益。在市民社会中,民事主体支配这些民事利益,就是支配整个市民社会。因此,包含这些利益的物和其他民事利益就成了市民社会的客体要素,在民事法律关系中就成了民事法律关系的客体。这是产生民事法律关系的客观基础。那种认为民事法律关系客体是"体现一定物质利益的行为"的观点,尽管有一定的道理,但是却无法概括人格权法律关系和身份权法律关系的客体。

不同的民事法律关系的客体是不同的:人格权关系的客体是生命、健康、身体、名誉、隐私等人格利益;亲属关系的客体是因亲属关系而享有的一定身份利益;继承关系的客体是遗产,既包括物,也包括债权等财产权利;物权关系的客体是物,例外情况下,如担保物权的客体可以是权利;知识产权关系的客体是无形财产,即智力成果等;债的关系的客体则是债务人的特定行为,即给付,并且基于给付而产生期待利益。根据上述不同的客体,民法构建了人格权、身份权、继承权、物权、知识产权、债权等一整套权利体系,并以此来展开《民法典》分则的各项具体内容。

民事法律关系客体的最主要部分就是物。物就是财富,是市民社会的物质基础,是民事主体能够支配的物质,以及这些物质中存在的物质利益。在市民社会中,一方面,除了人之外,社会的客观存在就是物,不再有其他任何客观存在的东西,因而物是构成市民社会的要素。另一方面,尽管市民社会是人的社会,但是人脱离了物就无法生存,无法发展,这是因为物存在于人体之外,表现为有体物,能够独立成为一体,能够满足人的需要,具有一定的稀缺性,并能为人所支配,为人创造利益,使人在这个社会中存在下来,发展起来。因此,物是市民社会的基本要素之一,是构成市民社会的基本物质要素。它是民事利益的基本部分。

随着经济和社会的发展,人们能够支配和利用的各种利益层出不穷,民事法律关系的客体的范围也将进一步扩张。《民法典》总则编规定数据和网络虚拟财产是权利客体,正是反映这种民事法律关系客体不断扩张的客观趋势。

总之,《民法典》规定民事法律关系客体,就是规定民事利益以及民事利益的类型,特别是规定物以及物的类型。

(三) 内容

民事法律关系的内容,是指民事主体在民事法律关系中所享有的权利和承担的义务。

民事法律关系的具体表现,是民事权利主体对特定的民事利益享有权利,对这项民事利益的占有、支配,这就是民事权利。

为了保障民事主体对这种民事利益的支配,即保障民事主体的权利,确定与该民事主体相对应的其他民事主体,也就是其他所有人或相对的特定人负有义务,或者是权利主体之外的全体民事主体,或者是与权利主体相对的特定的民事主体,这些主体为满足权利人的利益而为一定的行为或者不为一定的行为的必要性,就是民事义务。

这种权利义务关系,是市民社会民事主体的基本联系方式,也是民事法律关系的内容。

民事义务不履行的后果,是民事责任。能够发生民事责任的民事义务,是真正的民事义务。而在有些情况下,虽然某人依法应当进行某种行为(包括作为和不作为),但相对人不能请求其履行,其不履行时相对人也不能请求其承担损害赔偿等民事责任,而只是使其遭受权利丧失或减损的不利益,这就是不真正义务。例如,在债务履行过程中,债权人自身发生重大事项致使履行债务发生困难时的通知义务。债权人怠于履行此义务时,债务人不能请求其承担违约责任,但可以中止履行或者将标的物提存。

《民法典》总则编规定的民事法律关系内容比较复杂,包括民事权利及其类型;民事权利的取得方法;取得民事权利的民事法律行为、代理、法律事实;民事权利的存续期间(时效);民事义务及其类型;民事义务不履行的法律后果即民事责任。

四、民事法律关系的基本类型

(一)民事法律关系类型划分的意义

民事法律关系是一个总类,是一个从纷繁复杂的、形形色色的具体民事法律关系中概括出来的抽象概念。它是认识市民社会的一般方法,是对市民社会运动规律的抽象概括。同时,民事法律关系又是具体的社会关系,表现为实实在在的现实的权利义务关系。在市民社会中,用具体的法律规范规制各种各样具体的民事法律关系,就必须将民事法律关系类型化,这样才能使民事法律关系具体化。

民事法律关系的类型化,就是要把各种各样的具体的民事法律关系按照不同的标准进行划分,分成不同的类型,对不同类型的民事法律关系总结出不同的规则,进行不同的法律规制,适用不同的法律规定。可以说,没有民事法律关系的类型化,就没有民法规则,也就没有民法规则的法律适用。所以,民事法律关系的类型化,是民事法律关系适用法律的基础,也是法律规制法律关系的基础。

(二)民事法律关系类型化的级别

1. 最高类型

民事法律关系的最初始的类型化,就是划分民事法律关系的基本类型,即人身法律关系和财产法律关系,它是基于民事利益的两大基本类型而划分的民事法律关系的最高类型。

2. 基本类型

在最初始的民事法律关系类型化之后,还要将人身关系分为人格关系、身份关系,将财产关系分为物权关系、债权关系、知识产权关系、继承关系,这是基本的民事法律关系类型。

3. 中间类型

在民事法律关系的基本类型之下,是中间的民事法律关系类型,例如,物权法律关系中的所有权关系、用益物权关系、担保物权关系和占有关系;人格法律关系中的物质性人格权关系和精神性人格权关系,等等。

4. 具体类型

民事法律关系的具体化,是民事法律关系的终极类型,也就是民事法律关系类型化的极限,是最基础的、最基本的、最具体的民事法律关系。只有民事法律关系类型终极化、极限化,才能够最终对这种民事法律关系制定具体规则,对这种民事法律关系的纠纷案件适用法律。

民事法律关系的类型化和具体化,就是将概括的、抽象的民事法律关系进行细化,确定民事法律关系的级别层次,分级掌握民事法律关系的规律和特点,最终为适用法律确定基础。

(三)按照性质划分的民事法律关系类型

一般教科书对民事法律关系的划分,都是以民事法律关系的性质进行,确定了民事法律关系的基本类型,即人身法律关系和财产法律关系、绝对法律关系和相对法律关系、物权法律关系和债权法律关系、人格法律关系和身份法律关系。这些划分和类型化都是必要的。

民事法律关系的最基础形式,是具体的民事法律关系。在司法实践中,对一个民事纠纷适用法律,必须首先进行民事法律关系类型的终极化、具体化,就是对案件的民事法律关系进行"定性",才能够最终确定这个案件的法律适用问题。

对民事法律关系类型化的基本意义,在于掌握不同类型的民事法律关系的共性;对民事法律关系类型化的终极目标,就是对民事法律关系具体化,以确定法律适用。这就是:民事法律关系的类型化——表现不同类型民事法律关系的共性;民事法律关系的具体化——确定民法的法律适用。

民事法律关系类型化的基本模式是:

1. 人身法律关系:人格法律关系和身份法律关系

(1)人格法律关系划分为一般人格权、物质性人格权和精神性人格权。物质性人格权划分为身体权、健康权和生命权;精神性人格权又分为标表型人格权,包括姓名权、名称权、肖像权和声音权;评价型人格权,包括名誉权、信用权和荣誉权;自由型人格权,包括人身自由权、隐私权、个人信息权和性自主权等。

(2)身份法律关系分为配偶权、亲权和亲属权。

2. 财产法律关系

(1)物权法律关系,包括所有权、用益物权、担保物权以及占有。所有权分为一般所有、共有和区分所有以及相邻权;用益物权包括地上权(建设用地使用权、分层地上权、乡村建设用地使用权、宅基地使用权)、土地承包经营权、地役权、典权和居住权;担保物权分为抵押权、质权、留置权以及所有权保留、优先权和让与担保。

(2)债权法律关系,包括合同法律关系、侵权法律关系、不当得利关系和无因管理关系。其中合同关系最为复杂,具体化为《民法典》合同法编规定的典型合同:买卖合同、供用合同、赠与合同、借款合同、保证合同、租赁合同、融资租赁合同、保理合同、承揽合同、建设工程合同、运输合同、技术合同、保管合同、仓储合同、委托合同、物业服务合同、行纪合同、居间合同和合伙合同,以及其他无名合同。

(3)知识产权法律关系,可以分为著作权关系、商标权关系、专利权关系以及其他知识产权关系。

(4)继承权法律关系,分为遗嘱继承、法定继承、遗赠和遗赠扶养协议法律关系。

上述这些具体民事法律关系,都是最基础的民事法律关系。

第四章 民事主体

在说到《民法典》的性质时,说民法就是人法,就是指民法认为在市民社会中,人是市民社会的主宰,是民事法律关系的主体。民法中的人,是一个广义的人的概念,包括自然人、法人和非法人组织,这些都是民法上的人的概念。

一、自然人

(一)自然人的概念

自然人是指依自然规律产生,具有自然生命,区别于其他动物的人。

自然人首先是生物学意义上的概念,凡活着出生的有生命的人类个体,都称为自然人;其次是法律概念,在市民社会中,自然人是最典型的民事主体。

从人类的历史来看,自然人并非必然就是民事主体。在古代社会,并非生物学意义上的人都能够成为民事主体。例如,在罗马法中,取得权利主体资格的人必须取得自由民的身份,必须是市民,并且家属服从家父权的约束,仅家父享有完全的权利能力,且称为市民。欧洲中世纪在封建领主的统治下,多数农民隶属于领主,甚至于隶属于土地,不能改变职业,并且不具有权利能力。奴隶虽然是自然人,但也不是民事主体,不得与他人进行诸如订约之类的民事活动。

到了启蒙时代,要求自由与平等的呼声虽高,但是,享有权利能力的市民与并不具有权利能力的属民仍有区别。随着民族国家的产生,以及工商业的发展,促成商人阶级的兴起,农民脱离土地,有了选择职业的自由。在人道观念和理性主义的指导下,形成以自由、平等观念为基础的"人"。

自近代资产阶级革命以来,民法对自然人的民事主体资格都普遍地、无条件地予以承认,只要是生物学意义上的人,已经出生,都自动地享有权利能力,成为民事主体。正如《世界人权宣言》第 1 条所揭示的那样:"人人生而自由,在尊严和权利上一律平等。"

在民事主体中,还有一个员数的问题,即民事主体的员数,法律上并无特别限制,以一人为通例,以数人为例外,例如共有、不可分之债等的主体。

(二)自然人与公民概念的区别

《民法通则》使用"公民(自然人)"的概念,《民法典》改称为"自然人"。二者的主要差别是:

第一,公民是公法的概念,是指具有一国国籍的自然人,往往与其所属国家所赋予的各项政治权利有关;而自然人纯粹是一个私法的概念,传统民法和民法理论中使用"自然人"的概念,而不使用公民的概念。

第二,自然人的外延更为广泛,它不仅包括本国公民,而且还包括外国公民和无国籍人。在民法中只使用公民的概念,则将使我国公民之外的自然人难以获得民法赋予的民事主体资格,这与现代人权观念以及民事立法的趋势是背道而驰的,也不足以凸显各国民法主体资格平等这一特征。

《民法典》使用了自然人的概念,使其内涵和外延更为准确,有利于区分公法和私法的调整领域。

(三)民事权利能力

民事权利能力,也叫民事主体资格,简称为人格,是指作为民事主体,可以享受民事权利、承担民事义务的资格。

在民法中,无论是有生命的人类个体,还是无生命的组织团体,只有具有民事权利能力,才能具有民事主体的资格,从而才能成为民事主体,享受权利、承担义务。简言之,民事权利能力就是人格,就是在民法上的作为人的资格。自然人一旦出生就取得权利能力,即使那些自己无法实施行为的人也具有权利能力。

民事权利能力包括两种类型,一是完全民事权利能力,自然人、法人和非法人组织都具有完全民事权利能力;二是部分民事权利能力,胎儿、死者具有部分民事权利能力。

1. 自然人民事权利能力的开始

自然人的民事权利能力始于出生。《民法典》第 13 条明确规定:"自然人从出生时起到死亡时止,具有民事权利能力,依法享有民事权利,承担民事义务。"

何为出生,历来有不同的主张。"阵痛说"主张产妇阵痛开始为出生;"一部露出说"主张胎儿身体的一部露出母体之外为出生;"全部露出说"主张胎儿身体全部露出母体之外为出生;"断带说"主张胎儿的身体与母体分离,脐带剪断为出生;"发声说"则主张胎儿离开母体后第一次发出声音为出生;"独立呼吸说"主张胎儿的身体产出母体,并开始独立呼吸为出生。在上述学说中,"独立呼吸说"为通说,即只要胎儿全部脱离母体,且在分离之际有呼吸行为,为出生完成,而胎儿是否继续生存,在非所问。因为胎儿在尚未与母体分离之前,其呼吸是通过母体进行的,脱离母体之后,才能以自己的肺进行独立呼吸,由此表明胎儿不仅出生,而且已经存活。

出生应具备两个要件,一为"出",二为"生",二者缺一不可。"出"即指胎儿的身体与母体分离,"生"则是指脱离母体的婴儿应有生命,而无论其生命所能保持时间的长短。"出"与"生"的标准为:出,为胎儿须与母体完全脱离,以完全露出为标准,则脐带虽尚与母体连接,不妨谓之出生。生,则以存活为必要,即全部露出时须有呼吸能力。按照当代医学公认的出生标准,出生应为胎儿完全脱离母体,独立存在,并能自主呼吸。

2. 胎儿的部分民事权利能力

(1)胎儿及其部分民事权利能力。胎儿是指自然人未出生但在受胎之中的生物体状态。为了保护胎儿的利益,民法实行预先保护主义,规定胎儿以将来非死产者为限,关于其个人利益之保护,视为既已出生。《民法典》第16条规定:"涉及遗产继承、接受赠与等胎儿利益保护的,胎儿视为具有民事权利能力。但是,胎儿娩出时为死体的,其民事权利能力自始不存在。"因此,胎儿娩出时为活体的,其在胎儿期间具有部分民事权利能力。

我国民法原来对部分民事权利能力没有规定,属于法律漏洞。部分民事权利能力是指具有部分民法人格要素的人或组织的人格状态,其欠缺规范化的意志能力,具有部分人格要素,其权利能力并未得到法律的规定,并且具有开放性的特征。按照上述规定,胎儿享有部分民事权利能力。

受胎涉及人的生命自何时开始有法律地位的问题,我国法律没有规定,可以参照德国法院的看法。德国宪法法院认为,人的生命至迟始于受精卵着床时,因而,人的生命始于受孕并着床后的第14天。

(2)胎儿享有的权利。一是继承权。胎儿的继承权是法律强制赋予的权利。

为了保护胎儿的利益,被继承人应当在遗嘱中为胎儿保留必要的份额;如果没有遗嘱,则应当按照《民法典》第1155条关于"遗产分割时,应该保留胎儿的继承份额"的规定,保留胎儿的继承份额,待其出生时继承;如果娩出时为死胎的,则该份额由其他继承人继承。二是受赠与权和受遗赠权。胎儿的受赠与权、受遗赠权与胎儿的继承权不同,并不是来源于法律的强制性规定,而是取决于赠与人或遗赠人的意愿。他人以胎儿为赠与对象,赠与其财产或者遗赠其遗产,胎儿享有这样的权利,待其出生后取得这些财产。三是人身损害的赔偿请求权。胎儿在受胎后至出生前,其人身受到侵权行为的损害,同样享有向加害人请求人身损害赔偿的请求权。胎儿因母体输血而受病毒感染的,亦得向加害人请求人身损害赔偿。四是抚养损害赔偿请求权。加害人不法侵害胎儿的法定抚养人致死的,胎儿出生后,享有对加害人请求抚养损害赔偿的请求权,可以向加害人行使抚养损害赔偿请求权。五是身份权请求权。胎儿在其出生后,对于其生父享有抚养费给付请求权,如果其拒绝认领,还享有认领请求权。

(3)胎儿权利的行使。胎儿享有部分民事权利能力,因此,他们在母体中尚未出生前并不能行使这些权利,需待其出生后享有完全的民事权利能力时方可行使。胎儿出生后行使这些权利,应当以自己的名义行使,但应由其亲权人以法定代理人的身份代理。

(4)胎儿为死产的法律后果。如果胎儿为死产,尽管其曾经享有准人格,但是,其权利能力在事实上并未取得,因此,以上各项请求权均未发生,并不享有其权利的继承问题。后果是:第一,保留的胎儿继承份额的必留份,由其他继承人依照规定进行继承。第二,赠与或者遗赠,其法定代理人已经受领给付的,因无法定原因而构成不当得利,应予返还;未受领的,赠与合同和遗赠遗嘱无效。第三,胎儿的人身损害赔偿请求权未发生,对其伤害视为对母体的侵害,发生母亲的损害赔偿请求权。第四,抚养损害赔偿请求权不发生,胎儿的母亲可以适当请求增加人身损害赔偿数额。

3. 生物科技发达引起的民事主体问题

当代生物科技发达,可能引起胎儿身份的认定在亲子关系以及伦理道德上产生疑问的,一是人工授精,二是代孕母亲,三是复制人类。

对于这三个问题,笔者的看法是:

其一,人工授精是通过人工的方法而非性交的方法使妇女接受精液而怀胎,目前法律不予以禁止,准许通过人工授精进行怀孕、生产。人工授精技术的广泛应用产生的其最基本的法律后果,就是如何确认人工授精子女的法律地位问题,即是否承认人工授精所生子女为婚生子女。应当说人工授精生产的子女,具有民事主体资格,享有民事权利能力,具有婚生子女的法律地位。

其二,对于代孕,行政规章予以禁止,被认为是违法行为。但是,在现实中,私下进行的代孕并不少见。对于代孕母亲所生产的孩子,不能因为他们的父母以及代孕母亲的行为违法而否认其主体资格,其仍然享有民事权利能力,具有完全的人格,并且不得被歧视。

其三,最为复杂的是克隆人的问题。毫无疑问,克隆人的行为是被严格禁止的,但是,如果进行了克隆并产生了克隆人,不能因为克隆人的行为违法,而认为克隆人没有民事主体地位,认为其非人,进行人格歧视。一旦出现克隆人,对克隆人本身有两个问题值得思考:一是究竟是否承认其为自然人,享有民事权利能力;二是他与被复制的人之间是何种关系,是一个人,还是两个独立的人。对于前者,应当承认其自然人的地位,具有民事权利能力,属于自然人,亦不得歧视,保障其权利的实现;对于后者,是一个非常复杂的科学技术问题,但是,民法应当承认其为独立的民事主体,不能认为复制的人是被复制的人的附属,更不能认为他们就是一个人且只能享有一个主体资格。

4. 自然人民事权利能力的终止

自然人民事权利能力止于死亡。自然人的死亡包括生理死亡和宣告死亡。生理死亡也称为自然死亡,是指自然人生命的自然终结。至于自然死亡的原因是什么,例如,因罹患疾病、被人杀害、意外事故而死等,对民事主体的资格丧失并无影响。宣告死亡是基于法律的规定而宣告自然人死亡,这种死亡也发生自然人民事权利能力终止的后果。自然人死亡,将产生重要的法律效果:首先,该自然人不再具有民事权利能力,从而不能再作为民事权利主体存在;其次,将发生继承开始、婚姻关系消灭、遗嘱继承或遗赠发生效力、委托关系终止等效果。

生理死亡的时间,在民法上具有重要的法律意义。

何为死亡,学说也有不同主张。"脉搏停止说"认为脉搏停止为死亡;"心脏停止说"认为心脏停止跳动为死亡;"呼吸停止说"认为呼吸停止为死亡;"脑死亡说"认为大脑机能停止活动为死亡;"生活机能丧失说"认为生活机能遭到损害不能复生为死亡。通说认为,死亡是人的生活机能的绝对终止,一般以呼吸及心脏跳动停止时,为死亡的时间。这种观点被称为"心肺死"。

确定死亡,在理论上应采生活机能丧失的主张作为判断标准,在实践中,应遵医学上的死亡确定为标准,以死亡证书上记载的时间为准,如果死亡证书上记载的时间与自然人实际死亡的时间有误差的,则以查明的实际死亡时间为准。自然人死亡,其生命即时结束。

在当代,更多的立法例主张采取"脑死亡说"作为判断死亡的标准。脑死亡,是指脑干或脑干以上中枢神经系统永久性地丧失功能。脑死亡概念有别于传统的、以心跳和呼吸停止为标准的心肺死亡判断标准。与心脏死亡相比,脑死亡更为科学,标准更可靠。目前,脑死亡说已经被多数人所接受。对此,我国应当尽快颁布有关脑死亡的法律法规,尽早确认脑死亡标准。

数人在同一事件中死亡,能够确定先后死亡时间的,按照实际的死亡时间确定。不能确定各自死亡时间先后顺序的,则需要采用推定的办法确定。对此,《民法典》第1121条第2款作了明确规定,应当按照规定的方法认定死亡的先后顺序,其意义主要在于确定继承的问题。

5. 死者的人格利益保护

自然人死亡即丧失民事权利能力,不再是民事主体,也就不能再享有民事权利。但是,法律规定,对于死者的人格利益仍然进行一定时间的保护,以维护人的尊严和民法社会的秩序,因而死者仍然有部分民事权利能力。

《民法典》第185条关于"侵害英雄烈士等的姓名、肖像、名誉、荣誉,损害社会公共利益的,应当承担民事责任"的规定,人格权编第994条关于"死者的姓名、肖像、名誉、荣誉、隐私、遗体等受到侵害的,其配偶、子女、父母有权依法请求行为人承担民事责任"的规定,都确认保护死者的人格利益。

对死者人格利益予以民法保护的理论基础,就是死者具有部分民事权利能力。自然人死亡以后,其人格消灭,已经不再具有民事权利能力,也不能够依法享有民事权利,承担民事义务。但是,自然人死亡后,其部分人格利益还继续存在,对其人格利益还需要继续进行保护。对于死者人格利益的保护,是一种延伸的保护,是在自然人的人格消灭后,对其留在人世间的人格利益进行延伸保护。由于自然人已经死亡,已经不具有完全民事权利能力,因而对于死者的人格利益保护,只能由他的近亲属进行。这种延伸的保护,正是基于死者还具有部分民事权利能力,因而死者近亲属对于死者人格利益受到损害而提出的保护请求,并不是因为自己受到了损害,而是因为死者的人格利益受到了损害。死者近亲属尽管是用自己的名义向法院提起诉讼,但维护的不是他自己的人格利益,而是死者的人格利益。这正是死者享有部分民事权利能力的具体表现。

(四)民事行为能力

1. 民事行为能力的概念

民事行为能力,是指民事主体以其行为参与民事法律关系,取得民事权利,承担民事义务和民事责任的资格。从另一个角度来说,民事行为能力是民事主体独立从事民事活动的资格。

行为能力有广义和狭义两种。广义的行为,是指其所为之行为能发生法律上的效果,其又可分为两种,其一为例如买卖借贷之类的行为人企图发生一定效果的行为,称为法律行为,其二为对他人所为之不法加害行为,行为人应负损害赔偿责任的行为,称为侵权行为。广义的行为能力,则是指法律行为能力及侵权行为能力(责任能力)。狭义的行为能力,则专指法律行为能力而言,即得独立为法律行为,从而取得权利、负担义务的能力。通常所说的民事行为能力是指后者。

自然人具有民事权利能力,就有资格享受权利、负担义务。不过,享有权利与负担义务的来源并不一样,有的是基于法律的规定,有的是基于人的行为。如果是基于法律规定而享有权利和负担义务,只要具备法律规定的要件,权利人即与他人发生权利义务关系。如果是基于人的行为而取得权利、负担义务,则不仅要具有民事权利能力,而且还必须具备民事行为能力,即具有独立从事民事活动的资格,权利人才能通过自己的行为与他人发生权利义务关系。正因为如此,民事行为能力在本质上并不是民事主体进行任何民事活动的资格,而只是实施以意思表示为基本要素的法律行为的资格或能力。所以,民事行为能力是指得为民事法律行为的能力或资格,只有具有民事行为能力,才能独立实施民事法律行为。

《民法典》总则编只规定了自然人的民事权利能力和民事行为能力,没有规定民事责任能力。责任能力,又称为不法行为能力或者过失责任能力,是指对自己的过失行为承担责任的能力,包括侵权责任能力、违约责任能力和其他责任能力。尽管民事行为能力与民事责任能力有一定的区别,但是《民法典》未采用责任能力的概念,确定违约责任、侵权责任以及其他民事责任也并不使用责任能力的概念。

2. 民事行为能力与民事权利能力的关系

民事行为能力与民事权利能力密切相关。民事行为能力以民事权利能力为前提,民事行为能力也是民事权利能力实现的条件。但是,民事行为能力与民事权利能力不同:民事权利能力是享受权利、负担义务的资格;而民事行为能力则是依行为人的法律行为而取得某些权利、履行特定义务的资格。凡人皆有民事权利能力,民事权利能力因人的出生而当然取得,非因人的死亡而不得剥夺,但是,并非人人皆有行为能力,而是要具有一定条件才能具有民事行为能力。

3. 民事行为能力制度的意义

民法之所以要设立民事行为能力制度,其根本原因在于,要保护无民事行为能力人和限制民事行为能力人的利益。民事行为能力其实就是民事主体独立地进行民事活动的能力,行为人欠缺民事行为能力,就意味着他不具备独立从事民事活动的能力,如果贸然从事民事活动,该行为人在交易中就非常容易受到损害。所以,法律限制这部分人独立从事交易活动,从而保护这些无民事行为能力人或者限制民事行为能力人的合法利益。

民事行为能力制度主要是通过全部或部分否定这些欠缺民事行为能力的人所实施的行为的效力的方式,使他们免受其行为的约束来实现这一目的。在现代社会,对动态的交易安全的保护优先于对静态的交易安全的保护,但是,由于要保护这些欠缺民事行为能力人的利益,民法把对无民事行为能力人和限制民事行为能力人的保护优先于交易安全的保护。因此,与无民事行为能力人或限制民事行为能力人发生交易行为,即使其在主观上是善意无过失的,善意交易者也不能据此主张交易有效。同时,民事行为能力制度还具有保护交易安全的作用,如果任何人皆可以其无民事行为能力为由而主张交易无效,这对交易安全的保护是极为不利的。所以,民法对民事行为能力规定严格而明确的标准,凡是具有民事行为能力的自然人,假借自己没有民事行为能力或者自己的民事行为能力受限制而否定其实施的民事法律行为的效力,法律并不认可,而是确认他们之间的法律行为有效。

4. 民事行为能力的判断标准及其缓和

民事行为能力是民事主体包括自然人、法人和非法人组织独立从事民事活动的能力。就自然人而言,是否具有完全民事行为能力或者限制民事行为能力,要以自然人对事务具有正常识别能力及能预见其行为所可能发生的效果(意思能力)为前提。

自然人对事务的识别能力和对其行为效果的预见并不相同,法律不能根据个别人的识别能力与预见能力来判断其是否具有民事行为能力,因此,民法采取民事行为能力类型化或阶段化的制度,即以自然人的年龄为标准,确定行为人有无民事行为能力以及在多大范围内具有民事行为能力。

各国立法以年龄为标准,将人的民事行为能力划分为若干阶段,立法例主要有两种:(1)二级主义立法。法律将自然人分为完全民事行为能力人、限制民事行为能力人两种,例如法国、意大利、日本和韩国。(2)三级主义立法。法律将人分为无民事行为能力、限制民事行为能力和完全民事行为能力三种,例如德国。

我国《民法典》将自然人的民事行为能力分为无民事行为能力、限制民事行为能力和完全民事行为能力三种类型,采纳的是德国立法例。同时,对于已满一定年龄的未成年人,有条件地视为完全民事行为能力人,称之为民事行为能力的缓和,例如,我国《民法典》第18条第2款规定:"十六周岁以上的未成年人,以自己的劳动收入为主要生活来源的,视为完全民事行为能力人。"

5. 无民事行为能力

无民事行为能力,是指自然人完全不具有独立进行有效法律行为,取得民事权利和承担义务的能力。

无民事行为能力的自然人,我国立法规定为不满8周岁的未成年人和不能辨认自己行为的成年人。

(1)不满8周岁的未成年人,为无民事行为能力人。不满8周岁的自然人年龄尚小,处于生长发育的最初阶段,虽然也有一定的智力,但不能理性地从事民事活动,如果法律准许其实施民事行为,既容易使他们蒙受损害,也不利于交易的安全。因此,法律规定他们为无民事行为能力人。他们如果需要进行民事活动,不能由他们自己实施,而应由他们的法定代理人代理进行。8周岁以上的未成年人,不能辨认自己行为的,也认为是无民事行为能力人。

(2)不能辨认自己行为的成年人,为无民事行为能力人。不能辨认自己行为的成年人,因其心智丧失,完全不具有识别能力和判断能力,法律将其规定为无民事行为能力人,就是为了保护他们的合法权益。不过,认定成年人为无民事行为能力人,必须经过利害关系人申请,并由人民法院通过特别程序进行,防止借口成年人不具有辨认自己行为的能力而恶意认定他人为无民事行为能力人而侵害他们的合法权益。

6. 限制民事行为能力

限制民事行为能力,是指自然人不具有完全民事行为能力,只能在法律限定的范围内,进行有效法律行为并取得权利、承担义务的能力。

我国民法规定了两种限制民事行为能力人。一种是8周岁以上不满18周岁的未成年人;二是年满18周岁但不能完全辨认自己的行为的成年人。他们具有受限制的民事行为能力,可以独立实施纯获利益的民事法律行为或者与其年龄、智力、精神健康状况相适应的民事法律行为,而实施其他民事活动则应由他们的法定代理人代理进行,或者征得他们的法定代理人的同意或追认。

界定限制民事行为能力人范围的意义在于,有些民事活动他们可以独立实施,有些民事活动他们不能独立实施,应当由他们的法定代理人代理或者征得法定代理人的同意或追认。因此,必须确定限制民事行为能力人可以独立实施的民事法律行为的范围。

(1)纯获利益的民事法律行为。纯获利益,是指单纯取得权利,免除义务,即限制民事行为能力人不因其法律行为而在法律上负有义务。这样的行为,限制民事行为能力人可以独立实施。例如,对限制民事行为能力人为无负担的赠与,对限制民事行为能力人为债务的承认等,都是这样的行为,限制民事行为能力人当然可以接受。而无偿的借用、借贷等,虽然获得权利和利益,但是,因限制民事行为能力人须负返还义务,而违反此项义务时应负损害赔偿责任,因而不是纯获法律上利益的行为。不过,在确定限制民事行为能力人实施接受报酬行为的效力时,应当特别慎重,因为接受报酬往往是双务合同中履行义务所获得的对价,如果限制民事行为能力人接受报酬须以其履行义务为前提时,则不是纯获法律上利益的行为,不能认定其为有效的民事法律行为,否则,就是认许了限制民事行为能力人所实施的非纯获法律上利益行为的有效性,侵害了限制民事行为能力人的合法权益。

(2)日常生活必需的行为。限制民事行为能力人可以从事一些日常生活所必需的交易行为,如果不是这样,不仅会限制他们的行为自由,而且也会给其生活造成不便。因此,限制民事行为能力的未成年人有权实施理发、购买零食或文具用品、看电影、到游乐场游玩等交易行为。英美法中有规定,未成年人交易行为的范围,应遵循"必需品规则",即"与未成年人的生活条件……和与其在出售和交付时的实际需要相适应的物品",对此,应依未成年人的经济能力、身份、地位、职业等各种情况为标准来判断。

(3)在法定代理人确定的目的范围内对自己财产的处分行为。法定代理人事先为其子女确定目的范围,允许子女在该范围内处分财产,是事先授权未成年子女从事某种行为,因此该子女的处分行为有效。

7. 完全民事行为能力

完全民事行为能力,是指自然人可以独立进行有效的民事法律行为,并取得权利、承担义务的能力。

我国的完全民事行为能力人分为两种:一是年满18周岁的成年人,二是以自己的劳动收入为主要生活来源的已满16周岁、不满18周岁的未成年人。前者是完全民事行为能力人,后者是视为完全民事行为能力人,是缓和制度的适用。

法律规定视为完全民事行为能力人,就是民事行为能力缓和的表现,主要是考虑到与《劳动法》第15条规定的协调。按照该条规定理解,16周岁以上的自然人享有劳动权,并可能具有一定的收入。如果完全否定其具有完全的民事行为能力,这些人就无法行使劳动权,无法参加劳动获得报酬,因此也就无法保障自己的生活。

判断视为完全民事行为能力人的标准在于"以自己的劳动收入为主要生活来源"。这个标准包括两个内容:①具有一定的劳动收入,即依靠自己的劳动获得了一定的收入,并且这种收入应当是固定的,而不是临时的、不确定的。②劳动收入构成其主要生活来源,也就是其劳动收入能够维持其生活,不需要借助其他人的经济资助,也可以维持当地群众的一般生活水平。

(五) 监护

1. 监护的概念

监护,是指对于不在亲权照护之下的未成年人和丧失或者部分丧失民事行为能力的成年人,为其人身权利、财产权利的照护而设置监护人予以保护的民事法律制度。

法律使用监护概念,包括以下四个层次的意义:

(1) 监护制度。监护制度是监护概念的主要意义,是从制度的角度,确定监护是国家重要的民事法律制度。目前,我国民事立法将监护制度置于民事主体制度之中,是民事主体制度中的一个具体制度。此外也有人主张,把监护制度认作亲属法上的身份权制度。

(2) 监护法律关系。监护法律关系是监护制度的具体内容。在对无民事行为能力人和限制民事行为能力人以及民事行为能力不充分的人按照监护制度进行监护时,在监护人与被监护人之间产生监护民事法律关系,包括监护法律关系的主体、内容和客体。

(3) 监护权。监护权是监护法律关系主体之一即监护人所享有的权利。对这种权利的性质有不同看法。有认其为身份权性质的主张,也有否认其为身份权性质的主张。笔者认为监护权是准身份权。

(4) 监护行为。监护行为包括两种含义:一是设立监护的行为,即在应设立监护关系的主体之间设立监护关系,由此发生监护法律关系。二是实施监护的具体行为,即监护权人行使监护权的行为。前者是监护的设立行为,后者是监护的履行行为。

上述监护概念的四种含义的关系是,第一种含义即监护制度是其基本的意义,第二种至第四种含义即分别为监护法律关系、监护权、监护行为,都是监护制度的具体内容。

2. 监护的目的

设置监护的目的,是保护无民事行为能力人和限制民事行为能力人的合法权益,最大限度地尊重被监护人的真实意愿,保障并协助被监护人实施与其年龄、智力、精神健康状况相适应的民事法律行为,防止被监护人的合法权益受到非法侵害,保障被监护人的正常生活。它的具体内容,包括监护被监护人的人身,管理被监护人的财产,代理被监护人进行民事活动,承担被监护人致人损害的民事法律后果等。

认为监护制度是为维护社会的正常经济秩序而设置的一种法律制度,监护是代理被监护人进行民事活动的意见,不够准确。监护制度确实有维护社会正常经济秩序的作用,但是,它显然不是设置监护制度的目的。不仅如此,就是把保护被监护人的合法权益与维护经济秩序并列在一起作为监护制度的目的,也是对监护制度立法目的的误解。同样,代理被监护人进行民事活动也不是监护制度的目的,只是监护制度的一个具体内容。

3. 对未成年人的监护

对未成年人的监护,是指对于没有父母亲权保护的未成年人,以及对于虽然有父母但是父母均不能行使亲权的未成年人设立的监护。

在立法上,原《民法通则》关于监护的规定存在将监护等同于亲权的缺陷。亲权与监护是有严格区别的。监护是对于不能得到亲权保护的未成年人,设定专人以管理和保护其人身和财产利益的法律制度。处于亲权保护之下的未成年人,其利益已能得到充分保护,无须再设置监护制度。原《民法通则》第16条第1款称未成年人的父母是未成年人的监护人,是基于父母的亲权而发生的监护,仅仅是在借用意义上使用"监护"而已,无非说明他们依其亲权,应当管教和保护未成年子女。对于不能得到亲权保护的未成年人,才需适用监护制度。

《民法典》总则编对此做了改变。第26条第1款规定:"父母对未成年子女负有抚养、教育和保护的义务。"这里规定的就是亲权。第27条第1款规定:"父母是未成年子女的监护人。"这里规定的是对未成年子女的监护权。按照这样的规定,在父母对未成年子女的权利义务关系上,亲权与监护权有重合关系,父母对于未成年子女享有亲权,为亲权人,依其亲权而取得监护权。不过,亲权与监护权的具体内容不完全相同。从反面观之,对未成年子女监护权的内容,则完全由父母的亲权所包括。按照大陆法系民法传统理论,亲权与监护权是互不相容的,是两种各自独立、不应重合的权利。

监护与亲权的区别在于:第一,亲权发生的基础是亲子的身份关系,而监护的发生不完全是以血缘亲属关系为基础;第二,亲权具有权利义务的双重性,监护则仅仅是一种职责;第三,法律对亲权人行使亲权多采放任态度,而对监护人执行监护事务则受到法律的种种限制;第四,亲权人不得因行使亲权而索取报酬,而监护人对于进行监护活动有权索取报酬。《民法典》总则编对父母与未成年子女之间的关系,采取了亲权与监护权重合的立场,仍然有改进的余地。

4. 对丧失或者部分丧失民事行为能力的成年人的监护

对丧失或者部分丧失民事行为能力的成年人的监护,是指对无民事行为能力或者限制民事行为能力的成年人设立的监护。这些成年人由于缺少辨认能力,无法认识自己行为的后果,不具有民事行为能力或者民事行为能力受限制,必须对其设立监护人,对他们的行为进行监护。按照《民法典》第33条规定,他们在没有丧失或者部分丧失民事行为能力时,可以自由选择意定监护人,与其签订意定监护协议,确定在自己丧失或者部分丧失民事行为能力时,由该监护人对自己履行监护职责。

(六)个体工商户与农村承包经营户

1. 个体工商户

个体工商户是指在法律允许的范围内,依法经核准登记,从事工商经营活动的自然人或家庭。在制定《民法典》总则编的过程中,很多人提出不再对个体工商户作出规定,但是更多的人认为,进行了工商登记的个体工商户数量非常大,他们都是个体经营者,特别是在网络交易中,网络店铺的大多数经营者都是个体工商户,因此,《民法典》规定个体工商户还是有必要的。《民法典》第54条规定:"自然人从事工商业经营,经依法登记,为个体工商户。个体工商户可以起字号。"

个体工商户是从事个体工商经营的单个自然人,或者是自然人家庭。如果是单个自然人申请个体经营,应当是16周岁以上享有劳动权的自然人。如果是家庭申请个体经营,作为户主的个人应该具有经营能力,其他家庭成员不一定都有经营能力。

个体工商户应当依法进行核准登记。目前，无论是自然人或者是家庭，凡是要进行个体经营的都须依法向工商行政管理部门提出申请，并且经过工商管理部门核准登记颁发个人经营的营业执照，取得个体工商户的经营资格。

个体工商户应当在法律允许的范围内从事工商业经营活动，包括手工业、加工业、零售商业以及修理业、服务业等。对此，应当在工商部门核准的经营范围内进行经营活动。如果个体工商户从事刻字、废品回收、印刷、旅馆等特种经营活动的，应当按照特种行业管理的规定，不仅须进行工商登记，而且还须经过当地市级公安机关同意；如果是经营饮食食品业的，还须取得食品卫生监督机构的卫生许可证，以及从业人员健康检查合格证；对于经营技术性较强的行业，还必须取得有关技术考核的合格证明。

个体工商户可以起字号，对于其字号享有名称权，其他任何人不得侵犯。在经营活动中，没有起字号的个体工商户，应当以在工商行政管理部门登记的经营者的姓名作为经营者的名称，这种经营者使用的姓名实际上已经与自然人本身的姓名有所区别，具有字号的含义。

个体工商户可以聘请帮手或者学徒，原则上不得雇工，即使雇工也是属于个人劳务范畴，即便如此，个体工商户的业主也必须自己亲自经营。

2. 农村承包经营户

农村承包经营户，是指在法律允许的范围内，按照农村土地承包合同的约定，利用农村集体土地从事种植业经营的农村集体经济组织的成员或者家庭。《民法典》第55条规定："农村集体经济组织的成员，依法取得农村土地承包经营权，从事家庭承包经营的，为农村承包经营户。"农村承包经营户是农村集体经济组织的成员，该成员依照法律规定，与集体经济组织签订农村土地承包经营合同，利用农村集体土地进行农副业生产。在我国农村，承包农村土地基本上是以户的形式，只有单身的农民才以个人名义承包土地。因此，农村承包经营户基本上应当是承包集体土地的家庭，但也不排斥个人承包。一般认为，农村承包经营户的家庭经营并不是个体经营，而是集体经济的一种经营方式。这种看法比较保守，在当前市场经济中，应当适应市场经济发展规律，给农村承包经营户以更广阔的经营空间，更好地利用承包的农村集体经济组织的生产资料，进行更广泛的经营活动，让农村集体经济更加迅速地发展。

农村承包经营户产生的依据，是农户以农村集体经济组织的成员身份与农村集体经济组织签订的土地承包经营合同。土地承包经营合同应当约定承包的生产项目,交付使用的生产资料的数量和承包日期,交纳集体的公积金、公益金、管理费。承包户有使用水利等公共设施的权利。此外,土地承包经营合同还应当约定双方各自的权利和义务,以及应当承担的违约责任。在该合同的基础上,农村承包经营户取得承包农村集体土地进行经营的权利,成为农村承包经营户。

农村承包经营户的经营范围应当是利用集体土地,从事土地承包合同约定的农业或者副业生产。农村承包经营户与个体工商户不同,他们的经营范围是利用农村土地进行经营,而不是像个体工商户那样进行工商经营活动。不过,随着我国农村经济的发展,农村承包经营户也开始利用农村集体土地从事商业化的开发,进行商业活动,进一步开发土地的利用价值。在这些方面,农村承包经营户的经营范围还应当适应市场经济的需要,把承包的农村集体土地作为生产资料,进一步扩大经营范围,在农村经营中取得更好的成果。

对于农村承包经营户的"户"的理解,应当结合历史情况确定。在农村集体土地承包经营中,承包权的主体是"农户",而不是个人。这个户是一个很宽的概念,是承包主体的一家人。经过第二轮承包后,有的农户已经分解为多个户,但是有的还是沿用原来的户,无论是哪一种含义的户,都是指签订承包合同的那个家庭。

二、法人

(一)法人的概念与特征

1. 法人的概念

法人,是指法律规定具有民事权利能力和民事行为能力,能够独立享有民事权利和承担民事义务的人合组织和财合组织。《民法典》第 57 条规定:"法人是具有民事权利能力和民事行为能力,依法独立享有民事权利和承担民事义务的组织。"

2. 法人的特征

(1)法人是具有独立名义的社会组织体。法人与自然人的最大不同,就在于法人是一种社会组织体,即一定数量的自然人集合而成的团体。法人不是多个自然人的简单相加,而是一个统一的组织体,具有独立的名义。独立的名义是指民事主体能够以自己的名义参加民事活动,并能够在法院起诉、应诉。

(2)法人具有独立的财产。法人具有独立的财产,所拥有的财产独立于其成员的财产之外,对财产享有所有权,自主支配其所有的财产,享有完整的占有、使用、收益和处分的权能。具有独立的财产是法人能够享受民事权利、承担民事义务的财产基础,也是法人独立承担民事责任的财产保障。

(3)法人具有独立的意思。法人作为一个民事主体,也具有独立的意思,并且能够按照自己的独立意志参加民事活动,设定民事权利与民事义务。所不同的是,法人的意思是由法人的意思机关实现的。

(4)法人承担独立的责任。法人以其全部财产独立承担民事责任,即用它的全部财产,独立清偿对其他民事主体的债务,对自己的不法行为承担民事责任。

(二)法人的产生原因与本质

1. 法人产生的原因

《民法典》把法人作为一类独立的民事主体,主要原因是:第一,把法人作为民事主体能够便利交易。自然人个人的力量总是有限的。合伙由于缺乏独立于这些组织成员之外的载体,因而就产生了创设一个独立于成员之外、具有独立民事主体地位的组织的需要。有了这个组织,就可以直接以自己的名义进行交易,并且独立承担责任。第二,把法人作为民事主体适应了限制其责任的需要。法人作为一个独立的民事主体,成员仅在其出资范围内间接地对法人的债务承担有限责任。通过财产的独立化,法人发起人将投资财产与自己的财产相区别,从而使法人的民事责任与发起人的民事责任相区别,这正是限制责任的效果,构成了设立法人的本质动机。

2. 法人的本质

法人的本质,关系到法人何以得与自然人同样具有民事权利能力,成为可以享有权利、负担义务的民事主体。主要的学说有以下几种:

(1)法人拟制说。近代的法人拟制说认为,构成法人的本体者,为现实未存有的架空的东西,需以法律上的力量把它拟制为实在的东西。法人乃被法律所拟制的主体,其本身并无意思、自觉行为等,不会为侵权行为亦不会犯罪,故其纯属于法律世界中的存在。至于这种法人与自然人的同等地位是否存在以及在多大范围内存在,取决于立法者的决定。

(2)法人否认说。法人否认说彻底否认法人的拟制,而是将法人还原为多数个人的集合或者财产,认为除此之外并不存在任何实在的东西。法人否认说乃是法人拟制说的理论在反面的延伸,除去法人拟制说在观念上的障碍,以实证的态度否认法人的存在。

(3)法人实在说。法人实在说承认法人在社会现实中得以独立的统一体存在,法人是法律承认的权利主体。

(4)法人有机体说。法人有机体说认为,法人的统一体因实存于人类结合的内部形成社会有机体,从而具有一个团体的存在性,同时还具有类似于个人意思的团体意思,因此构成一个社会的有机体。

(5)法人组织体说。法人组织体说认为,法人存在的基础不在于其为社会有机体,而在于其具有权利主体的组织。这个组织,就是基于一定目的的社团或者财团,以此承认组织体的意思形成,并对其实体赋予法律人格。

我国民法学通说采用法人实在说,在立法上,按照《民法典》总则第57条的规定,采取的也是法人实在说而近似于法人组织体说的立场。

(三)法人的类型

我国《民法典》以法人成立目的的不同为标准,将法人分为营利法人、非营利法人和特别法人。

在理论上,与营利法人和非营利法人的类型相对应的,还应当包括中间法人,特别法人与中间法人相近,但是并不相同。

1. 营利法人

营利法人,也叫作私益法人,是指以分配其经营获得的经济利益给股东等出资人为目的的法人。《民法典》第76条规定,以取得利润并分配给股东等出资人为目的成立的法人,为营利法人。营利法人的宗旨就是获取利润并将利润分配给股东等出资人,因此一切以法人名义进行的商业活动,其最终的受益人都是股东等出资人。企业法人是明显的营利社团法人。

2. 非营利法人

非营利法人,是指不以获得经济利益为目的,而以公共利益为目的设立的法人。《民法典》第87条第1款规定:"为公益目的或者其他非营利目的成立,不向出资人、设立人或者会员分配所取得利润的法人,为非营利法人。"非营利法人的宗旨是发展公益、慈善、宗教事业,它们即使从事商业活动,赚取利润,也是为了实现与营利无关的目的,其成员不能分享法人通过商业活动所获得的利益。

3. 特别法人

特别法人,是指既非以营利为目的也非以公益为目的的其他法人。非以公益为目的,表明此类法人团体的设立宗旨不在于谋求属于多数人的公共利益;不以营利为目的,表明此类法人团体的设立宗旨不在于追求设立人和成员的经济利益,不发生利益分配问题。因此,《民法典》将机关法人、农村集体经济组织法人、城镇农村的合作经济组织法人、基层群众性自治组织法人,作为特别法人。

三、非法人组织

《民法典》总则编第四章规定了"非法人组织"。《民法典》采用了"三分法"的立场,将原《民法通则》和《合同法》中规定的"其他组织"中的大部分提取出来,规定为非法人组织,作为民事主体之一,规定民事主体包括自然人、法人和非法人组织。这是我国民事主体制度的重大改革。

(一)非法人组织的概念

《民法典》第102条第1款规定:"非法人组织是不具有法人资格,但是能够依法以自己的名义从事民事活动的组织。"非法人组织的概念具有以下几个鲜明的法律特征:

第一,非法人组织是不同于法人的社会组织。对于非法人组织的定位,《民法典》规定为"组织"。非法人组织不是临时的、松散的机构,而是设有自己的代表人或者管理人,有自己的名称、组织机构和组织规则,具有稳定性的社会组织。非法人组织应当是人合性组织,而非资合性组织,与法人一样,要有自己的财产或者经费,且该财产和经费须由非法人组织独立支配。同时,非法人组织须设置代表人或者管理人,由代表人和管理人代表非法人组织实施法律行为。

第二,非法人组织有自己独立的名义。非法人组织须有自己独立的名义,应当有自己的名称,并且以自己独立的名义进行民事活动。这是非法人组织区别于自然人以及与依据合同成立的个人合伙的显著标志。非法人组织以自己的名义独立地对外进行民事活动,就表明他既区别于自然人,也区别于个人合伙。

第三,非法人组织有自己特定的民事活动目的。非法人组织作为一种稳定的社会组织,与法人一样须有自己的成立目的,例如进行经营活动,发展教育、科学、宗教以及慈善事业。非法人组织的这些成立目的,尽管都是进行民事活动,但是性质有所不同,有的非法人组织的成立目的是进行经营活动,以营利为目的;也有的非法人组织的成立目的并不是进行经营活动,而是进行非营利活动。

第四,非法人组织是独立的民事主体。凡是符合《民法典》第102条第1款规定的非法人组织的概念要求的,就是独立的民事主体,具有独立的民法地位,能够以自己的名义独立地实施民事法律行为,参与民事活动,实现自己设立的目的。

(二)《民法典》规定非法人组织为独立民事主体的主要根据

《民法典》确认非法人组织是与自然人、法人并列的另一类民事主体,不仅使民事法律的规定相互协调,顺应了社会需求,也代表了现代民法主体制度的发展方向,是我国民事立法和民法理论发展的新成果。《民法典》规定非法人组织的民事主体地位的理论根据是:

首先,《民法典》规定非法人组织具有独立的民事主体地位,反映了市场经济发展的需求。法律应当客观地反映经济社会的发展规律,使之适应经济发展的需要,同时也使法律在经济社会中具有生命力。个人独资企业、合伙企业、不具有法人资格的专业服务机构及其他组织,在我国经济社会中普遍存在,并且不断发展壮大,在市场经济发展中发挥越来越大的作用。《民法典》正视在我国存在非法人组织,并且顺应市场经济发展需求的客观现实,赋予非法人组织以民事主体的独立地位,使之成为独立于自然人、法人以外的第三民事主体,有助于加强对非法人组织的管理,有利于加速交易发展,活跃市场经济。非法人组织能以自己的名义独立地参与市场经济活动,有利于调动和保护非法人组织的设立人、投资人发展经济的积极性和合法权益。

其次,《民法典》规定非法人组织具有独立的民事主体地位,反映的是民事主体制度从一元到多元的市民社会发展规律。纵观民法发展历史,自近代民法典规定民事主体制度以来,民事主体制度呈现从一元向多元发展的规律。1804年的《法国民法典》只规定了自然人是民事主体,民事主体就是一元结构。1900年的《德国民法典》不仅承认自然人是民事主体,而且根据资本主义发展的经济状况,承认法人也是民事主体。这种突破顺应了市场需求,让法人在市场经济中能够发挥更大作用。1978年,《法国民法典》修订,在承认法人的民事主体地位后,又承认除了有限合伙之外的民事合伙具有独立的民事主体地位,进一步扩大了民事主体的范围。这些体现了近现代社会民事主体制度的发展规律。我国三十多年前制定《民法通则》时,正处于计划经济时期,对民事主体采取二元划分,只承认公民(自然人)和法人是民事主体;1999年制定《合同法》时,为了适应市场经济的需求,把其他组织规定为合同主体。《民法典》把非法人组织规定为独立的民事主体,适应了时代发展的要求,体现了民事主体发展的规律。

再次,《民法典》规定非法人组织具有独立的民事主体地位,符合市民社会对民事主体的客观要求。判断一个社会组织或者经济实体为民事主体的标准,一是对外作为一个整体存在,能以自己的名义与第三人产生法律关系;二是拥有与个人财产相区别的独立的或共同的财产,存在与个人利益相区别的整体利益或共同利益;三是能依法以自己的名义起诉、应诉。《民法典》第102条第2款规定的个人独资企业、合伙企业、不具有法人资格的专业服务机构等,都具备上述三个条件,确认其具有独立的民事主体地位,完全符合市民社会对民事主体地位的客观要求。

最后,《民法典》规定非法人组织具有独立民事主体地位,吸纳了我国三十多年的民事立法、司法经验和理论研究成果。原《合同法》对其他组织主体地位的规定,其他组织中的绝大部分都在市场经济发展中经受了考验,实现了其在市民社会中的主体功能。在司法实践中,最高人民法院首先是在《民事诉讼法》的司法解释中对其他组织进行界定,其后又总结了《合同法》关于其他组织的规定在司法适用中取得了丰富的经验。立法者确认,非法人组织之所以能够经久不衰,原因在于它顺应了商品生产者由独资经营走向联合经营的必然趋势,反映了有史以来的各种不同形态的经济社会共有的这种社会关系。随着市场经济的发展,其他组织的形式越来越多,内容越来越丰富,范围越来越广泛,在市场经济社会有长期存在的基础和条件,因此,才在《民法典》总则编专设一章,规定非法人组织是独立的民事主体,与自然人、法人构成三位一体的我国民事主体制度体系。

面对非法人组织存在于市场经济社会、适应市场经济发展和其不可替代的客观事实,我们可以满怀信心地说,非法人组织作为独立于自然人、法人之外的第三民事主体,将在我国市场经济中发挥更广泛的作用。

第五章 民事权利与民事义务

民事权利和民事义务是民事法律关系的内容,是民事法律关系的实质表现。《民法典》通过设置权利主体享有民事权利,义务主体履行民事义务,并且通过设置民事义务不履行须承担民事责任,突出民事权利的概念,保护民事主体民事权利的实现,进而实现民事法律关系的有序流转,构成市民社会的正常秩序,保障民事主体的法律地位。

一、民事权利的概念

(一)民事权利概念的界定

民事权利和民事义务是民事法律关系的内容,其中民事权利是民事法律关系内容的核心。因此,权利是私法的核心概念,同时也是对法律生活多样性的最后抽象。可以说,民法就是以民事权利为中心构建起来的完整的民事法律规范体系。

民事权利是由特定民事利益和法律上之力相结合,共同构成的民事主体自由行使意志、实施法律行为的范围。

(二)与民事权利相关的概念

1. 法益

法益,是指受到法律保护的特定民事利益。民事权利所保护的是民事利益,但是,并非一切民事利益都受到权利的保护。法律所保护的权利,均正式授予其"权"的称谓,没有这种权利称谓的,都不能称为权利。但是,法律也保护某些民事利益,不对其授予权利的称谓,而仅仅将其作为利益保护,这样的民事利益就是法益。例如,死者的人格利益受到法律保护,但是,因其已经死亡,就不再作为民事主体存在,无法享有权利,这种利益就只能按照法益进行保护。故言之,民事利益分为三部分：一是权利保护的民事利益，二是法益保护的民事利益，三是民法不保护的民事利益。《民法典》第126条关于"民事主体享有法律规定的其他民事权利和利益"规定中的利益，就是法益。

法益与权利的基本区别在于，权利对应的是义务，而法益没有相对应的义务以及义务人。

2. 权能

权能，是指民事权利的具体功能。例如，所有权具有占有、使用、收益、处分的权能，人格权具有控制、利用、有限转让、适当处分的权能。这些权能，都是所有权和人格权所具有的具体功能。

3. 权限

权限，是指就本身具有某种职责在内的权利，法律规定或者当事人约定的适当界限。因此，权限就是权利行使的范围和程度。例如，监护权是法律规定的权利，其权限就是其权利行使的界限；代理权是被代理人授予的权利，其权限就是当事人所约定的代理人行使代理权的界限。这些权利的目的往往是为他人享有某种利益，与行为人自身享有的利益无关。

二、民事权利的本质和本位

（一）民事权利的本质

对于民事权利的本质，理论上众说纷纭。在历史上主要有以下三种不同观点：

1. 意思说

意思说又被作意志说，德国学者温德夏特首倡，以德国学者萨维尼的主张为代表，认为权利的本质就是意思（意志），是个人意志所能自由活动或自由支配的范围。意思或者意志是权利的基础，无意思则无权利。反对者认为，这种学说解释了权利的本质是个人的意志，权利作为法律赋予权利人享有的意志自由，体现了权利人的自由意志，但是，该主张没有解释意志产生的根源，因而一方面导致要求享有权利者必须有意思能力，而另一方面又要说明无意思能力的未成年人和精神病人为什么能够具有权利能力。此外，这种主张也无法解释很多法律关系是因客观事实的发生而发生、变更或者消灭的客观现象。

2. 利益说

利益说的代表人物为德国学者耶林，其主张权利是受法律保护的利益，凡依法律规定归属个人生活的利益即为权利。纠纷无非是因人们对利益的争执而引起,如果没有利益的存在,也就没有纠纷,因此也就没有必要进行法律的调整。反对者认为,一方面,法律所保护的利益未必都表现为权利,例如为了保护未成年的利益而通过设立行为能力制度而对其加以限制;另一方面,权利也未必都蕴涵一定的利益,例如代理人虽享有代理权,但其并未因此而享有物质的或者精神的利益。因此,学者批评利益说的时候指出,权利的实质不是存在于利益之中,而是存在于为保护这种利益的、由法律命令所作的决定之中。

3. 法力说

法力说也叫作法律力量说,由德国学者梅克尔为代表,认为权利的本质表现为法律上之力,权利是由特定的利益和法律上之力两个因素构成的。特定利益为权利的内容,法律上之力为权利的外形。法律为保护或充实个人的特定利益,才给人以特定的法律上的力,使其借以享受特定的利益。根据法力说,权利乃是一种法律上之力,其为法律所赋予,这种力量受到法律的支持和保护。依照这种力量,权利人可以支配特定的物,可以请求义务人为一定行为或者不为一定行为,因此,将法律上之力作为所有权利的共同特征是深具意义的。

法力说克服了意思说和利益说的不足,得到我国主要学者的支持,为我国民法解释权利本质的通说。

(二)权利本位

权利本位与义务本位相对应,是指权利是民事法律关系中的核心,民法的终极目的在于实现、保障民事主体依法享有的各项民事权利,权利的实现是民法的基本作用和基本任务。

义务本位反对权利本位思想,甚至否认权利概念的存在,认为人们只有依据法律从事社会互助的社会义务,绝无权利可言。因此,人们在法律上只有连带关系,无所谓权利。

确立权利本位观念,对于我国民法建设和现代法治建设具有极为重要的意义,原因在于,我国在历史上历来忽视权利,极力强调公民对国家、对社会、对他人应尽的义务。为了确保人的权利的实现,必须确立权利本位观念,不仅要使每一个民事主体都能够普遍建立权利观念,尊重他人的权利,而且要使整个社会都能够确立尊重权利、保护权利的意识。因此,我国民法确立了权利本位观念,在《民法典》总则编专门规定了"民事权利"一章,以彰显民事权利的重要地位以及在法治建设中的重要地位。

三、民事权利的特征

民事权利具有以下三个基本特征:

(一)民事权利以特定的民事利益为客体

民事权利的背后都是特定的民事利益,民事利益既是民事法律关系的客体,也是民事权利的客体,这表现在,民事权利的设定体现了民事主体的特定民事利益,民事主体为追求一定的民事利益,从事一定的民事活动,从而获得权利。当然,民事主体享有、行使某种权利,都是为了满足某种利益的需要,但是,这种民事利益有时候并不都是个人利益的内容,因为国家协调个人利益和社会利益之间的冲突,会对一定的民事利益进行限制,因此,在民事利益中有时候会包含公共利益的内容。同时,特定民事利益是民事权利的构成要素,但不是说所有的民事利益都表现为权利,法律将不同的利益区分为权利保护的民事利益、法益保护的民事利益以及法律不予保护的利益。从这个意义上说,民事权利就是特定的民事利益,民事权利是法律之力和特定利益的结合,是类型化了的民事利益。

(二)民事权利是对特定民事利益赋予的法律之力

民事权利并不是天赋的,也不是自然的,而是法律赋予的,从而权利人可以凭借法律赋予的这种法律之力,要求他人为一定行为或者不为一定行为,可以直接支配权利客体,排斥他人的非法干涉,有权利用标的物获得利益,在受到侵害时获得法律的保护,以保证实现自己的特定民事利益。因此,仅仅有特定民事利益并不能构成民事权利,还必须有法律之力,才能够保障特定民事利益的实现。从这个意义上说,民事权利就是法律之力。

(三)民事权利是民事主体自由行使意志实施法律行为的范围

正因为如此,民事权利的存在就为民事主体的意志和行为提供了自由和空间,在这个空间之中,民事主体可以按照自己的自由意志,实施法律行为,实现民事利益。因此,民事权利也就表现为民事主体一定范围内的行为自由。法律保障民事主体在权利设定的空间中,自由支配,自由行为。这种自由表现为:一是行使权利的自由,即可以自由选择行使或者不行使权利;二是可以自由处分自己的非专属性权利,例如丢弃或者毁损自己所有的财产;三是可以自由选择行使权利的方式,只要该方式不妨害公共利益或者他人利益;四是可以自由选择权利救济方式,例如在财产受到损害的时候,选择物权请求权进行救济,或者选择侵权请求权进行救济。因此,民事权利是民事主体自由行使意志实施法律行为的范围。

四、民事权利类型的一般划分

(一)人身权、财产权与综合性权利

按照权利的客体是否具有财产价值为标准,可以将民事权利分为人身权、财产权和综合性权利。

1. 人身权

人身权是指以人格利益或身份利益为内容、与权利人的人身不可分离的民事权利。人身权包括人格权和身份权。人身权一般都具有专属性,原则上不得转让、抛弃和继承。但是,随着市场经济的发展,一些人格利益也具有财产价值,人格权中的一些权能,例如肖像权的使用权、隐私权的利用权、名称权等,可以依法转让他人。

2. 财产权

财产权是指与权利人的人格、身份相分离,直接体现某种财产价值的权利。财产权包括物权和债权。财产权原则上不具有专属性,可以转让、抛弃、继承。财产权的主体限于现实地享有或可以取得财产的人,而不像人格权那样为一切人普遍地享有。

3. 综合性权利

综合性权利是指那些兼具财产性和人身性,其内容既包括人身利益又包括财产利益。综合性权利包括知识产权和继承权。综合性权利并不具有强烈的专属性,因此,权利人对知识产权可以转让、放弃,还可以依法继承;继承权可以放弃。

(二)绝对权和相对权

以权利的义务主体是否特定为标准,民事权利可以分为绝对权和相对权。

1. 绝对权

绝对权被称之为对世权,是指以权利人以外的任何第三人为义务人的民事权利。因此,绝对权的权利人是特定的,其义务人是权利人之外的任何人。

绝对权并非意味着权利人的权利不受任何限制,而是指权利的行使无须得到他人的同意或他人积极行为的辅助。除权利人以外,其他任何人都对权利人负有不可侵害和妨害的义务。义务人的义务是不作为,只要不妨碍权利人行使权利就是履行了义务。因此,其义务主体是不特定的,义务人承担的只是不侵害或不妨害权利的消极义务。权利人的权利可以对抗一切不特定的义务人。人格权、身份权、物权、知识产权等各种支配权都是绝对权。支配权和绝对权是对同一种权利从不同方面的表述。绝对权通常都具有公开性,须以特定方式予以公示。

绝对权分为两种类型:

(1)普通的绝对权。普通的绝对权,是指权利主体为一人,没有其他人作为权利主体的绝对权。由于这种绝对权只有一个权利主体享有权利,因此行使权利的规则比较简单。这种绝对权的权利人行使权利不受他人意思的制约,是最为典型的绝对权。

(2)具有相对性的绝对权。具有相对性的绝对权,是指权利主体为二人以上,在两个以上的权利主体之间形成相对性权利义务关系的绝对权。在共有权(包括物权的共有权和知识产权的共有权)中,以及身份权中,权利主体都是二人以上。建筑物区分所有权的共有权,权利主体为数十人、数百人、数千人甚至数万人。在多数的权利人共同行使一个权利的时候,就存在较多的制约因素,因此,在多数民事权利主体之间形成了相对性的权利义务关系。因而,在具有相对性的绝对权中,权利义务关系就形成了外部关系和内部关系这样两种权利义务关系。外部关系,是作为绝对权的权利人与义务人之间发生的权利义务关系,这是绝对权的法律关系。内部关系,是多数权利主体之间享有权利、负担义务而形成的相对性的权利义务关系,借以协调多数权利人之间的利益关系。这种既具有外部关系又具有内部关系的绝对权,情况非常复杂,必须内外兼顾,妥善处理内部和外部的权利义务,协调好各种利益关系。

2. 相对权

相对权也被称为对人权,是指权利人只能够请求特定的义务人为一定行为或者不为一定行为的民事权利。

相对权的义务人是特定的,权利人只能对抗特定的义务人,而不能对抗义务人之外的其他第三人。权利人只能向特定的义务人主张自己的权利。相对权的义务人所承担的义务主要是积极行为的义务,只有通过义务人的行为,权利人才能实现自己的权利。在特殊情况下相对权的义务人承担的也可能是不作为的义务。相对权仅在特定的当事人之间存在,所以,相对权通常无须具有公开性。债权是典型的相对权。

(三)主权利和从权利

按照民事权利之间是否存在主从关系为标准,可以分为主权利和从权利。

主权利是指数个有主从关系的权利中,不依赖于其他民事权利就可以独立存在的权利。民事权利通常都是主权利。

从权利是指其存在必须以其他民事权利的存在为前提才能存在的民事权利。从权利一般包括地役权、抵押权、质权、留置权以及保证债权等。基于合同自由原则,当事人可以自由约定多项权利之间的从属性。

从权利对主权利的从属性,称之为"从随主"原则。这项原则通常表现为以下方面：

1. 从权利的发生以主权利已经发生为前提

在具有主从关系的民事权利之间,如果主权利尚未发生,则从权利也不能发生,例如,担保物权所担保的主债权因合同无效而不能发生,创设从权利的法律行为也应当无效,从而使担保物权不能设立。例外的是,在最高额抵押权和最高额保证债权中,其成立不以主债权的成立为前提。

2. 权利人对主权利的处分原则上及于从权利

处分主权利,其效力及于从权利。例如债权人转让其债权,为担保该债权所设立的抵押权等从权利也一并转移,但是该从权利系专属于主权利人的除外。例如,地役权人转让需役地使用权,受让人一并取得地役权。

3. 主权利消灭则其从权利随之消灭

在主权利消灭的时候,其从权利一并随之消灭。例如主债权因清偿、提存、抵消、混同、免除等原因消灭,担保物权、保证债权等从权利一并消灭。

(四)专属权与非专属权

按照民事权利是否可以与其主体相分离为标准,民事权利可以分为专属权和非专属权。

1. 专属权

专属权是指专属于特定的民事主体的民事权利。专属权与民事主体不能分离,不得转让、继承。人格权、身份权都具有人身性,为专属权。

专属权分为享有上的专属权和行使上的专属权。享有上的专属权是专属于特定人享有,不可与权利人相分离,并不得转让的权利。行使上的专属权,是指行使与否,只能由权利人决定,他人不得代理或者代位行使的专属权。

此外,在义务上也可能有专属性,例如委任合同和承揽合同所生的义务,就是专属性义务。

2. 非专属权

非专属权是指非专属于权利人本人,可以转让、继承的民事权利。物权、债权、知识产权等财产权原则上属于非专属权,但基于扶养关系、抚养关系、赡养关系、继承关系产生的给付请求权和劳动报酬、退休金、养老金、抚恤金、安置费、人寿保险、人身伤害赔偿的请求权等权利,虽为债权,但具有专属性,为专属权。

(五)既得权与期待权

1. 权利划分

以权利是否实际取得为标准,可以将民事权利分为既得权和期待权。

既得权是指权利人已经实际取得并且可以现实地享有其利益的实体民事权利。在民事权利中,大部分都是既得权,例如人格权、身份权、物权、债权、知识产权等。

期待权是指权利人享有的,尚未现实地取得而于将来可能取得的实体权利。期待权包括两种类型,一是约定的期待权,二是法定的期待权。约定的期待权是当事人通过约定形成的期待权,例如保险合同受益人的期待权、附所有权保留的买卖合同中买受人的期待权,都是通过约定产生的期待权。法定的期待权,主要是在继承关系中,被继承人健在时继承人享有的期待权,须在被继承人死亡时,该期待权变为既得权,继承人开始继承被继承人的遗产,实现继承权。

期待权的特点是:

(1)期待权是一种未来的、具有或然性的权利。期待权的关键在于权利在期待中,而不是现实地享有。故期待权是尚未由权利人现实取得的权利,尚不能实际地享有权利带来的利益,因而只是一种未来的权利。即使是权利人未来的权利,该权利是否能够在未来确定地实现,变为既得权,也不能完全确定,因为期待权转变为既得权,还要取决于法定的或者约定的权利成就的条件,因此期待权处于一种或然状态,而不是应然状态。例如,订立保险合同,保险受益人就享有了保险合同的保险利益,但保险事故没有发生,保险利益就永远不能实现,保险受益人的权利就不能转变为既得权,不能现实地享有这个权利,实现这个权利。

(2)期待权实际上是一种受法律保护的利益。在民事权利中,期待权是一种权利的特殊形式,其特殊性在于:一方面,权利人享有这个权利,可以期待这个权利的利益的实现;另一方面,这个权利还不能现实地实现,必须等待一定的条件成就,才能够转化为既得权。因此,期待权的实质,是受民法保护的权利人的一种利益,尽管这个利益还不是权利人的,但在适当的条件下,这个利益就会成为权利人的实际权利,期待的利益成为现实享有的利益。

2. 区分既得权与期待权的意义

民法区分既得权和期待权的意义是:第一,区分权利人是否实际取得某种权利,并且可以主张实现该权利。既得权是权利人现实地享有的权利,可以立即行使该权利,取得该利益。期待权的权利人由于其权利尚未成为既得权,对于权利所包含的利益只是在期待中,还不能现实地实现。第二,权利实现的条件要求不同。既得权无须某种法律事实的实际发生,就已经现实地存在,不必具备某种条件。而期待权的实现必须经过向既得权的转化,具备期待权变为既得权的法律事实,才能够成为现实能够享有的权利。第三,二者存在权利的可侵害性以及救济的方法上的区别。既得权具有可侵害性,被侵害后有具体的救济方法。期待权是否具有可侵害性,理论上意见有分歧。即使承认期待权能够受到侵害,但由于权利人享受的是一种未来的利益,具有不确定性,因而在确定救济方法时,与既得权存在区别。

3. 期待权与期待利益

期待权的客体为期待利益,但是,并非所有的期待利益都能成为权利,期待利益是宽泛的概念,包括期待权所保护的期待利益,以及不能被期待权所保护的期待利益,即不能权利化的期待利益。例如,在缔约过失中,缔约人享有期待利益,但是,由于合同没有成立,缔约人还不是合同当事人,并不享有债权,因此,该期待利益就是没有被权利化的利益,不构成期待权。

五、民事权利的类型

(一)支配权

支配权是指权利人直接支配权利客体并排除他人干涉的权利,是得就权利之客体为直接支配的权利。

物权作为权利人依法直接支配特定物的排他性权利,是典型的支配权;知识产权、人格权、身份权作为权利人直接支配智力成果和工商业标记、人格利益、身份利益的权利,也属于支配权。

支配权具有如下特征:

1. 支配权的内容是权利人对其客体的直接支配

支配是指权利人在其权利范围内可以按照自己的意志依法对权利客体进行管领和处理,这种管领和处理不仅可以通过法律行为进行,也可以通过权利人自己依法直接占有、使用、处分标的物等事实上的使用、处分等行为进行支配。权利人对客体的支配,既不需要他人的同意,也无须义务人积极履行行为的配合。

2. 支配权的义务主体是不特定的任何人

任何民事权利的权利人都是特定的,其义务人是否特定,是区别支配权和请求权的基本标准。支配权的义务人是权利人之外的不特定的任何第三人。权利人可以排除其他任何人对其行使权利的不当干涉。任何人侵害其权利客体、妨害权利的行使,甚至只是对权利客体造成危险时,无论行为人是否有过错,权利人基于其支配权均可以请求停止侵害、排除妨碍、消除危险等。

3. 支配权的客体具有特定性

支配权的权利客体是特定的。无论是人身利益还是财产利益,如果没有特定,就不能作为支配权的客体,否则支配权就无所归依,权利人的支配就无从谈起,第三人也无法履行其不得妨碍权利行使的义务。不过,支配权客体的特定并非必须为物理上的特定,只要社会一般观念认为特定即可。

4. 支配权具有排他性

既然权利人可以依据自己的自由意志对客体加以支配,那么,在同一权利客体上就不能同时存在两个内容不相容的支配权。例如,在同一个物上不能并存两个所有权。

5. 支配权具有社会公开性

支配权应当具有社会公开性,以使权利人之外的第三人知悉权利的现状,避免动辄得咎。因此,支配权通常要通过一定的方式加以公示。此种公示,在人格权通过人身利益的存在而为公示;某些身份权需要通过登记公示,例如结婚、离婚、收养和解除收养,其他的身份权则依据亲属的事实记载于户口簿而为公示;物权则通过占有或登记进行公示;知识产权则通过登记或在作品上署名的方式进行公示。

(二) 请求权

请求权是指根据权利的内容,得请求他人为一定行为或者不为一定行为的权利。

民法的请求权体系包括三种不同的请求权:一是本权请求权,二是固有请求权,三是次生请求权。在三种请求权中,第一种请求权即本权请求权是民事权利类型,而后两种请求权类型则是民法方法性质的民事权利,即救济权、保护权,即民事权利受到侵害后进行救济的民事权利。

本权请求权是基本的权利类型,如债权。在绝对权中也包含一些属于本权请求权的请求权。有的绝对权并不存在本权请求权,因此可以叫作无本权请求权的绝对权,例如人格权、一般的物权、知识产权。

1. 本权请求权的基本类型

(1) 债权

债权是当然的请求权性质的权利,其基本内容就是请求权。其权利的内容,就是债权人请求债务人实施一定的行为,以实现自己的债权。

(2) 具有相对性的绝对权内容中的请求权

在某些绝对权中,其内容中的权利具有请求权的性质。这主要表现在以下几个方面:

一是身份权的本权请求权。在配偶权、亲权以及亲属权中,都存在某些请求权。诸如配偶权的扶养给付请求权;亲权中的抚养请求权、抚育费给付请求权;亲属权中的赡养给付请求权、扶养给付请求权,等等,都是身份权中的本权请求权。

二是共有权中共有人之间的本权请求权。在一般的物权中并不存在请求权,因为物权的基本属性是支配权而不是请求权。但是,在共有权中,由于共有权的享有是由两个以上的共有人构成权利主体,在权利主体上为多数,因此,在共有人之间存在请求权。例如,对共有财产管理费用的给付请求权,就是这样的权利。

三是继承权的本权请求权。继承权是继承人继承被继承人遗产的权利,其基本性质也是支配权,而不是请求权。但是,由于继承权会存在多数人继承的情况,也就是在共同继承遗产中,会出现共同继承人之间的请求权,例如,遗产管理费用的支付请求权。

四是知识产权中的本权请求权。一般的知识产权不存在请求权,但在共有的知识产权中,存在权利主体之间的请求权。

2. 固有请求权

固有请求权是民事权利本身包含的保护自己的请求权,是民事权利中对抗外来侵害行为的消极权能。这些请求权包括物权请求权、人格权请求权、身份权请求权、知识产权请求权以及债的二次请求权。

这些固有请求权就像人体中固有的抵抗力,能够对抗一般的妨害权利的行为,主要的请求权类型是停止侵害、排除妨碍、消除危险、消除影响、恢复名誉、赔礼道歉,以及不动产和登记的动产的返还财产请求权。这些请求权的行使,一般不受诉讼时效的限制。

3. 次生请求权

次生请求权就是侵权请求权。当民事权利受到外来的侵害行为的侵害,造成损失的,权利人产生侵权请求权,即行使损害赔偿请求权、恢复原状请求权以及对不用登记的动产返还财产请求权,救济受到损害。这些请求权受到诉讼时效的限制。

(三) 抗辩权

抗辩权,是专指对抗他人请求权行使的权利,也就是拒绝相对人请求给付的拒绝给付权。

抗辩权有广义和狭义之分。广义的抗辩权是指妨碍他人行使其权利的对抗权。至于他人行使的权利是否为请求权,在所不问。从逻辑上而言,无请求即无抗辩,即无请求权则无抗辩权存在的必要。如果将请求权比作矛,抗辩权就是盾。所以,民法上的抗辩权应仅指狭义的抗辩权。狭义的抗辩权专指对抗他人请求权行使的权利,也就是拒绝相对人请求给付的拒绝给付权。

与抗辩权相对应的是请求权和形成权。与请求权和形成权相比较,抗辩权具有如下几个基本特征:

1. 抗辩权具有永久性

关于抗辩权是否有一定的期限限制问题,有学者认为,抗辩权大都应有期限限制。因为请求权是有时效限制的,所以作为其反面的抗辩权,原则上也应当有期限限制,否则会使已经形成的法律关系处于不确定状态。该期限可能是法定的,也可能法律没有规定;而且同时履行抗辩权也应在履行期限内提出。但另有学者认为,权利若表现为攻击的形态,即要求对方变更现状的形态,表现于诉讼上,自会产生权利行使期间限制(消灭时效)的问题;反之,以防御的形态即以抗辩权的形态,对他方的变更现状请求主张消极的现状维持,表现于诉讼上时,则不应受到权利行使期间的限制,即抗辩权具有永久性的特征。简言之,消灭时效只能在请求权里存在,反之,在抗辩权里则不受此限制。特别应注意的是,这里所说的"永久性"与抗辩权分类中的永久抗辩权的"永久"不可混为一谈。永久抗辩权的"永久"系就其效力可永久排除对方的请求而言,而"永久性"的永久则指抗辩权不单纯因时间之经过而消灭而言。故不但永久抗辩权具有永久性,而延缓的抗辩权亦具有永久性。例如,同时履行抗辩权为延缓的抗辩权,即一时性抗辩权,虽然应在履行期限内提出,然而如果对方永久不为对待给付而向此方请求,则此方即可以永久行使抗辩权,不能单纯因时间的经过而使抗辩权消灭。

2. *抗辩权具有无被侵害的可能性*

凡是权利,无论是绝对权还是相对权,虽然其权利内容不一,但均有不被侵害的效力,任何人都负有不得侵害的消极义务,这已成为权利的共同属性。但是抗辩权却属于例外,它没有被侵害的可能,不能成为侵权行为的对象。因为抗辩权在行使前,对原法律关系不产生任何影响,一经行使,具体的权利义务关系随即发生一定的变化,他人没有干预的机会。抗辩权在行使的过程中也没有被侵害的可能,因为抗辩权的行使行为是一种单方法律行为,权利人只要将其意思通知送达于对方就可以立即产生法律后果,无须他人行为的介入,因而也就没有被侵害的可能。

3. *抗辩权具有不可单独让与性*

抗辩权是否可以单独转让,目前为止学界仍有疑义,但学者对于抗辩权可否单独转让也没有进行比较深入的讨论,通常认为须附随其所依附的基本权利义务一起让与方可。可是,如果权利人或义务人把抗辩权单独让与,受让人是否可以取得抗辩权?我们认为,抗辩权为附属一定法律关系上的权能,其实质是权利的作用,抗辩权与所依附的基本权利义务的关系至为密切,而权利的作用须依附在基本权利义务的法律关系下才能够发挥其效能,因此,抗辩权的行使具有专属性。抗辩权一旦与基本法律关系分离,将无法单独发生作用,也将无行使的可能,故具有不可单独转让的特征。

4. *抗辩权具有无相对义务观念性*

所谓无相对义务观念性,是指无须相对人介入。也就是说,因抗辩权不须相对人的协力,因而抗辩权无相对义务观念而存在。相比较,请求权作为一种相对权,在其法律关系中,一方当事人享有权利,相对方当事人总要负有某种义务,权利人权利的实现是建立在义务人履行作为或不作为义务的基础上的,即必须介入相对人的行为才可以实现其权利。由于抗辩权具有无相对义务观念性,因此在抗辩权法律关系中,只要权利人将抗辩的意思向对方表达,即可产生法律规定的效果,既不需要相对人的作为或者不作为,也不需要相对人对该意思通知表示同意或不同意,也就是说相对人不负任何义务。

(四)形成权

形成权是一种重要的权利类型,在民法中应用范围极广。《民法典》没有对形成权作出一般性规定,只是在第199条规定除斥期间的条文中,体现了形成权的概念,并规定其适用除斥期间确定形成权的存在期限。

形成权是指当事人一方可以以自己的单方意思表示,而不需要他方相应地做出某种行为,即可使法律关系发生变动的民事权利。

享有形成权,意味着法律赋予民事主体一种单方面的法律之力,即在特定情形下,法律允许权利主体对某项法律关系采取单方面的行动,不需要另外一个人的参与。形成权人的权利对应着相对人受约束或受制约的法律状态,其必须接受形成权人作出的决定。

形成权包括约定形成权和法定形成权,前者系当事人意思自治的结果,是一个开放的子系统;后者是基于法律的特别规定,有严格的行使条件,如追认权、撤销权、解除权、抵消权等。

形成权的特征表现在以下几个方面:

1. 单方行为形成性

形成权的单方形成性表现在以下三个方面:一是"单方"的法律之力是形成权区别于其他权利类型的核心特征。形成权人可依单方行为引发法律关系得丧变更的法律效果,而形成权相对人得忍受自己的法律地位经由他人权利的行使而生变化。这足见形成权法力之强大。二是这种单方之力的行使方式主要是意思表示,但不限于意思表示,事实行为也可以成为形成权的行使方式。三是"形成"是就该权利的作用而言的,形成权的客体是法律关系,其作用力在于"形成力",即权利人能够单方面设定、变更或者消灭特定法律关系的力量。德国学者泽克尔将其概括为形成一定法律关系。

2. 拘束对应性

形成权的拘束对应性表现在:形成权是一种"权利"而非"权能"。形成权符合权利的本质。形成权体现的利益虽需借助其他制度设计来实现,但实际上,形成权的享有和行使本身也体现为一种利益;此外,权利中所包含利益的直接或间接实现,仅仅是实现手段的差别,不能否认利益的客观存在。权能是权利的要素,体现权利的作用;形成权与支配权、请求权等是从权利作用的角度对权利体系进行的类型化构建。

3. 不可单独让与性

形成权的不可单独让与性的表现是:第一,形成权具有依附性。形成权与和它有关的法律关系中的人和法律地位结合在一起,要么不能转让,要么只能和权利人的地位一起在有关的法律关系中转让。第二,形成权具有专属性。其专属于它所依附的法律关系的权利人。这种专属性是流动的,依附性是第一性,专属性为第二性,形成权随着其所依附的法律关系的转让而移转于权利的受让人。

4. 无被侵害可能性

形成权的无被侵害可能性的表现是:第一,形成权在行使前,为特定法律关系的权利人所享有,仅是一项抽象的存在,权利人以外的任何人无法触及,更谈不上侵害。第二,形成权在行使时,系形成权人的单方行为,相对人处于受"拘束"的法律状态,且其一经行使即生效,权利在行使的瞬间实现了自身价值,这种瞬时性权利,不存在被他人侵害的可能性。第三,形成权在行使后,由于该权利的特征在于行使,即"权利行使=权利内容的实现=权利消灭",已消灭的权利不可能成为侵权行为的客体。

形成权的形成理由是,由于权利人仅凭其单方意思即可产生使法律关系发生变动的效力,所以有学者指出,形成权乃私法上之利器,威胁法律关系的稳定。形成权的行使本身作为契约原则的例外,须有充分的存在理由。

形成权多数来自法律的直接规定,也有的来自缔约自由范围内的当事人约定。在形成权是依据当事人约定的情况下,形成权相对人的同意就成为对方侵入其权利范围的正当理由;在形成权是依据法律规定时,形成权侵入的界限以及理由即来自法律。法律规定各形成权的理由也不尽一致,如受欺诈或受胁迫的合同当事人的撤销权,是为了保护表意人的真正意思表示;法定解除权在于反映可归责于他方的给付困难;合同终止权的规定,在于使当事人相对容易接受那些无限期的或受到干扰的长期债务关系的约束;而抵消权则可以避免不必要的给付和对待给付,以简化给付的过程。综上,形成理由,一是约定情形下当事人的意思自治,二是法定情形下法律对各特殊利益状态的具体考量。

六、民事权利行使

(一) 民事权利行使的概念

民事权利主张、民事权利行使和民事权利实现,是三个紧密相关的概念。

民事权利主张,是在民事权利的存在或权利的行使受到妨碍的时候,权利人对特定人提出的承认权利的存在,或者排除妨碍保障权利行使的要求。它不是权利行使的本身,而是民事权利行使的准备,尚未启动权利实现的过程。

民事权利行使,是指民事权利主体具体实施构成民事权利内容的行为,实现其受法律保护的合法民事利益。换言之,权利之行使为实现权利内容之行为。民事权利的本质,是权利人为实现自身合法权益而得为一定行为或者请求他人为一定行为的可能性。把民事权利的这种可能性变为现实性的具体行为,就是民事权利行使,是将民事权利的内容予以实现。

民事权利实现,是民事权利行使的最终目的,是把民事权利的可能性变为最终的现实性,是行使权利的最终结果。在市民社会,人们所追求的并不是纸面上的权利,而是实际得到的权利。

权利主张、权利行使和权利实现三者的关系是:权利主张仅是一定条件下权利实现的准备,其尚未启动权利实现的过程,而权利实现则渗透在权利行使之中,后者是前者的过程。不过,这仅仅是就民事权利特别是债权的一般情况而言。在绝对权的一般情况,权利人行使权利并非必须主张,不作为也是在行使权利,例如,人格权和身份权,不主张也是在行使权利,只有当权利受到妨碍或者侵害的时候,才存在权利主张、权利行使和权利实现的问题。

(二)《民法典》规定的民事权利行使规则

1. 自我决定权

民事权利行使完全尊重民事权利主体的意愿,这就是自我决定权。

自我决定权作为权利人对自己的具体民事权利进行自我控制与支配,是权利人针对自己的人格发展的要求,做自己权利的主人,决定自己的权利行使,实现自己的人格追求。因此,自我决定权原本是人格权权能的一种抽象,是一种一般性的权利是针对具体的人格要素的概括。《民法典》第130条将自我决定权的含义进一步扩大,概括成权利人对自己所享有的全部民事权利的行使,都有自己决定的权利,大大增加了自我决定权的适用范围,使这一抽象的权利具有更重要的价值和意义。

自我决定权作为一种民事权利,其特征是:第一,自我决定权是一个体现自我价值、根据自己意愿行使权利的权利,其价值表现在对自己民事权利和利益的支配和行使上,对于如何享有自己的权利和行使自己的权利,完全依照自己的自主的意愿进行,体现行使权利的自我决定性。第二,自我决定权具有相对宽泛但又缺失独立的保护对象,这个保护对象就是自己享有的所有的民事权利,也包括民事利益。凡是在《民法典》"民事权利"一章中规定的民事权利和利益,都为权利人的自我决定权所支配。第三,自我决定权不是一个具体的民事权利,而是一个支配民事权利的权利,是具有权能性的权利。虽然民法对于权利和权能有明确的区分,但是严格说起来,两者并非泾渭分明,从权能到权利往往只是一线之隔。把民事主体独立、自主支配自己的权利塑造为一个抽象的民事权利,正是民事权利属性的突出体现。因此,《民法典》第130条规定"民事主体按照自己的意愿依法行使民事权利,不受干涉",确立自我决定权,具有重要的价值。

自我决定权的权利内容,就是权利主体对自己所享有的民事权利和利益,依照自己的意愿进行支配,按照自己的意愿行使,通过支配和行使自己的权利,满足自己的要求,实现自我价值。

2. 民事权利义务相一致

民事权利与民事义务相一致原则,是指民事权利和民事义务相辅相成,民事权利与民事义务永远相对应,民事主体在行使民事权利时,必须履行民事义务的民法基本准则。

民事权利与民事义务相一致,主要表现在以下几个方面:

(1)就特定的民事权利而言,必然与特定的民事义务相对应。当一个民事主体享有民事权利的时候,必有其他民事主体对该民事权利负有民事义务。在民法领域中,不会存在只有民事权利而没有民事义务相对应的情况,这是因为民事权利的实现,必须要有民事义务的履行,如果没有民事义务的履行,民事权利就是没有意义的。

(2)就特定的民事主体而言,当权利人享有民事权利的时候,必定也负有相应的民事义务。在一个法律关系当中,该民事主体享有民事权利,但在另外一个民事法律关系当中,该民事主体就是义务人,必定负有民事义务。例如,在自己享有的名誉权的法律关系中,自己是名誉权人,自己享有的名誉权其他任何人不得侵害;

但是在他人的名誉权法律关系中,自己就是民事义务人,对他人享有的名誉权负有不可侵害的义务。这也体现了民事权利与民事义务的一致性。

(3)就特定的行使民事权利行为而言,当一个特定的权利人行使自己的民事权利时,这个权利的义务人必须履行自己相应的民事义务,以保障民事权利主体享有的民事权利的实现。在绝对权法律关系中,权利人享有的民事权利的实现,就是他的所有的义务人都负有不可侵义务的履行,只要他们不作为,不侵害权利人的权利,他们就履行了义务,权利人的权利就得到了实现。在相对权法律关系中,权利人和义务人相对应,民事权利和民事义务相对应,民事权利的实现,依靠的就是民事义务的履行,如果相对权的义务人不履行自己的义务,相对权的权利人就无法实现自己的民事权利。

正因为民事权利与民事义务相一致是民法的基本原则,因此就要求民事主体在行使自己权利的时候,也必须履行法律规定的和当事人约定的义务。首先,这里提出的民事主体行使自己的权利,既包括绝对权,也包括相对权,无论是行使自己的绝对权还是相对权,都有合法的根据,都是依照法律在行使自己的权利。其次,民事主体在行使自己权利的时候,也应当履行的民事义务,当然也包括绝对权法律关系的民事义务和相对权法律关系的民事义务。在绝对权的法律关系中,义务人所负有的民事义务,通常都是法律规定的,必须按照法律的规定履行自己的民事义务。在相对权的法律关系中,权利和义务基本上是双方约定的,当然也有法律所规定的,无论是法定的义务,还是约定的义务,义务人都必须履行,只有这样,才能够保障权利人的民事权利实现。

(三)民事权利行使的限制

民事权利行使尽管是实现自己的权益,但是,也事关义务人的利益,甚至事关国家、社会的利益。因此,民事主体行使民事权利,法律在依法保护的同时,也对民事权利行使进行一定的限制,不能超越边界。

对于禁止权利滥用原则,《民法典》第132条做了专门规定,即"民事主体不得滥用民事权利损害国家利益、社会公共利益或者他人合法权益"。权利人行使权利是自己的自由,但超出必要限度行使权利,就是滥用权利。我国法律一方面鼓励权利人行使民事权利,获得民事利益,但另一方面禁止权利滥用,为权利的行使划清具体的边界,防止因行使权利而损害社会公共利益的或者他人的民事权益。

权利滥用,是指民事权利主体在外表上虽属于行使权利,但在实际上是背离权利本质或超越权利界限的违法行为,其特征是:权利滥用具有行使权利的表征或与行使权利有关,这是权利滥用的形式特征;权利滥用是违背权利本旨或超越权利正当界限的行为,这是权利滥用的实质特征;权利滥用是一种违法行为,这是权利滥用的法律特征。法律对权利滥用行为予以否认或者限制其效力的原则,就是禁止权利滥用原则。

禁止权利滥用原则的宗旨在于民事权利主体行使权利的时候,不得损害他人权利,因此这一原则的核心是道德问题,要求权利主体行使自己的权利应当为他人着想,为社会着想,是以社会伦理观念为基础,把这一道德化的准则法律化,成为民法的基本原则。因此禁止权利滥用原则是法律化的道德准则,具有法律调整与道德调整的双重功能。但是这个原则不确定,外延又十分广泛的行为准则,具有很高的抽象性,这是由于立法者对于权利滥用的表现形式没有信心将其全部列举出来,事实上也不可能全部列举出来,因而禁止权利滥用原则是一个交给法官的判断准则,在具体审理案件中为法官指引方向,凭法官的良知和良心作出判断,因而禁止权利滥用原则是授权给法官的自由裁量权。

认定权利滥用的标准是,凡行使民事权利违背其本质或超越其正当界限。这是因为行使权利违背其本质或者超越其正当界限,就是与权利的功能不相容的行为,因而就属于权利滥用。

在具体适用禁止权利滥用原则时,应当严格区分滥用权利和正当行使权利的界限,依据公平、正义的价值判断标准,准确把握权利的本质和权利的正当界限,根据当事人行使权利和滥用权利的实际情况作出判断。

(四)民事权利失效

民事权利失效,是指权利人长期不行使自己的权利,导致相对人合理地认为权利人不再行使其权利,则权利人行使权利的行为不受法律保护,权利本身亦不再存在。民事权利失效制度的目的在于保护相对人的信赖利益。如果权利人的积极行为或者消极行为导致相对人产生对权利人的信赖,相信权利人不会行使权利,则相对人的这种信赖应当得到法律的保护。

民事权利失效有两种情形:

1. 依据权利人的行为导致民事权利失效

依据权利人的行为导致民事权利失效有两种情形:

(1)权利人通过自己的意思表示或者积极行为,导致相对人认为权利人不再行使权利,但权利人实际又行使权利。对此,由于债权人在一定的时间内不行使权利,债务人在客观考虑情况后,可以认为债权人将不再行使其权利,并且已经采取了相应的措施,因此,债权人延误行使权利违反了诚实信用原则,于此情形下,权利丧失。例如,合同权利人得知合同解除的事由发生之后,曾经明确表示放弃解除合同的权利,但事后又要解除合同,就属于这种情况。

(2)权利人的不作为在特定情况下,即还有其他附加因素时,可以构成民事权利失效。例如,对于无权代理行为,相对人可以催告被代理人在30日内予以追认,被代理人未作表示的,视为拒绝追认,即被代理人通过纯粹的不作为而使其追认权失效。

2. 依照法律规定导致民事权利失效

依照法律规定导致民事权利失效,是由于法律规定的时效制度而使权利人的权利失效。其中包括绝对失效和相对失效。

民事权利因法律规定导致绝对失效,是法律规定的除斥期间的完成,导致民事权利彻底消灭,权利人不得再主张行使。民事权利因法律规定导致相对失效,是法律规定的诉讼时效期间完成,此时权利人的权利并未完全消灭,不过对方当事人即义务人产生抗辩权,义务人可以主张诉讼时效期间完成产生的抗辩权,即可对抗权利人的权利行使的请求,义务人不必履行义务;但如果义务人自愿履行义务,权利人相对失效的权利仍可以实现。

七、民事权利保护

(一)民事权利保护方法

《民法典》规定的民事权利保护,是解决保护民事权利问题的具体方法,主要包括两个部分,一是民事权利保护请求权体系,二是民事责任制度。

1. 民事权利保护请求权

民事权利保护请求权包括固有请求权和侵权请求权,是保护民事权利的基本制度。在这个意义上看,请求权是民法的方法,而不是基本权利类型,因而与本权请求权相区别。当所有的基本类型的民事权利受到侵害的时候,权利保护请求权都提供救济方法,使权利人的损害得到救济,受到侵害的权利得到恢复。

2. 民事责任

民事责任相对于民事权利保护请求权,在固有请求权,其请求权人有权向对方当事人即请求权人的相对人请求承担民事责任;在侵权请求权,其请求权人也有权向对方当事人即侵权人请求承担侵权责任。因此,民法整个权利保护请求权与民事责任制度是相对应的,是相互衔接、相互配合的一个问题的两个方面。一个问题,就是民事权利保护;两个方面,就是权利人享有的权利保护请求权和相对人负有的民事责任。

(二)民事权利保护途径

民事权利保护途径,分为自力救济和公力救济。

1. 自力救济

自力救济也叫作私力救济,是指权利人自己采取合法手段来保护自己的权利,救济自己的损害。这种民事权利保护途径由于是由权利人自己实施,而不是通过公共途径进行,因而属于私力救济或者自我救济。自力救济的主要方法是:正当防卫、紧急避险、自甘风险、自助行为等。

2. 公力救济

公力救济,是指民事权利受到他人侵害后,权利人通过国家机关给予的救济,对民事权利予以保护。权利人寻求民事权利的公力救济,可以向人民法院或者仲裁机构起诉或者申请。具体方法是:

(1)确认之诉。确认之诉是请求人民法院确认某种权利是否存在的民事权利保护的公力救济方法。凡是对权属发生争议的,都可以提起确认之诉。例如《民法典》第234条规定:"因物权的归属、内容发生争议的,利害关系人可以请求确认权利。"这就是规定物权的确认之诉。对于合同的效力、某种身份关系存在与否等,都可以提出确认之诉予以确认或者否认。在司法实践中,有的侵权人也提出确认之诉,请求确认侵权责任不存在或者不构成。这种诉讼是否构成确认之诉,有不同意见。笔者认为,尽管侵权责任的诉讼基本上都是被侵权人提出的给付之诉,以保护自己的权利,但"侵权人"如果认为自己的行为不构成侵权,为避免"被侵权人"的纠缠而提出确认自己不侵权的确认之诉,也并非没有道理。目前,也有一些法院受理这种确认之诉案件。

(2)给付之诉。给付之诉是请求人民法院或者仲裁机构责令对方履行某种行为,以实现自己的权利的民事权利保护的公力救济方法。请求返还价款、请求交付财产、请求偿付违约金、请求给付损害赔偿金等,都是给付之诉。例如《民法典》合同编第577条规定:"当事人一方不履行合同义务或者履行合同义务不符合约定的,应当承担继续履行、采取补救措施或者赔偿损失等违约责任。"这里规定的就是明确的给付之诉。《民法典》侵权责任编第二章规定的损害赔偿责任,也是给付之诉。给付之诉以权利人享有请求权为限。如果不存在合法有效的请求,就不能提起给付之诉。

(3)形成之诉。形成之诉是请求人民法院通过判决变更现有的某种民事权利义务关系,形成新的民事权利义务关系的民事权利保护的公力救济方法。典型的形成之诉包括:离婚之诉、解除收养之诉、分割共有财产之诉、解除合同关系之诉等。《民法典》总则编在民事法律行为中规定的民事法律行为的撤销,也是形成之诉。提起形成之诉,权利人必须享有形成权。权利人提起形成之诉,就是行使形成权,该形成权的实现,能够导致法律关系发生改变,形成新的法律关系。

八、民事义务的概念和特征

(一)民事义务的概念

民事义务是与民事权利相对应的概念,是指义务人为满足权利人的要求而为一定的行为或者不为一定行为的法律负担。《民法典》总则编对民事义务没有特别规定,主要是在第176条关于"民事主体依照法律规定或者按照当事人的约定,履行民事义务,承担民事责任"中规定了民事义务。

民法以权利为本位,但是,权利的实现须以义务的履行为前提,因此,民法既要规定民事权利,也要规定民事义务。

(二)民事义务的特征

1. 民事义务产生于法律的规定和当事人的约定

民事义务尽管依附于民事权利,但民事义务的产生,却是基于法律的规定或者当事人的约定。绝对权都是法律规定的民事权利,或者根据法律规定而依法取得的民事权利,因此,相对于绝对权的民事义务,就都是法律规定的义务。这样的义务不以当事人的意志为转移,是义务人依法应当履行的义务。在相对权中,由于权利的产生都是当事人约定的,因此,其相对应的民事义务也都是当事人约定的。当事人经过协商,确定了民事义务,就对民事义务人产生拘束力,其必须履行。民事义务还可以通过其他原因产生,例如依据诚实信用原则而产生民事义务。

2. 民事义务的内容表现为为一定行为或者不为一定行为

民事义务的内容,具体表现为为一定行为或者不为一定行为。前者为积极义务,后者为消极义务。为一定行为的积极义务,如依照债权人的请求交付货物;不为一定行为的消极义务,如名誉权关系中的其他任何人作为义务人,只要不对权利人的权利实施侵害行为,即为履行了义务。因此,民事义务就是为某种行为或者不为某种行为的必要性,是对义务人作为或者不作为的约束。

3. 义务的履行是为了满足权利人的利益

义务是民事权利实现的前提,因此,义务人履行民事义务,目的在于满足权利人的利益,而不是为了直接实现义务人自身的利益。当然,义务人履行民事义务并非与义务人的利益毫无关系,因为许多民事义务与民事权利相对应,义务人负有义务的同时常常相应地取得一定的权利,因此,义务人履行一定的义务是其享受权利的前提,但这种利益是一种间接的利益,而民事义务的履行对于义务人而言,并不直接享有利益。

4. 民事义务具有法律的强制性

民事义务是义务人为一定行为或者不为一定行为的必要性,在法律上具有强制性。因此,义务人必须履行民事义务,而不是像权利那样只是一种可能性,可以行使也可以不行使,甚至可以抛弃。民事义务的强制性表现在,当义务人不履行民事义务的时候,法律规定对其科以民事责任,权利人可以依据其请求权,请求法院强制义务人承担民事责任。因此,民事责任就是民事义务不履行的法律后果,是民事义务的强制性的法律保证。

九、民事义务的类型

(一)作为义务与不作为义务

作为义务是指行为人应当按照法律规定或者权利人的要求,通过做出积极行为以满足权利人利益要求的义务。例如,法律规定,父母应当抚养未成年子女,子女在父母需要赡养的时候应当担负赡养义务;在合同关系中,债务人的给付义务主要是作为义务。

不作为义务是指义务人应当按照法律的规定或者当事人的约定,不从事某种行为,以保障权利人权利实现的义务。最典型的不作为义务是绝对权中的义务人的不可侵义务,所有的绝对权的义务人只要不侵害权利人的权利,就履行了其不作为义务。在合同领域中,合伙合同的当事人关于合伙人之间不得进行竞业禁止的义务,是约定的不作为义务。

区分作为义务和不作为义务的意义在于,作为义务必须履行,不履行作为义务构成不作为的违法行为。不作为的义务,义务人不得违反不作为义务而实施作为行为,违反不作为义务,构成作为的违法行为。

(二)法定义务与约定义务

法定义务是指由法律、法规规定以及根据诚实信用原则所产生的义务。
约定义务是指当事人在合同中通过协商确立的义务。
法定义务与约定义务区别的意义在于,约定义务体现的是民法意思自治原则,完全依据当事人意思来决定义务的内容。而法定义务体现的是国家的意志和社会公共利益,不允许当事人自己决定义务的内容。

(三)对世义务与对人义务

对世义务也叫作绝对义务,是指绝对权的义务人对权利人所负担的义务。对世义务人事实上等于对所有的绝对权人都负有这样的义务。人格权的义务人,物权的义务人,以及其他绝对权的义务人负担的义务,都是对世义务。

对人义务也叫作相对义务,是相对权的义务人对特定的权利人所负担的义务,其义务仅仅对其相对的权利人承担,对他人不负有这样的义务。债权关系的义务人所负担的义务都是对人义务。

区分对世义务和对人义务的意义在于,对世义务的义务人对所有的权利人的义务都是一样的,都是不可侵的不作为义务。对人义务的义务人,仅仅对特定的权利人负担义务,义务的内容主要是作为义务,但也包括不作为的义务。

(四)主给付义务、从给付义务与附随义务

主给付义务也叫作主义务,是指债的关系所固有的、必备的、直接影响到债的目的实现的义务。在买卖合同中,卖方交付标的物、买方交付价款的义务,都是主给付义务。

从给付义务是指以辅助实现主给付义务为目的,以确保权利人的利益能够获得最大的满足的义务。从给付义务的产生,可以基于法律明文规定,也可以基于当事人的约定,还可以基于诚实信用原则。

附随义务是指合同当事人依照法律或者依照诚实信用原则、交易习惯以及合同约定产生的义务。这种义务并不单独存在，而是依附于主给付义务存在。例如，《民法典》第558条规定的债权债务终止后，当事人应当遵循诚信等原则，根据交易习惯履行通知、协助、保密、旧物回收等义务，这些是法定的附随义务；当事人之间约定的售后服务义务，则是约定的附随义务。

相对于主给付义务而言，附随义务只是附随的，但是这并不意味着附随义务是不重要的，相反，在很多情况下，违反附随义务会给另一方造成重大损害，甚至构成根本违约，例如，出卖人不告知买受人产品的使用方法，使买受人蒙受重大损失。

(五) 真正义务和不真正义务

真正义务是指违反该义务能够发生民事责任的民事义务。绝大多数民事义务都是真正义务，例如，绝对权义务人所负担的不可侵义务，合同当事人约定的给付义务。

在有些情况下，虽然义务人依法应当实施某种行为(包括作为和不作为)，但在义务人不履行时，只是使权利人遭受权利丧失或减损的不利益，不能使其承担民事责任，这样的义务就是不真正义务。

第六章 民事法律行为

　　民事法律行为是取得民事权利的方法,是设立、变更、终止民事法律关系的方法。民事法律行为的核心要素是意思表示,当事人通过意思表示,以及意思表示达成一致,取得民事权利,设立民事法律关系,变更民事法律关系,消灭民事法律关系。《民法典》总则编规定民事法律行为的目的,就是当事人通过以意思表示为核心的民事法律行为,设立、变更、消灭民事法律关系。

一、民事法律行为的基本问题

(一)民事法律行为的概念和特征

1. 民事法律行为的概念

《民法典》第133条规定:"民事法律行为是民事主体通过意思表示设立、变更、终止民事法律关系的行为。"这就是对民事法律行为概念的定义。

2. 民事法律行为的特征

(1)民事法律行为是人为的法律事实。能够引起民事法律关系产生、变更和消灭的客观现象,就是法律事实。法律行为是一种人为的法律事实,具有明确的目的性,就是要引起民事法律关系产生、变更和消灭,建立、变更或者消灭民事法律关系。

(2)民事法律行为是一种表意行为。法律行为的目的在于引起具体的、明确的私法上的权利义务关系的后果,法律行为的实施,都是当事人意图设立民事权利或者改变民事权利现状的行为,当然是表意行为。非表意行为不是法律行为。

(3)民事法律行为以意思表示为核心要素。法律行为是依当事人所谓的意思表示而发生一定私法上效果的法律事实,法律行为是意思表示的工具。而意思自治原则是行为人可以按照自己的意志自由地创设权利与义务。要在现实生活中产生具体的权利义务,行为人就必须将这种意志体现出来,否则,意志存在于内心而不表示于外,难以产生法律后果。

3. 法律行为与准法律行为

在通常情况下,民法上的行为分为法律行为和事实行为,但在法律行为和事实行为之间还存在一个中间状态的行为,即准法律行为。

准法律行为是指由法律直接规定结果的当事人的表示行为,表现为用意思的表达告知他人事项。准法律行为和法律行为共同构成广义的法律行为。

通常把准法律行为分为两种:

(1)意思通知。意思通知也叫作催告,是指债权人要求债务人履行到期债务或者要求法律关系的对方当事人确定某种关系的通知。意思通知虽然也是一种意思表示的行为,但这个意思系单纯的事实,而无论告知人是否愿意,均发生典型的法律效果。

(2)观念通知。观念通知也叫作通知(或者告知),是把某种意思表示正式告诉对方,使对方知道的行为。观念通知不包括意思的表达,仅是将有关事实(过程或者状态)之消息告知,并不过问有何效果发生。

由于准法律行为与法律行为之间不存在一条清晰的界限,因此,有关法律行为的规定应该可以类推适用于准法律行为,但由于准法律行为种类的不同,存在较大的区别,也无法作出一般性的断言。

(二)法律行为的分类

1. 单方行为、双方行为、多方行为和决议行为

单方法律行为、双方法律行为和多方法律行为,是民法对法律行为的基本分类,《民法典》就是采用这种分类方法,该法第 134 条第 1 款规定:"民事法律行为可以基于双方或者多方的意思表示一致成立,也可以基于单方的意思表示成立。"以法律行为的成立对意思表示的依赖为标准,法律行为可以分为单方法律行为、双方法律行为和多方法律行为。

单方行为也叫作单方法律行为,是指根据一方当事人的意思表示就可以成立的法律行为。这种行为无须他方当事人的同意就可以发生法律效力。订立遗嘱、放弃继承权、撤销委托代理、免除债务、追认无权代理等行为,都属于单方行为。凡是单方行为,一经实施就立即发生法律效果。

双方行为也叫作双方法律行为,是指双方当事人对应的意思表示达成一致才能成立的法律行为。民事法律行为最为典型的就是双方行为。

多方行为也叫作多方法律行为,是指三方以上的当事人并行的意思表示达成一致才能成立的法律行为。例如,由三个以上的合伙人成立合伙的行为,为多方行为。

在多方法律行为中,有一种特殊的形式是决议。决议是人合组织、合伙、法人的若干人组成的机构,通过语言形式表达出来的意思形成的结果。决议可以全票通过,也可以多数票通过的方式作出。决议不同于一般的法律行为的特点在于:(1)决议是若干个意思表示一致,而且方向相同,不是对立双方当事人的意思表示的重合;(2)决议有全票通过也有多数票通过,因此与多方法律行为各方意思表示须一致不同;(3)决议主要调整组织内部关系,不涉及对外的第三人,一般的法律行为主要调整当事人之间的关系;(4)决议一旦通过生效,对不赞成决议的人都具有约束力,一般的法律行为有任何一方不同意,无法形成民事法律行为。

区分单方法律行为、双方法律行为、多方法律行为和决议行为的界限,其意义是有助于把握各种不同法律行为成立的要求,有助于把握各种不同法律行为的效力,准确适用法律。

2. 有偿行为和无偿行为

根据法律行为的双方是否承担对待给付义务,即以对价性为标准,法律行为可以分为有偿行为与无偿行为。

有偿行为也叫作有偿法律行为,是指双方承担互为对待给付义务的法律行为。对待给付是指当事人一方以付出某种利益为代价而交换所获得的利益。例如,买卖民事法律行为就是有偿法律行为。

无偿行为也叫作无偿法律行为,是指一方当事人承担给付义务而对方当事人不承担给付义务的行为。例如,赠与、无偿寄托、无偿保管等民事法律行为,都是无偿法律行为。

区别有偿行为和无偿行为的意义在于,无偿法律行为债务人不负标的物的权利瑕疵担保和品质担保责任;由于债务人自身无利益因而仅对故意或者重大过失负责;限制行为能力人未经其法定代理人同意一般不能为有偿行为,其有偿行为可以适用善意取得。而有偿行为与上述规则完全不同。

3. 诺成行为和实践行为

根据法律行为的成立是否以实际交付实物为标准,法律行为可以分为诺成行为和实践行为。

诺成行为也叫诺成法律行为,是指当事人之间只以意思表示为成立要件,无须实际交付实物就能够成立的法律行为。诺成行为自当事人意思表示达成一致时成立。因此,诺成行为也叫不要物行为。

实践行为也叫要物行为,是指当事人之间除了意思表示一致之外,还必须实际交付实物才能够成立的法律行为。

在传统民法中,买卖民事法律行为、租赁民事法律行为、承揽民事法律行为、委托民事法律行为等都属于诺成行为,借用民事法律行为、借贷民事法律行为、保管民事法律行为等属于要物行为,即实践行为。

区分诺成行为与实践行为的意义是,二者成立要件和时间不同。诺成行为在当事人合意成立时即告成立,且成立时间就是合意达成的时间;而实践行为除合意成立之外,还要交付标的物,且以标的物交付时间作为民事法律行为成立时间。

4. 要式行为与不要式行为

要式行为,是指法律规定必须采取一定形式才能够成立的法律行为。不要式行为,是指法律不要求采取特定形式,而任由当事人选择所使用的形式的法律行为。

在民法上,法律行为以不要式行为为原则,以要式行为为例外。例如,按照《民法典》规定,民事法律行为可以采取口头形式、书面形式和其他形式,法律、行政法规另有规定时,从其规定。

区别要式行为与不要式行为的意义在于,不要式行为可以自由为之,要式行为非依法律规定的方式原则上为无效。

5. 主行为和从行为

以法律行为之间的相互关系为标准,法律行为可以分为主行为和从行为。

主行为也叫作主法律行为,是指不需要其他法律行为存在就可以成立的法律行为。从行为也叫作从法律行为,是指不能单独存在,只能从属于其他法律行为而存在的法律行为。例如,为借款民事法律行为而设定抵押的民事法律行为,其中借款民事法律行为是主行为,抵押民事法律行为是从行为。

从行为的成立和效力取决于主行为。区分的意义在于,从行为的命运附随于主行为,即主行为无效或者消灭,从行为随之无效或者消灭。

6. 独立行为和辅助行为

以法律行为是否有独立的实质内容为标准,可以分为独立行为与辅助行为。

独立行为也叫作独立法律行为,是指行为人通过自己的意思表示就可以成立的法律行为。完全法律行为能力人实施的行为,为独立法律行为。

辅助行为也叫作辅助法律行为,是指行为人的意思表示必须在他人意思表示的辅助下才能够成立的法律行为。法定代理人对未成年人的意思表示所做出的同意表示,被代理人对代理人超越代理权实施的行为的追认,都属于辅助行为。

这种区分的意义在于,引发法律关系变动的要件有所差别,辅助行为必须与其所辅助的独立法律行为共同作为引发法律关系变动的原因,即辅助行为仅为独立法律行为生效的条件,自身无独立的实质内容;而受辅助行为辅助的独立行为在没有辅助行为之前不生效力。

7. 财产行为和身份行为

根据法律行为产生的后果是导致财产关系还是身份关系的变动为标准,可以分为财产行为和身份行为。

财产行为,也叫作财产法律行为,是指导致财产关系发生变动的法律行为。例如买卖行为、设立用益物权的行为。身份行为,也叫作身份法律行为,是指导致身份关系发生变动的法律行为,如结婚、离婚、收养等行为。

这种区分的意义在于,两种不同的法律行为适用不同的法律规范和具体规则:两种行为发生的效果不同,是否适用等价原则不同,是否适用代理制度不同,适用的法律依据也不同。

8. 负担行为和处分行为

根据法律行为对当事人权利发生的作用不同,可以分为负担行为和处分行为。

负担行为,是指发生债权债务关系的行为,故又称作债权行为,如赠与、租赁等行为。处分行为,是指使特定权利直接发生取得、变更、消灭后果的行为,如物权行为和准物权行为。

处分行为须以行为人有处分能力方为有效。处分能力是指行为人具有的可以为有效处分行为的法律地位;有处分能力的人叫作处分权人。财产权人对于其权利标的物均有处分权;人格权人与身份权人对于可处分的人格利益或者身份利益,有权进行处分。无处分能力人就权利标的物所为的处分,为无权处分。无权处分行为原则上不发生处分的效力。

区分负担行为与处分行为不同的意义在于,二者的法律效果不同,对标的是否特定的要求不同,对行为人是否有处分权的要求不同,对法律行为是否需要公示也不相同。

9. 有因行为和无因行为

以法律行为与其原因的关系为标准,可以分为有因行为和无因行为。

有因行为也叫作要因行为,是指行为与其原因在法律上相互结合不可分离的法律行为。例如,债权行为是有因行为。

无因行为也叫作不要因行为,是指行为与其原因可以分离的法律行为。例如,物权行为是无因行为,票据行为也是无因行为。无因行为只限于财产法上的行为,身份行为不存在无因行为。

区分有因行为与无因行为的意义在于,无因行为,原因虽不存在,但其行为仍然有效;有因行为,如果原因不存在,其行为应归于无效。在法律行为中将无因行为抽象出来,是由于无因行为不考虑其交易目的,因而对于保护交易安全具有重要作用。

10. 生前行为和死因行为

以法律行为的效力系发生在行为人的生前或者死后为标准,可以分为生前行为与死因行为。

生前行为,是指行为人实施的行为发生于行为人生前的法律行为。例如,赠与行为都是生前行为。死因行为,是指以行为人死亡而发生效力的法律行为。例如,遗赠行为须遗赠人死亡后方发生效力,为死因行为。

二者区别的意义在于,死因行为非于行为人死亡后不发生效力,且因其在行为人死后生效,利害关系人间容易发生争议,因此法律多设有特别规则,以确保行为人的真意能够贯彻。

11. 加利行为和非加利行为

依法律行为是否直接使人受有财产利益为标准,可以将法律行为分为加利行为和非加利行为。

加利行为是指一方将一定的财产价值,从自己的总财产中转移到另一方的法律行为,移转人称为加利人,受移转人称为受益人。财产行为多为加利行为,加利的可以是债权,也可以是物权或其他财产利益。

非加利行为是指没有发生财产利益移转的法律行为。亲属行为多是非加利行为,财产行为并非都是加利行为,如所有权的抛弃,只有一方财产减少,但并无另一方财产的相应增加。

区分加利行为与非加利行为的意义在于认识不同法律行为是否涉及财产利益的转移。

二、民事法律行为的成立

(一) 民事法律行为成立的概念

民事法律行为在符合其成立要件时成立。因此,民事法律行为成立,是指民事法律行为在客观上已经存在。不符合民事法律行为成立要件的行为,视为民事法律行为不存在。

在多数情况下,民事法律行为的成立与有效是一回事,只要是符合民事法律行为的要件,该行为就不仅成立,而且当然是有效的。但是,在一些情况下,民事法律行为成立并不是必然生效,其生效还须具备生效要件。

(二) 民事法律行为的成立要件

1. 民事法律行为须含有设立、变更或终止民事法律关系的意图

成立民事法律行为,行为人在其意思表示中必须含有设立、变更或者终止民事法律关系的意图。换言之,民事法律行为必须包含追求一定法律效果的意思,没有这种效果意思就不能成立法律行为。

2. 民事法律行为须内容表达完整

成立民事法律行为,其行为人的意思表示必须完整地表达设立、变更或者终止民事法律关系所必需的内容。意思表示表达不完整的,不能成立法律行为。

3. 民事法律行为须将内心意思表达于外部

行为人必须以一定的方式将自己的内心意思表现于外部,能够由他人客观地加以识别。仅仅存在于内心的意思而未表达于外部的,不能成立法律行为。

在要物行为和要式行为中,除具备一般的成立要件外,还必须具备特别要件。例如,要物行为必须交付实物,而要式行为必须符合法定的形式要求。

三、民事法律行为的形式

《民法典》第135条规定:"民事法律行为可以采用书面形式、口头形式或者其他形式;法律、行政法规规定或者当事人约定采用特定形式的,应当采用特定形式。"这一规定,是对民事法律行为形式的规定。

(一)书面形式

书面形式,是指以书面文字的方式进行的意思表示,又分为一般书面形式和特殊书面形式。一般书面形式是指用一般性的文字记载形式进行的意思表示,特殊书面形式是指以获得国家机关或者其他职能部门认可的形式进行的意思表示。电子数据、电报信件、传真等,都是特殊的书面形式。

书面形式可以促使当事人在深思熟虑后实施法律行为,使权利义务关系明确化,并方便证据保存。书面形式主要适用于不能即时清结、标的数额较大的法律行为。

(二)口头形式

口头形式,是指以谈话的方式进行的意思表示。广而言之,当面交谈、电话交谈、托人带口信、当众宣布自己的意思等,都是口头形式。口头形式具有简便、迅速的优点,但发生纠纷时举证较为困难,主要适用于即时清结或者标的数额较小的交易。

(三)特定形式

特定形式包括以下两种主要情形:

一是推定形式,是指以有目的、有意识的积极行为表示其意思的法律行为形式。换言之,行为人虽然没有口头或者书面的表示,但可以通过其积极行为推定其内在的意思。

二是沉默形式,是指将沉默赋予成立民事法律行为意义的形式。沉默形式既无语言表示又无行为表示的消极行为。在法律有特别规定的情况下,视为当事人的沉默已经构成意思表示,因而使法律行为成立。也就是说,在通常情况下,内部的意思表示必须借助于积极的表示行为,不能作为意思表示的方式,沉默并不是表示行为;只有在法律有特别规定时,沉默的消极行为才被赋予一定的表示意义,并产生成立民事法律行为的效果。

四、民事法律行为的生效

《民法典》第136条规定:"民事法律行为自成立时生效,但是法律另有规定或者当事人另有约定的除外。行为人非依法律规定或者未经对方同意,不得擅自变更或者解除民事法律行为。"这是对民事法律行为的生效及对当事人拘束力的规定。

(一)民事法律行为生效

民事法律行为的生效,是指民事法律行为因符合法律规定而能够引起民事法律关系的设立、变更或者终止的法律效力。法律行为成立之后,须具备生效的要件,才能使民事法律行为发生法律上的效力,发生设立、变更或者消灭民事法律关系的法律后果。

民事法律行为成立和生效的时间,既有相一致的情形,也有不一致的情形。民事法律行为成立和有效,有两种不同的形式:

1. 法律行为的成立和有效处于一个时间

在一般情况下,民事法律行为的成立和有效同时发生。例如,依法成立的民事法律行为,具备民事法律行为生效要件的,即时生效。

2. 民事法律行为的成立和生效并非一个时间

在某些情况下,民事法律行为的成立与生效不是同一时间,这类情况有三种:

(1)法律规定民事法律行为须登记生效的,该民事法律行为成立之后,一定要经过登记程序,才能够发生法律效力。例如,法律规定,收养行为须登记生效,所以,收养行为的成立和生效并非在同一时间。

(2)当事人约定民事法律行为生效条件的,约定的生效条件成就的,才能够发生法律效力。例如,约定民事法律行为经过公证为生效条件的,民事法律行为成立之后,经过公证才能够生效,其成立和生效也并非在同一时间。

(3)附生效条件、附生效期限的民事法律行为,其所附条件成就,或者所附期限到来时,该民事法律行为才能够生效,其成立和生效也并非在同一时间。

(二)民事法律行为生效对行为人的拘束力

民事法律行为生效后,对行为人产生法律上的拘束力。《民法典》第136条第2款规定:"行为人非依法律规定或者未经对方同意,不得擅自变更或者解除民事法律行为。"民事法律行为生效后的法律拘束力是:

第一,民事法律行为生效后,行为人必须信守自己的承诺,接受民事法律行为对自己的拘束,按照法律行为的要求,确定双方各自的权利和义务,权利人一方应当依法行使自己的权利,不得滥用权利,义务人一方应当自觉、全面履行义务,不得违背自己的承诺,并且受民事责任的拘束,一旦不履行义务,就要承担民事责任。

第二,在民事法律行为生效后,如果对已经生效的民事法律行为需要作出变更和解除,必须依照法律规定,或者是按照当事人的双方约定,才可以实施,否则就是违约。

五、意思表示

(一)意思表示的概念

意思表示,是指民事主体向外部表明意欲发生一定的民法上法律效果的意思行为。换言之,意思表示就是行为人将法律行为的内心意愿,以一定的方式表达于外部的行为。其中的"意思",是指设立、变更、终止法律关系时的内心意图;"表示",是将内在的意思以适当的方式向适当的对象表示出来的行为。故意思表示,是法律赋予表意人期望一定私法上效力的心理表示行为。

(二)意思表示的特征

1. 意思表示具有客观性

意思表示是一种行为,是将内心意图向外进行表达的行为。在这个意义上,意思表示具有客观性,意思表示是否成立,应采客观标准,而不是主观标准。尽管意思表示是一种行为,但与法律行为不同,意思表示仅仅是法律行为的产生要件。

2. 意思表示的表意人具有主观意图

意思表示由表意人作出。意思表示实际上是实现意思自治的工具,通过意思表示表达自己的意愿,进而实施法律行为,实现自己的利益。

3. 意思表示是一个由内到外的意思形成和表示的过程

意思表示尽管具有表意人发生法律关系变动的意图,但是,如果意思没有表示在外,不能为人所知晓,就不能发生变动法律关系的后果。单纯停留在内心的主观意思是没有法律意义的,必须将该意思表示出来,让对方当事人知晓。

4. 意思表示符合生效要件将发生法律效力

意思表示是法律行为的核心要素,因此法律对其规定严格的要件。符合意思表示生效要件的意思表示,才能够发生当事人预期的法律效果。

(三) 意思表示的调控范围

意思表示在民法中的重要地位和作用,来源于民法的意思自治原则。而意思自治原则的直接根源,就是民事主体对民事利益的支配。换言之,民事主体支配市民社会、支配民事利益,是民事主体的根本意志。体现这种根本意志的方式就是意思表示。

当然,意思表示不是民事主体支配自己所有的民事利益的意志体现,仅仅是其中的一部分。当事人支配自己的财产利益,需要通过意思表示建立民事法律关系,这是民事主体在财产利益上订立合同,谋取合同预期利益的实现方式。当事人支配自己的身份利益,例如,订立收养关系,也要通过意思表示来实现。即使离婚后子女抚养的协议当然也是民事法律行为关系。此外订立婚姻关系的协议,实际上也是一种特殊的民事法律行为关系,理由就是其中具有意思表示,具有合意。

但是,民事主体行使自己的人格权、所有权等绝对权的时候,例如事实处分自己的财产、利用自己的隐私写作等,支配这些民事利益,尽管也是民事主体依据自己的意志进行的,但由于绝对权只要根据自己的意愿进行,不用与相对人达成一致的合意,因此,不受意思表示规则的调控。

(四) 意思表示的心理过程

意思表示是民事主体内心意愿的对外表达,是一个心理过程。因此,意思表示的心理过程分为三个阶段:

1. 动机意思阶段

行为人将某种客观需要反映在心理上,形成实施某种行为以满足这种客观需要的内心需求,也就是形成了某种行为的内心动机,这就是动机意思。动机意思对于形成效果意思具有重要意义,但对于形成意思表示并无特别意义,因为法律重视的是效果意思,而不是动机意思。

2. 效果意思阶段

效果意思也叫作效力意思、法效意思,是指想要引起私法上的一定效果的内心意思或欲望,是表意人内心的主观意思。行为人的动机促使行为人形成进行一定行为而取得相应后果的内心意愿。效果意思阶段处于动机意思阶段之后、表示行为阶段之前。效果意思是意思表示的基础,促进意思表示的形成,最后实现法律行为的效果。

3. 表示行为阶段

行为人把这种通过行为而取得相应法律后果的内心意愿用一定的法定方式表达于外部,使他人得以了解,就是表示行为。表示行为是意思表示的最后阶段。意思表示到达表示行为阶段,就已经基本完成了意思表示的要求。

(五)意思表示的构造

从上述意思表示的三个阶段中,可以看出意思表示的实际构成是由动机促成的,也就是动机意思是不可缺少的内容。但是,在民法上确定一个意思表示是否成立,并不关心行为人的动机或者目的,也就是并不关心他的内心意愿。在一般情况下,动机或者目的错误,原则上对法律行为的效力不发生影响。但是,动机意思在确定意思表示的内容上还是具有重要意义的。

意思表示的构造即意思表示的构成要素有三个:动机意思、效果意思和表示行为。一个行为具备了这三个要素,就构成意思表示。其中前两个要素是意思表示的主观构成要素,主要说明成立意思表示需要具备哪些意思内容;后一个要素为意思表示的客观构成要素,其意义在于说明成立意思表示必须具备何种外部行为。

1. 动机意思

动机意思,也叫作目的意思,是指法律行为具体内容的意思要素,是意思表示成立的基础。

动机意思包含三个方面,就是要素、常素和偶素。

(1)要素。要素是指构成某种意思表示所必须具备的意思内容。要素有三个方面的意义:第一,要素是特定种类的法律行为的典型内容与个别内容要求的统一;第二,要素是必须由行为人以意思表示确定的意思内容;第三,要素完整明确是成立具体的法律行为的基本要件。民事法律关系的类型化,就是要将该类民事法律关系的内容特定化,特定的意思就是将其典型内容特定化。要素就是要与该种意思内容相统一。民事主体个人的动机内容与法律行为的典型内容相一致,就是意思表示的要素。

(2)常素。常素是指行为人做出某种意思表示通常应当含有的、内容完全等同的意思要素。它的特点是:第一,常素是指特定种类法律行为通常应当含有的典型内容,并且同样种类的法律行为的常素完全相同。第二,常素的内容同一性特征决定了具体法律行为的常素内容可以直接由法律确定或者推定,由此导致法定主义与意思表示方式共同确定法律行为的内容。当一个意思表示中的常素内容欠缺时,并不妨害意思表示的内容,可以按照法律规定来确定或者推定。因此常素具有补充性。

(3)偶素。偶素是指并非某种类型的意思表示必须或者当然具有,而是基于当事人的特别意图所确定的意思表示的意思要素。偶素与常素和要素相对应,一方面,偶素不具有类型典型性和性质必要性的特征,法律对其不加类型限制,体现的是意思自治原则的精神。另一方面,偶素不具有内容典型性和内容同一性的特征,完全依行为人的特殊意志而确定。其实际上就是当事人的特别约定、特约条款或者附加条款。

2. 效果意思

效果意思又称为效力意思、法效意思或者设立法律关系的意图,是指当事人欲使其目的意思发生法律上效力的意思要素。具备了效果意思,就意味着行为要有意识地追求设立、变更或者终止某一特定民事法律关系的法律效果。法律行为中的意思表示不仅仅是动机意思的通知,而且还是效果意思的宣告。它表明,意思表示具有双重作用,它既是表意人进行意思(内容)自决的手段,又是其实现法效意思的手段。正是通过效果意思的表示,行为人丧失了改变其表意(内容)的可能,使自己受到了约束,因此,意思表示作为某种有法律效力的行为,与一项法律或者有法律效力的判决并没有什么不同。

动机意思与效果意思相结合,构成意思表示的完整的主观内在要素。在实践中,这两个意思要素都有可能与表示行为相结合而构成意思表示,使动机意思和效果意思分离。原则是:第一,不能认可一方当事人先行从事抽象的效果意思,然后再明确具体的动机意思。第二,动机意思可以和效果意思结合在一起,构成一个完整的意思表示行为。可以有条件地承认动机意思与效果意思的分离。

3. 表示行为

表示行为,是指行为人将其内在的目的意思和效果意思以一定方式表现于外部,为行为相对人所了解的行为要素。这个表示行为至少要具有以下两点:第一,表示行为仅为有意志的自主行为,它必须是本于意识的作用,故在无意识或者精神错乱中的动作,不能认其为表示行为。第二,表示行为的外部表现,必须足以为外界客观所识别,须由其行为足以推知内部意思。因此,仅仅有内在意思而没有表达出来,或者无法为外界客观理解的行为,都不属于表示行为。

表示行为的方式,就是法律行为的方式,即明示方式和默示方式,也包括沉默方式。

(六) 意思与表示不一致

1. 真意保留

真意保留,又称为单独虚伪表示、心中保留、非真意的表示,是指行为人故意隐瞒其真意,而表示其他意思的意思表示。

2. 隐藏行为

隐藏行为,是指行为人将其真意隐藏在虚假的意思表示中。

3. 虚伪表示

虚伪表示,又称为伪装行为,是指行为人与相对人通谋而为虚假的意思表示。虚伪表示是双方行为,是双方进行串通的行为,是双方当事人的意思表示都不真实,而不是一方当事人的意思表示不真实。这种行为的特点是双方当事人进行通谋,通常具有不良动机,因而在主观上是共同故意,在意思表示上是双方的不真实。如果仅有一方非真意表示,而对方并无非真意的合意,或因而有误解或者发生错误的,不构成虚伪表示。

虚伪表示的行为,在原则上不生效,不具有虚伪表示的行为所欲发生的法律效力。但是,这种不生效不能对抗善意第三人,如果善意第三人接受该虚伪表示行为的后果的,实施虚伪表示的双方当事人应当承受其后果。

4. 错误

错误,是指表意人因误认或者不知而使其表示与意思不一致。或言之,是指表意人不知其表示之内容与内部之意思表示不一致。其构成要件是:第一,须表示与意思不一致;第二,须其不一致出于表意人的误认或者不知。误认,是指认识不正确,例如误认甲为乙;不知,是指通常的笔误、口误,例如应当说租赁而说成借贷。错误是过失所为,是无意的错误,不是故意所为。错误的后果,一般为行为可以撤销,发生自始无效的后果;但是对方当事人无过错的,对其应当承担损害赔偿责任。

错误分为以下几种情形:

(1) 动机的错误,即表意人内心的意思与事实不一致,例如错误认为物价将会上涨而囤积货物。动机错误原则上不构成意思表示内容的错误,对意思表示的效力不发生影响。

(2) 内容错误,是指表意人表示其所欲为,但误认其表示的客观意义,或者弄错表示行为的意思。关于法律行为性质的错误、关于当事人本身的错误、关于标的本身的错误、关于当事人资格或标的物性质的错误,都是内容的错误。

(3)表示行为错误,是指表意人误为表示其所意欲者,如误言、误写、误取等。

(4)传达错误,是因为传达机关的不实表示而发生的错误。

(5)不合意,错误系存在于表意人一方,表意人一方内心的意思与外部的表示不一致,就是错误。法律行为双方当事人各自的意思与表示并无错误,但双方当事人间的意思表示却不相符合者,就是不合意。

(6)其他错误,包括法律效果错误、计算错误、签名错误等。

传统民法严格区分错误和误解,我国现行民法不作这种区分,在重大误解的规定中,涵盖了错误和误解的内容,其行为的后果为相对无效,可以由表意人将其意思表示撤销,也可以进行变更。

5. 误传

误传,是指因传达人或者传达机关的错误导致行为人的意思与表示不一致。意思表示,因传达人或传达机关传达不实者,是误传。尽管误传是因传达人或者传达机关传达错误所致,与表意人自己的错误不同,但传达人和传达机关在法律上相当于表意人的喉舌,因此误传的效力与错误相同。《民法典》对误传没有规定,司法实践中一般将其作为重大误解处理。

在上述意思与表示不一致的五种情形中,前三种为故意的不一致,后两种为无意的不一致,是有区别的。

(七)意思表示不自由

1. 欺诈

欺诈,是指一方当事人故意实施某种欺骗他人的行为,并使该他人陷入错误,与欺诈行为人订立法律行为,因此受到损害的行为。我国《民法典》中规定了两种欺诈,一种是民事法律行为的当事人一方进行欺诈,另一种是民事法律行为双方当事人之外的第三人进行欺诈。

2. 胁迫

胁迫,是指行为人以将来发生的祸害或者实施不法行为,给另一方当事人以心理上的恐吓或者直接造成损害,迫使对方当事人与其订立法律行为,使其受到损害的行为。

3. 乘人之危

乘人之危,是指行为人利用他人的危难处境或紧迫需要,强迫对方当事人接受某种明显不公平的条件并作出违背其真意的意思表示。应当特别注意的是,《民法典》第151条把乘人之危和显失公平规定到了一起,都作为显失公平的行为。

上述这些意思表示,都是行为人的表达意志处于不自由状态时作出的,因此,都是意思表示不自由、发生内心真实意思与实际表示行为不相一致的问题。在基于这种意思表示不自由所设定的法律行为效力中,法律规定为无效或者相对无效。

(八) 意思表示的生效

意思表示之成立,仅需具备表示行为与效果意思两个要素即可,不必加入表示意思的要件。因此,意思表示在具备了表示行为和效果意思两个要素以后就成立,意思表示成立就是意思表示生效。

意思表示生效包括两个方面:一方面,表意人在自己作出意思表示并且生效之后,要受自己意思表示的拘束,不得推翻自己的意思表示或者否认自己的意思表示;另一方面,意思表示生效以后,对对方当事人即表意人的相对人也发生效力,表意人的相对人将产生对意思表示作出相关意思表示的权利,他可以对表意人的意思表示作出承诺,也可以对表意人的意思表示作出修改,提出反要约。无论是表意人还是相对人,在意思表示生效之后,都要接受意思表示的法律拘束力,依照法律的规定对待生效的意思表示。

《民法典》规定了三种意思表示生效的具体情形:即有相对人的意思表示生效、无相对人的意思表示生效和以公告方式作出的意思表示生效。

1. 有相对人的意思表示生效

有相对人的意思表示生效,是最常见的情形,也是最复杂的情形。《民法典》第137条规定的规则是:

(1) 以对话方式作出的意思表示。采用以对话方式作出的意思表示,在相对人知道该意思表示的内容时生效。

对话方式,就是表意人通过对话向相对人发布意思表示。所谓对话,可以理解为当面以口头方式表达,也包括地隔千里,以电话沟通。除此之外,通过互联网、微信的视频、音频作出的意思表示,也属于对话方式。

对于对话方式作出的意思表示,其生效采用知道主义。所谓知道主义,就是表意人作出意思表示以后,不仅是这一意思表示到达了相对人,还必须是相对人知道了这一意思表示,才发生意思表示的效力。

采用知道主义的基本理由,是对话时表意人和相对人因方言的差异,或者因听觉的关系,对意思表示可能会存在误解,所以采用知道主义预防这一弊端。同时,这对于以电话、视频、音频等方式作出的意思表示,具有更重要的意义。设定知道主义,会存在一个问题,就是相对人故意掩耳不闻,知道也说不知道,以此作为辩解,导致该主义会被恶意利用。对此,当一个以对话方式作出的意思表示相对人认为自己尚不知道时,应当承担举证责任。

(2) 以非对话方式作出的意思表示。以非对话方式作出的意思表示,其生效采取到达主义,即表意人的意思表示在到达相对人的时候,该意思表示才生效。

到达主义,就是意思表示到达相对人以后发生效力。意思表示的到达,是指意思表示发出后实际到达意思表示的受领人。具体的标准,一般是按照交易上的通常方式判断是否进入受领人的支配范围,例如,到达受领人的住宅、营业场所、门前的邮箱等。到达实际上就是已经进入了相对人可以了解的范围,至于相对人是否了解,相对人是否必须亲自收到,则在所不问,只要意思表示已经进入了受领人的控制范围,并在通常情况下,可以期待受领人能够知悉意思表示的内容,就是到达。

表意人的意思表示到达相对人能够控制的范围,该意思表示生效。

(3) 以非对话方式作出的采用数据电文形式的意思表示。在以非对话方式作出的意思表示中,《民法典》第137条第2款特别规定了以数据电文方式作出的意思表示的生效规则,也采取到达主义,但是具体情形分为两种:第一,如果相对人已经指定了特定系统接受数据电文的,表意人以非对话方式作出的采取数据电文形式的意思表示,该数据电文进入该特定系统时,意思表示生效。第二,如果双方没有约定接收数据电文的特定系统的,表意人以非对话方式作出的采用数据电文形式的意思表示,相对人知道,或者应当知道该数据电文进入其系统时,该意思表示生效。这里的相对人的系统,是指相对人的任何一个接收数据电文的系统,例如相对人有数个电子邮箱,其中任何一个电子邮箱接收该项数据电文,都构成到达。但是,这里还有一个除外条款,即当事人对采用数据电文形式的意思表示的生效时间另有约定的,就按照其约定的时间,为该意思表示生效的时间。

2. 无相对人的意思表示生效

《民法典》根据实际情况,规定了无相对人的意思表示生效规则,即第138条规定:"无相对人的意思表示,表示完成时生效。法律另有规定的,依照其规定。"

无相对人的意思表示,就是单方民事法律行为,例如悬赏广告、单方允诺、抛弃、遗嘱等。由于无相对人的意思表示没有意思表示的相对人,因而不存在表示到达的问题,因此法律规定意思表示完成时,就发生法律效力。意思表示完成,就是意思表示具备了表示行为、效果意思两个要素,即表意人的效果意思通过自己的外部行为作出了意思表示。

"法律另有规定的,依照其规定",主要是指遗嘱。遗嘱的意思表示是无相对人的意思表示,立遗嘱人死亡时,遗嘱才生效。

3. 以公告方式作出的意思表示生效

对于虽然有相对人,但是表意人不知道意思表示的相对人,或者不能知道相对人的所在地的,可以依照《民事诉讼法》关于公告送达的规定,以公告的方法作出意思表示。

(九) 意思表示的形式

意思表示的形式就是作出意思表示的具体方法。《民法典》第140条规定了意思表示的具体形式。

1. 明示方式

明示方式是指行为人以语言、文字或者其他直接表意方法表示内在意思的表意形式。明示具有表意直接、明确的特点,不易产生纠纷,具有广泛的适用性。对于特别需要采用明示方式的法律行为,应当明确规定为明示方式方为有效,默示方式无效。

2. 默示方式

默示方式是指行为人以使人推知的方式间接表示其内在意思的表意形式,分为意思实现和特定沉默两种形式。意思实现,是指行为人以某种表明法律意图的行为间接表示其内在意思的默示,又称为行为默示或者推定行为,即作为的默示和不作为的默示。例如,在收费停车场停放车辆,登乘公共汽车等行为,就是意思实现、行为默示或者推定行为。

3. 沉默方式

特定沉默,是指行为人以不作为或者有特定意义的沉默间接表示其内在意思的沉默。只有在法律规定或者当事人有约定,或者符合当事人之间的交易习惯的情况下,才能将特定沉默视为默示。

(十) 意思表示的撤回

意思表示撤回,是指在意思表示人发出意思表示之后,意思表示生效之前,宣告收回发出的意思表示,取消其效力的行为。

意思表示撤回权,各国都将其规定为缔约当事人的一项重要权利。由于意思表示的撤回发生在意思表示生效之前,受意思表示人还未曾被赋予承诺的资格,一般不会给意思表示人造成损害。法律允许意思表示人根据市场的变化、需求等各种经济情势改变发出的意思表示,以保护意思表示人的利益。

撤回意思表示的通知应当在意思表示到达受意思表示人前或者同时到达受意思表示人,这样才可以将意思表示撤回。意思表示撤回的通知不应当迟于受意思表示人收到意思表示的时间,才不至于使受意思表示人的利益受损。以语言对话形式表现的意思表示,由于当事人是在面对面进行订约的磋商,意思表示一经发出,受意思表示人即刻收到,对话意思表示本身的性质决定其是无法撤回的。由他人转达的语言意思表示,应当视为以要通知的形式,可以撤回。

意思表示撤回只能是针对非直接对话式的意思表示和非电子计算机数据传递方式的意思表示而言,即主要是针对书面形式的意思表示。为了使后发出的意思表示撤回通知早于意思表示的通知或与意思表示的通知同时到达受意思表示人,意思表示人应当采取比意思表示更迅捷的送达方式。

意思表示的撤回符合规定的,发生意思表示撤回的效力,视为没有发出意思表示,受意思表示人没有取得承诺资格。意思表示撤回的通知迟于意思表示到达受意思表示人的,不发生意思表示撤回的效力,意思表示仍然有效,受意思表示人取得承诺的资格。

六、民事法律行为生效的要件

民事法律行为的生效,是指法律行为符合法律规定,能够引起民事法律关系的设立、变更或者终止的法律效力。民事法律行为成立之后,需具备生效的要件,才能使法律行为发生法律上的效力,发生设立、变更或者消灭民事法律关系的法律后果。根据《民法典》第143条规定,民事法律行为生效的要件是:

1. 行为人具有相应的法律行为能力

法律行为以行为人的意思表示为要素,当事人必须具有健全的理智和判断能力,因而必须具有相应的法律行为能力。例如,完全法律行为能力人可以实施法律行为,限制行为能力人必须具有相应的行为能力才可实施法律行为,不具有相应的行为能力的人实施的法律行为是无效的。法人必须在核准登记的经营范围内从事经营活动。

2. 意思表示真实

意思表示真实,是指当事人的内心意思与外部表示相一致。换言之,当事人必须在意思自由、能够意识到自己行为的法律效果的情况下进行意思表示,不能存在胁迫、误解等情况。

3. 不违反法律、行政法规的效力性强制规定

法律行为必须符合法律、行政法规的效力性强制规定,才能具有法律效力。不违反法律、行政法规是不违反效力性强制性的法律和行政法规的规定,违反管理性强制性的法律和行政法规的规定,要根据具体情况确定,而不是一律无效。

4. 不违背公序良俗

民事主体从事民事活动不得违反公序良俗,因此违背公序良俗的法律行为无效。

七、涉及民事主体的民事法律行为的效力状态

(一)无民事行为能力人实施的民事法律行为的效力

无民事行为能力人实施的行为是绝对无效的法律行为,其行为自始无效。《民法典》第144条规定:"无民事行为能力人实施的民事法律行为无效。"

(二)效力待定的民事法律行为

1. 效力待定的法律行为的概念

《民法典》第145条规定限制民事行为能力人实施的民事法律行为的效力待定。效力待定的法律行为,是指法律行为虽已成立,但是否生效尚不确定,只有经过特定当事人的行为,才能确定生效或者不生效的法律行为。效力待定的法律行为既存在转变为无效的法律行为的可能性,也存在转变为有效的法律行为的可能性,因此才将其称为效力待定的法律行为。

2. 效力待定的法律行为的类型

(1)限制法律行为能力人实施的依法不能独立实施的法律行为。限制法律行为能力人的法律行为能力不完善,依照法律规定,他们是不能独立实施这些法律行为的。如果限制法律行为能力人独立实施了这些法律规定的法律行为,其效力待

定,需要其法定代理人的追认才可以生效。

（2）无权处分行为。无权处分行为是指处分他人财产或者处没有处分权的财产的行为,其效力待定。如果该当事人事后取得了处分权,或者经过有处分权的人的追认,则该行为有效。但是无权处分行为在受让人是善意的情况下,构成善意取得,不在此限。

（3）无权代理行为。行为人没有代理权、超越代理权或者在代理权终止之后以代理人的身份所实施的法律行为效力待定,只有经过被代理人的追认,该法律行为才能生效。《民法典》第171条对无权代理行为及其法律后果都作了明确规定。

3. 效力待定民事法律行为的效力确定

效力待定的民事法律行为的效力确定,经由以下途径：

（1）限制民事行为能力人、无处分权人或者无权代理行为人实施的民事法律行为,经法定代理人或本人同意或者追认后有效。效力待定的民事法律行为,从行为人一方可以考虑有两种方式使其有效：第一,行为人在实施该民事法律行为时,征得或者经过法定代理人或本人的同意。第二,在行为人实施了民事法律行为之后,虽然没有在当时征得同意,或者经过同意,但是在行为事实发生之后,法定代理人或者本人对行为人实施的民事法律行为予以追认的,该民事法律行为同样生效。

（2）相对人可以催告法定代理人自收到通知之日起30天内予以追认。法定代理人或者本人未作表示的,视为拒绝追认。行为人实施的超出上述两种情形的民事法律行为,如果不是经过其法定代理人或者本人同意的,且其法定代理人或者本人没有以明确的态度予以追认,该法律行为的相对人可以催告法定代理人或者本人予以追认。该催告权的除斥期间为30天。如果经过相对人的催告,法定代理人或者本人未作表示,即可视为其拒绝追认,行为人实施的这一民事法律行为因未经追认而无效。

（3）民事法律行为被追认前,善意相对人有撤销的权利。撤销应当以通知的方式作出。在行为人实施了民事法律行为之后,如果该民事法律行为的相对人是善意无过失的,该相对人享有对该民事法律行为的撤销权。善意相对人行使该撤销权的时间期限,是在行为人的法定代理人或者本人追认该民事法律行为之前,只要在这个期限内行使撤销权,该民事法律行为就被撤销,自始不发生法律效力。

八、相对无效的民事法律行为

(一)相对无效的民事法律行为的概念和特征

相对无效的民事法律行为也叫作可撤销的法律行为,是指欠缺民事法律行为的有效条件但又并不当然无效,而由当事人自主决定是否使其归于无效的民事法律行为。

可撤销的民事法律行为只是相对无效的行为,不同于无效民事法律行为的绝对无效,是否使其无效,取决于当事人的意志。法律对相对无效的民事法律行为的制度设计,体现了维护公平交易和意思自治的调和。

《民法典》第147条至第151条规定的都是相对无效的民事法律行为,其后果是可撤销,没有规定可变更。立法作此改变的理由是:第一,变更只要双方合意,自无干预的道理,是准许的,无须规定;第二,在相对无效的民事法律行为中,如果一方请求变更,另一方不同意变更,法院亦无直接予以变更的理由,直接判决变更反而会造成新的不公平。因此,对于相对无效的民事法律行为,立法规定只是可撤销,不规定可变更。

相对无效的法律行为的特征是:第一,在被撤销之前其效力是继续保持的。既然可撤销的法律行为是可以撤销的行为,那么其前提是已经产生了法律效力,否则如法律行为自始无效,也就谈不上撤销问题。这是其与无效法律行为的重大区别。第二,该行为是否归于无效取决于撤销权人的意思。撤销权人以外的人不得主张撤销。撤销权人可以通过行使撤销权而使该行为归于无效,也可以通过承认的表示或者不行使撤销权而使该行为归入有效。第三,可撤销的法律行为效力的消灭必须有撤销行为。撤销权人要撤销或者变更法律行为,必须实施撤销的行为,只有实施了撤销的行为,才能够消灭可撤销行为的效力。第四,撤销相对无效的法律行为效力溯及既往。撤销权一旦行使,其效力即溯及到行为成立之时,即自行为成立之时起该行为即丧失法律效力。

(二)重大误解的效力

1. 重大误解的概念和特征

重大误解,是指一方当事人由于自己的过错,对法律行为的内容等发生误解,由此实施了法律行为,该法律行为所涉及的利益对当事人而言为重大。《民法典》第 147 条规定:"基于重大误解实施的民事法律行为,行为人有权请求人民法院或者仲裁机构予以撤销。"

2. 重大误解的构成要件

(1)须是当事人因为误解作出了意思表示。首先是当事人已经作出了意思表示,其次是当事人的意思表示是由于误解而作出的。意思表示是外在的表现,支配这种意思表示的,是误解。误解可以是一方当事人的误解,但并不排除双方当事人都有误解的情况。双方当事人都对民事法律行为的内容发生误解,同样构成重大误解。

(2)重大误解的对象须是民事法律行为的内容。由于法律规定的重大误解的后果是民事法律行为得以撤销,因此,对重大误解的要求是"重大",非重大的一般性误解不能认为是重大误解。重大误解的对象主要是民事法律行为的主要条款,对非主要条款发生误解的,如果关系到当事人的重大利益,也认为是重大误解。例如,对民事法律行为的性质、民事法律行为的当事人、民事法律行为标的物的质量、民事法律行为标的物的品种、民事法律行为的价金和费用等发生的误解,都可以构成重大误解。

(3)误解是由当事人自己的过失造成的。重大误解是一种认识错误。这种错误认识是由于当事人自己的过失造成的,而不是对方当事人的过失造成的。这种过失是不注意、不谨慎的主观状态,是一般的过失。如果当事人的误解是由于其故意或者重大过失所致,则不构成重大误解,就不是真实的意思表示,不构成重大误解的要件。误解与误传是不一样的,误解是由于自己的错误理解所致,误传则是由于前手的错误造成自己的误解,是数名当事人的错误。

3. 重大误解的后果

当事人由于重大误解而实施的民事法律行为,其法律后果是相对无效,重大误解的一方即行为人,有权请求人民法院或者仲裁机构予以撤销。其中"有权"二字,表明撤销权为行为人所享有,他可以行使这个权利,也可以不行使这个权利。如果行为人不行使撤销权,不撤销该民事法律行为,该重大误解的民事法律行为继续有效。

应当注意的是,《民法典》只规定了重大误解,没有规定错误。在实践中,对于重大误解之外的其他错误,由于没有明文规定,可以比照重大误解的规定,准许受损害一方予以撤销。

(三)欺诈行为的效力

《民法典》关于欺诈的规定分为两种情况,一是当事人一方欺诈,二是第三人欺诈,并且用两个不同的条文作出规定。

1. 当事人一方欺诈行为

当事人一方的欺诈,是指民事法律关系的当事人一方故意实施某种欺骗他人的行为,并使该他人陷入错误而与欺诈行为人实施的民事法律行为。《民法典》第148条规定:"一方以欺诈手段,使对方在违背真实意思的情况下实施的民事法律行为,受欺诈方有权请求人民法院或者仲裁机构予以撤销。"

当事人一方欺诈的构成要件是:

(1)欺诈的一方须出于故意。欺诈也称为诈欺,当事人在主观上必须是故意所为,过失不构成欺诈。要求欺诈行为人在主观上明知自己与对方当事人实施民事法律行为的意图就是欺骗对方,但仍然在追求这样的结果实现。欺诈可以表现为两种,一种是以欺诈为手段,引诱对方当事人与其订立民事法律行为;另一种是实施民事法律行为的行为本身就是欺诈。

(2)欺诈行为人在客观上实施了欺诈的行为。欺诈行为可以分为两种,一种是积极欺诈行为,就是行为人故意捏造事实,虚构情况,诱使对方当事人上当受骗,与其实施民事法律行为。例如贩卖假货故意说成是真货。另一种是消极欺诈行为,即行为人故意隐瞒真实情况,不将真实情况告知对方当事人,使对方当事人上当受骗,与其订立民事法律行为。例如,对交付的民事法律行为标的物的瑕疵,应当告知而不告知。确定消极欺诈行为,应当先确定行为人负有告知义务,故意违背义务,有诱使对方当事人上当受骗的意图的,方可认定为消极欺诈行为。

(3)受欺诈一方是在违背真实意思的情况下实施民事法律行为。在受欺诈实施的民事法律行为中,一方当事人是受行为人的欺诈,而使自己陷入错误的认识之中,由此作出错误的意思表示,与行为人订立民事法律行为。

具备以上三个要件,就构成欺诈行为,为民事法律行为相对无效的条件。

当事人一方欺诈行为的法律后果是,受欺诈方有权请求人民法院或者仲裁机构予以撤销,即是可撤销的民事法律行为。对此,受欺诈的一方享有撤销权,可以行使该撤销权,向人民法院或者仲裁机构请求撤销该民事法律行为。

不过,民事法律行为欺诈往往与诈骗犯罪相联系。一般地说,成立民事法律行为欺诈的,未必构成刑事诈骗罪,但是构成刑事诈骗罪的,一般也成立民事法律行为欺诈。

2. 第三人欺诈行为

依照《民法典》第149条规定,第三人欺诈行为,是指民事法律行为当事人以外的第三人,对一方当事人故意实施欺诈行为,致使该方当事人在违背真实意思,对方知道或者应当知道该欺诈行为的情况下,与对方当事人实施的民事法律行为。

第三人欺诈行为的构成要件是:第一,实施欺诈行为的行为人,是民事法律行为双方当事人之外的第三人,而不是民事法律行为的双方当事人之一。第二,第三人实施欺诈行为是对民事法律行为当事人的一方进行,而不是对民事法律行为当事人的双方进行。第三,受欺诈的一方当事人由于受第三人的欺诈,在违背真实意思的情况下,与对方当事人实施了民事法律行为。第四,尽管第三人不是对受欺诈人的对方当事人实施的欺诈行为,但是对方当事人在与受欺诈一方当事人实施民事法律行为时,知道或者应当知道第三人的欺诈行为。在司法实践中,最典型的第三人欺诈行为是骗保。例如,在债务人无法清偿债务时,债权人银行让债务人以新还旧,即借新债、还旧债,但是要找第三人担保。债务人找到第三人,隐瞒其以新还旧的事实,谎称只是一般的借贷关系,请求其担保,因而担保人与银行签订了担保协议,这就是第三人欺诈行为。实际上债务人和债权人是串通而骗保,符合《民法典》第149条的规定,受欺诈的行为人有权请求对该民事法律行为予以撤销。

第三人欺诈行为的法律效力,分为两种类型:一是因第三人欺诈行为而实施的民事法律行为,对方当事人知道或者应当知道该欺诈行为的,该行为属于可撤销的民事法律行为,受欺诈一方当事人享有撤销权,有权请求人民法院或者仲裁机构对该民事法律行为予以撤销。二是因第三人欺诈行为而实施的民事法律行为,如果对方当事人不知道或者不应当知道欺诈行为的,该民事法律行为有效,受欺诈的一方当事人不享有撤销权,不得请求人民法院或者仲裁机构撤销该民事法律行为。

(四) 胁迫行为的效力

1. 胁迫的概念与构成

胁迫是指行为人一方或者第三人以将来发生的祸害或者实施不法行为,给另一方当事人以心理上的恐吓或者直接造成损害,迫使其与对方当事人实施的民事法律行为。《民法典》第150条规定:"一方或者第三人以胁迫手段,使对方在违背真实意思的情况下实施的民事法律行为,受胁迫方有权请求人民法院或者仲裁机构予以撤销。"

胁迫分为两种,一种是以恐吓为手段的胁迫,另一种是以不法行为为手段的胁迫。前者主要是行为人以将来发生的祸害相威胁,使相对人产生心理上的恐惧,不得不与其实施民事法律行为。后者是以直接实施的不法行为相威胁,给相对人造成人身损害或财产损害,使相对人不得不与其实施民事法律行为。

2. 胁迫行为的构成要件

(1)一方或者第三人实施威胁的事实。在以恐吓为手段的胁迫行为中,一方或者第三人威胁的事实是将来发生的祸害。将来的祸害,包括涉及生命、身体健康、财产、名誉、自由等方面所要受到的严重损害。祸害可以是针对肉体的,也可以是针对精神的;可以是针对自己的,也可以是针对家庭成员、亲戚、朋友的。判断祸害的标准是主观标准,是相对人在自己的心理上感受到恐慌或者恐怖,自己感受到祸害即可,至于其他人的感受则不论。在以不法行为为手段的胁迫行为中,使相对人感受恐怖的不是将来发生的祸害,而是一方或者第三人直接实施的不法行为已经或者正在对相对人产生人身的或者财产的损害。这种已经发生的或者正在发生的损害,使相对人受到严重威胁。

(2)一方或者第三人实施胁迫行为须出于故意。胁迫行为必须是故意所为,是通过威胁使相对人与其实施民事法律行为,因此,其手段行为的实施是故意,其实现目的的主观意图也是故意的。首先,实施恐吓或者不法行为造成相对人的恐慌为故意,实施这样的行为的意图就是要使相对人产生心理恐慌;其次,一方或者第三人希望通过自己的胁迫手段,迫使相对人与一方实施民事法律行为。

(3)相对人因受到胁迫而实施实施民事法律行为的行为。相对人由于在心理上或者人身上受到威胁,因而不得不与行为人实施民事法律行为。在行为人实施威胁的行为使相对人与其实施民事法律行为的二者之间具有因果关系,是引起与被引起的关系。威胁是原因,实施民事法律行为是结果,其间的相对人感受到的威胁,就是这两者发生因果关系的链条。没有这种因果关系,就不能认为是胁迫行为。

3. 胁迫行为的法律后果

胁迫行为的性质,是可撤销的民事法律行为,受胁迫方对该民事法律行为享有撤销权,有权请求人民法院或者仲裁机构予以撤销。

(五)显失公平的效力

《民法典》第151条规定:"一方利用对方处于危困状态、缺乏判断能力等情形,致使民事法律行为成立时显失公平的,受损害方有权请求人民法院或者仲裁机构予以撤销。"

1. 显失公平的概念和特征

显失公平是指一方当事人利用对方处于困境,或者缺乏判断能力等情况,向对方当事人实施的对自己明显有重大利益而使对方明显不利的民事法律行为。其特征是:民事法律行为的内容对双方当事人明显不公平,一方承担更多的义务却享有更少的权利,而另一方享有更多的权利却承担更少的义务;获得利益的一方当事人所获得的利益超过法律所允许的程度;受害的一方是因处于困境或者缺乏经验或紧迫的情况下实施的订立民事法律行为的行为。

2. 显失公平的构成要件

(1)利用对方当事人处于困境或者急迫或者缺乏经验等条件。困境包括经济、生命、健康、名誉等方面的窘迫或急需;急迫是情况比较紧急,迫切需要对方提供金钱、物资、服务或劳务,不包括政治上、文化上的急需。对方当事人缺乏经验等,是在显失公平的民事法律行为中,承担不利后果的一方当事人在其自身有轻率、无经验等不利的因素,因而对民事法律行为的内容在认识上有不准确的问题。

(2)对方当事人因困境或者缺乏经验而与其实施民事法律行为。构成显失公平,须对方当事人因困境或者缺乏经验而与其实施民事法律行为。一方当事人利用对方当事人的危难或急迫,其提出的条件是利用双方当事人的危难或无知从中获取不当利益。对方当事人没有更好的办法,或者缺乏经验,因而实施民事法律行为。

(3)不法行为人所获得的利益超出了法律所准许的限度。无论是利用对方的困境,还是利用对方的没有经验,利用他人困境或者缺乏经验的一方当事人提出的条件十分苛刻,对对方当事人十分不利。基于显失公平的民事法律行为所获得的利益是在正常的情况下所不可能得到的重大利益,明显违背公平原则,超出了法律所允许的范围,其结果是显失公平的。一般认为,买卖民事法律行为出卖人交付的标的物的价格少于其实有价值的一半,或者超出其市场价格的一倍的,应当认为是显失公平。在借贷民事法律行为中,最高人民法院的司法解释认为民间借贷约定的利息不得高出合同成立时一年期贷款市场报价利率的4倍,超过者为显失公平。

(4)显失公平的发生时间在实施民事法律行为之时。《民法典》第151条明确规定,只是民事法律行为成立时显失公平的,才构成显失公平。在民事法律行为成立以后,由于情势的变化致使显失公平的,不适用本条规定。

3. 显失公平的法律后果

按照《民法典》第151条规定,构成显失公平,受损害方有权请求人民法院或者仲裁机构予以撤销。受损害方基于显失公平的民事法律行为,向人民法院或者仲裁机构请求行使撤销权,有权撤销显失公平的民事法律行为。

(六)撤销权的行使

对于构成重大误解、胁迫、欺诈、显失公平的民事法律行为,其法律后果都是一方当事人享有撤销权,可以撤销该民事法律行为。

相对无效的法律行为,与绝对无效法律行为相比,最主要的区别在于,绝对无效法律行为一经认定为无效,法律行为就自始无效。相对无效法律行为认定其性质后,其法律行为是否有效,由享有权利的一方当事人确定。确定为无效的,法律行为即无效,发生与绝对无效法律行为一样的效力。当然,享有权利的当事人也可以不对法律行为进行变更或者撤销,这样法律行为就自始有效,法律行为的效力没有变化。

在相对无效法律行为中,享有权利的一方当事人所享有的权利就是撤销权。相对无效法律行为的撤销权,是指因意思表示不真实,权利人通过行使这种权利,使已经生效的法律行为归于无效。

对相对无效法律行为行使撤销权的规则是:

1. 撤销权所撤销的对象是意思表示不真实的法律行为

对效力待定的法律行为,授予当事人撤销权、追认权、催告权,使法律行为的效力状态确定下来;这种法律行为主要是法律行为的当事人不符合资格要求,不是合格的主体。对相对无效的法律行为,法律赋予当事人撤销权,由享有权利的一方当事人按照自己的意愿,对法律行为的效力进行确定。

2. 撤销权的主体是法律行为的一方当事人

相对无效法律行为的撤销权,其主体是法律行为的一方当事人。享有撤销权的一方当事人是受对方的意志所"干扰"而导致意思表示不真实,因而,撤销权的行使由撤销权人的自主意志所决定,该法律行为继续生效或予以撤销,都由撤销权人决定,其他人无权干涉。

3. 相对无效的法律行为在被撤销之前仍然是有效的

相对无效的法律行为的相对之处,就是在法律行为被撤销之前,是有效的。这种法律行为在撤销之前,虽然具有可撤销的因素,但是否撤销取决于当事人,在当事人没有作出意思表示,仲裁机构和法院没有裁判之前,不能认定该法律行为就是无效的。尤其是在当事人超出法定期限后不对法律行为提出撤销要求的,该法律行为就继续有效,它的效力不受到影响,当事人不得拒绝履行自己的义务。

(七)撤销权消灭的事由

因重大误解、胁迫、欺诈以及显失公平而实施的民事法律行为,一方当事人享有的撤销权,可以因一定的法定事由而消灭。撤销权的消灭事由有两个:一是超过除斥期间没有行使权利;二是撤销权人放弃撤销权。享有撤销权的当事人知道撤销事由后明确表示或者以自己的行为表示放弃撤销权。

1. 除斥期间完成消灭撤销权

《民法典》第152条规定的特点是:第一,改变除斥期间的单一结构,分为一般除斥期间和最长除斥期间;第二,一般除斥期间分成两种,一般情况为一年,重大误解为九十日;第三,撤销权一般除斥期间的起算,不再采用行为实施终止就起算的做法,改为知道或者应当知道撤销事由时起算,而胁迫行为则从胁迫行为终止之日起算;第四,增加最长除斥期间的规定,为五年。

一般的除斥期间是一年,当事人自知道或者应当知道撤销事由之日起一年内没有行使撤销权的,撤销权消灭。但是,第一,重大误解的当事人自知道或者应当知道撤销事由之日起九十日内没有行使撤销权的,这个除斥期间的时间比较短,只有九十日;第二,当事人受胁迫而实施的民事法律行为,其除斥期间是一年,但是起算时间比较特殊,是自胁迫行为终止之日起,如果一年内没有行使撤销权的,撤销权消灭。

最长除斥期间是,在上述撤销权行使的除斥期间中,起算方法是自知道或者应当知道撤销事由之日起计算,分别为一年或者九十日。如果当事人不知道或者不应当知道撤销事由发生的,当事人自该民事法律行为发生之日起,五年内没有行使撤销权的,该撤销权消灭。撤销权行使的最长除斥期间是五年。

如果在胁迫的情形下,胁迫行为终止之日超过了五年的最长除斥期间的,究竟应当怎样计算除斥期间来保护撤销权人的权利,法律没有规定。笔者认为,在这种情况下,由于胁迫行为的一般除斥期间还没有起算,且在胁迫行为之下,权利人无法主张自己的撤销权,因此,不适用最长除斥期间的五年,而以胁迫行为终止之日起计算除斥期间。这样才是公平合理的。

2. 放弃撤销权而消灭撤销权

撤销权人知道了撤销事由之后,如果明示放弃撤销权,撤销权消灭。如果撤销权人以自己的行为表明放弃撤销权的,例如,知道了撤销事由之后又继续履行义务的,就是以自己的行为表明放弃撤销权,撤销权也随之消灭。

九、绝对无效的行为

(一)虚假行为无效

虚假行为,又称为伪装行为,是指行为人与相对人通谋而为虚假的意思表示。虚假表示是双方行为,是双方进行串通的行为,是双方当事人的意思表示都不真实,而不是一方当事人的意思表示不真实。《民法典》第146条第1款规定:"行为人与相对人以虚假的意思表示实施的民事法律行为无效。"

虚假行为的特点是双方当事人进行通谋,通常具有不良动机,因而在主观上是共同故意,在意思表示上是双方的不真实。如果仅有一方非真意表示,而对方并无非真意的合意,或因而有误解或者发生错误的,不构成虚假表示。虚假行为的效力,原则上不生效,不具有虚假行为所欲发生的法律效力。

对于已经进行登记的虚假行为,是否可以宣告无效呢?例如,虚假结婚和离婚、虚假的不动产交易,都进行了登记程序,但能够证明是虚假行为,那么是否可以认为其无效呢?对此,笔者的意见是,也是可以宣告无效的,在宣告无效的同时,应当撤销原来的结婚登记、离婚登记和物权变动登记。

(二)违反法律、行政法规强制性规定的行为无效

违反法律、行政法规强制性规定的民事法律行为,是指当事人在订约的目的、具体内容以及在形式上都违反法律和行政法规强制性规定的民事法律行为。

从民事法律行为方面看,应当包括民事法律行为的目的、民事法律行为的内容和民事法律行为的形式,都违反法律或者行政法规的强制性规定。

从违反的法律、法规上看,所违反的法律、法规应当包括两种,就是国家立法机关通过、颁布的法律,中央政府即国务院制定、颁行的行政法规。不包括地方性法规、行政规章和司法解释。

从违反的法律内容看,民事法律行为违反的是国家法律和行政法规中的强制性规定。在国家的立法中,包括强制性内容、倡导性内容和任意性内容。对于倡导

性的内容和任意性的内容,当事人不存在是否违法的问题,即使民事法律行为的约定违反倡导性和任意性的法律的规定,也不能认为是违反法律的民事法律行为。只有违反强制性的规定,才能判定为违法。强制性规定主要包括:(1)关于意思自治以及意思自治行使要件的规定,如行为能力、意思表示生效的要件以及合法的行为类型(限于对行为类型有强制性规定的情形);(2)保障交易稳定、保护第三人之信赖的规定;(3)为避免产生严重的不公平后果或为满足社会要求而对意思自治予以限制的规定。

《民法典》第153条关于"但是,该强制性规定不导致该民事法律行为无效的除外"的但书规定,表明的是在法律和行政法规的规范中,有一些规范虽然也是强制性规定,但却不是效力性强制性规定,而是管理性的强制性规定,这两种规定的性质是不相同的。违反效力性强制性规定,直接导致的后果就是民事法律行为无效;但是违反管理性强制性法律规定,并不一定就直接导致该民事法律行为无效,而要看其所违反的管理性强制性规定的法律属性。

违反法律、行政法规的民事法律行为,当事人在主观上可以是故意所为,也可以是过失所致。故意所为是明知民事法律行为违法,却执意实施这样的民事法律行为。过失所致则是不知民事法律行为违法,但所实施的民事法律行为在客观上是违反法律或者行政法规的。

(三)违背公序良俗的民事法律行为无效

在私权神圣的原则下,既要尊重民事主体的意思自治,按照自己的意思设立、变更、终止民事法律关系,同时也必须尊重公共秩序和善良风俗。如果违反公序良俗原则,法律就会强制认定这种民事法律行为是无效的。这正是《民法典》第153条第2款确认违背公序良俗的民事法律行为无效的法律基础。

可见,作为私权神圣的保障,只要有私法自治原则,就要有公序良俗原则。这两个原则只有全面地配套适用,才能够建立起和谐的社会秩序,才能体现当代的法治精神。

当一个具体的民事法律行为,特别是民事主体进行的非交易性质的民事法律行为违背了社会全体成员普遍认为须遵循的道德准则,违背了我国民法所恪守的基本理念的时候,例如,提倡尊重人格尊严,家庭生活中相互扶助、和睦团结,禁止遗弃虐待老人和未成年人,禁止有伤风化、违背伦理的行为等原则,就构成了违背善良风俗。同样,当一个具体的非交易性质的民事法律行为损害了全体社会成员的共同利益,破坏社会的共同生活规则,违反社会成员相互之间的共同行为准则的时候，就是违背公共秩序的民事法律行为。这样的民事法律行为，都是无效的民事法律行为。

(四) 恶意串通的行为无效

恶意串通，是当事人为实现某种目的，进行串通，共同订立民事法律行为，造成国家、集体或者第三人利益受到损害的违法行为。

恶意串通的构成要件是：

1. 当事人在主观上具有恶意

恶意串通行为在主观上的主要特征是恶意，即当事人相互之间具有共同的非法目的。构成恶意串通，在主体上应当是参加该民事行为的当事人都具有恶意，而不是只有某一当事人具有恶意。恶意的内容，是当事人对于牟取非法利益的恶意，至于对损害他人的利益的后果，则可以是希望、追求，或者是放任。

2. 当事人之间互相串通

串通是指相互串连、勾通，使当事人之间在行为的动机、目的以及行为的结果上达成一致，共同实现非法目的。其具体表现，可以是经过串通双方当事人共同达成一项协议，也可以是一方当事人提出某种实现非法目的的意思表示，另一方当事人明知其恶意而默示予以接受。在实现非法目的的意思表示达成一致后，当事人约定互相配合或者共同实施该种民事法律行为。

3. 双方当事人串通实施的行为损害他人合法权益

恶意串通的目的，是使他人的合法权益受到损害。损害他人的合法权益是恶意串通的结果。在串通和损害之间具有因果关系。

恶意串通订立的民事法律行为是绝对无效的民事法律行为，发生民事法律行为无效的法律后果。

(五) 根据法律规定确定效力的民事法律行为

隐藏行为，是指行为人将其真意隐藏在虚假的意思表示中。《民法典》第146条第2款规定："以虚假的意思表示隐藏的民事法律行为的效力，依照有关法律规定处理。"表意人与相对人之间因碍于情面或者其他原因，所为的意思表示虽非出于真意，却隐藏他项法律行为的真正效果，其实质就是在通谋虚伪的意思表示中隐藏着他项法律行为。

《民法典》之所以没有规定以合法形式掩盖非法目的的民事法律行为，就是因为这种行为包含在隐藏行为之中。无论是什么样的形式掩盖一个什么样的目的，只要符合第146条第2款的要求所隐藏的民事法律行为，就直接依照有关法律规定确定其效力。

确定隐藏行为效力的原则是，虚假行为隐藏其他法律行为者，适用关于该隐藏的法律行为之规定。具体规则是：虚假的意思表示行为无效，至于其隐藏的真实意思表示行为是否有效，应当依照该隐藏行为的法律规定判断。符合该种法律行为的规定的则认定为有效，否则为无效。

十、民事法律行为无效和被撤销的法律后果

(一) 自始无效

1. 民事法律行为自始无效的一般规则

无论是可撤销的民事法律行为，还是绝对无效的法律行为，其被撤销或者被宣告为无效以后，该民事法律行为就是自始、绝对、确定地，不按照行为人设立、变更、终止民事法律关系的意思表示发生法律效力的法律行为，其法律后果是对双方当事人没有任何法律拘束力。这就是"无效的或者被撤销的民事法律行为自始没有法律约束力"。

绝对无效民事法律行为，由于都是因民事法律行为内容违反法律或公序良俗而导致的无效，因而民事法律行为在订立之始就没有效力。这种无效是绝对无效，不仅自始无效，而且不准当事人予以追认。

相对无效民事法律行为，是指在经过当事人请求，依法对民事法律行为予以撤销之后，该民事法律行为虽然在撤销前曾经有过一段效力，但民事法律行为一经撤销就自始无效，其无效的后果溯及既往，前面曾经发生过的效力亦一并消灭，回归到没有实施民事法律行为时的状态。

民事法律行为无效，是民事法律行为不发生民事法律行为应有的法律约束力，民事法律行为约定的权利义务不再发生，与原来没有订立民事法律行为的状况是一样的。但这并不是说，民事法律行为无效或者被撤销就不发生任何法律后果。

2. 民事法律行为自始无效的特例

《民法典》第507条关于"合同不生效、无效、被撤销或者终止的，不影响合同中有关解决争议方法的条款的效力"的规定。确认自始无效还有这样的特例，包括三个方面的内容：

第一,民事法律行为被宣告无效的,解决民事法律行为争议方法的条款继续有效。民事法律行为全部无效的内容不包括解决民事法律行为争议方法的条款,该条款继续有效。只有按照原来民事法律行为约定的解决方法解决,才符合当事人的原意,仲裁机构或者法院才能够有权进行管辖。

第二,民事法律行为被撤销的,解决民事法律行为争议方法的条款不能撤销。撤销民事法律行为不能将解决民事法律行为争议方法的条款一并撤销,因为在具体处理这种争议时,已经按照民事法律行为原来的约定处理,再撤销是没有意义的。

第三,民事法律行为终止,解决民事法律行为争议方法的条款的效力不能消灭。法律规定,尽管民事法律行为终止了,但解决民事法律行为争议方法的条款效力不能受到影响,仍继续有效。

(二)部分无效

民事法律行为部分无效,是民事法律行为的部分内容违反法律或公序良俗,其他部分并不存在这样的内容。《民法典》第156条规定:"民事法律行为部分无效,不影响其他部分效力的,其他部分仍然有效。"

如果民事法律行为无效部分的内容影响到其他部分内容的效力,则民事法律行为全部无效。例如,双方当事人买卖国家禁止买卖的物品,尽管民事法律行为的其他条款都遵守国家的规定,但由于无效的内容影响到其他内容的效力,致使该民事法律行为的全部内容均为无效。

(三)返还责任

民事法律行为无效、被撤销或者确定不发生法律效力后,其法律后果是《民法典》第157条规定的后果。

1. 财产返还

返还是恢复原状的一种处理方式,即无效法律行为和被撤销的法律行为自始没有法律约束力,已经按照约定进行的履行因无法律效力的依据而需要恢复到没有履行前的状况,已接受履行的一方将其所接受的履行返还给对方,是恢复原状的最基本的方式。例如,已实际履行的买卖民事法律行为因欺诈被确认无效或者被撤销后,买方和卖方应当分别返还其物品和价款。返还财产不同于退货。买卖民事法律行为因标的物瑕疵需要退货的,是基于有效的民事法律行为的责任方式。

2. 折价补偿

民事法律行为无效或者被撤销之后,不能返还财产或者没有必要返还的,应当折价补偿。并不是所有的已经履行的无效法律行为都能够或者需要采取返还方式。有些法律行为的性质决定了无法采取返还方式进行返还,如提供劳务的无效民事法律行为、一些提供工作成果的民事法律行为(如建设工程承包民事法律行为)。有些民事法律行为适用返还不经济,如返还需要的费用较高,强制返还会带来经济上的极大浪费。因此,不能返还或者没有必要返还的,应当折价补偿,这种方式是对返还原则的一种补充。

3. 赔偿损失

无效民事法律行为和民事法律行为被撤销后造成损失的,有过错的一方应当赔偿对方因此所受到的损失,双方都有过错的,应当各自承担相应的责任。承担赔偿责任的标准是过错,如果没有过错,则不承担赔偿责任。

4. 法律另有规定的除外

如果其他法律对民事法律行为无效、被撤销或者确定不发生效力后的法律后果有其他规定的,应当依照其他法律的规定确定应当承担的法律后果。

十一、民事法律行为的附条件与附期限

(一)附条件的民事法律行为

附条件的法律行为是指法律行为效力的开始或者终止,取决于将来不确定的事实的发生或不发生的法律行为。

法律规定法律行为可以附条件,目的就是以所附的条件来确定或者限制法律行为的效力。这是商品经济和市场经济发展的要求,也是社会生活复杂性、多样性所决定的。

1. 生效条件与解除条件

条件是表意人附加于意思表示的一种任意限制,使得他的意思表示的效力由将来客观不确定事实的发生与否来决定。法律行为所附条件,一是生效条件,二是解除条件。

(1)生效条件。生效条件也叫作延缓条件,是指法律行为效力的发生取决于所附条件的成就。当一个法律行为成立之后,当事人不想使它立即生效,而想待所附条件成就后再开始生效,就可以在法律行为中约定生效条件(延缓条件),使该条件

发生作用,延缓法律行为的生效时间,当法律行为约定的条件成就时,再让法律行为发生效力,如果该条件不成就,该法律行为就永远不会生效。所以,生效条件又叫作停止条件。

(2)解除条件。解除条件是指法律行为中所确定的民事权利和民事义务,应当在所附条件成就时失去法律效力的条件,是决定法律行为的法律效力是否终止的条件。当行为人在进行交易时,就在法律行为中附上一种条件,行为人约定当这种条件成就时,该项法律行为的效力即告终止,原来确定的法律行为的权利和义务立即终止。所以,解除条件又叫作失效条件。

2. 积极条件和消极条件

还有一种对条件的分类方法,就是将所附的条件分为积极条件和消极条件。

(1)积极条件。又称为肯定条件,就是所附的条件是以某种客观事实的出现为其内容。以约定事实的发生为条件的成就;以约定的事实的不发生为条件的不成就。这样的条件就是积极条件。

(2)消极条件。又称为否定条件,就是所附的条件是以某种客观事实的不发生为其内容。以约定的事实不发生为条件的成就;以约定的事实的发生为条件的不成就。这样的条件的发生是否定法律行为效力的条件,所以是消极条件。

附条件的法律行为一旦成立,就对当事人具有法律上的约束力,当事人应当遵守法律行为的约定,无论是生效条件还是解除条件,都必须按照事实发生或者不发生的客观规律,任其自然的发生或者不发生,由此来确定法律行为的生效或者解除,除此之外,当事人不得人为地加以干预。

人为地干预法律行为所附条件的发生或者不发生,违背了法律行为所附条件的意义,使所附条件的成就或者不成就加入了人为的因素,而且是一方当事人的意志因素,这会导致法律行为的生效或者解除被一方当事人控制,使法律行为的双方当事人的利益平衡发生动摇,违背民法的公平原则和诚实信用原则。因此,必须禁止这种恶意的行为。凡是当事人不正当地阻止所附条件成就的,应当视为条件已经成就,法律行为应当按照原来的约定生效或者解除;凡是当事人不正当地促成所附条件成就的,视为条件不成就,应当按照原来的约定,确认法律行为不生效或者不解除。这样规定,有利于保护非恶意一方当事人的利益,制裁恶意的当事人,维护交易秩序,并保护交易安全。

(二)附期限的民事法律行为

附期限的法律行为,是指在法律行为中附有一定的期限,并把该期限的到来作为当事人的民事权利和民事义务发生或者消灭的前提的法律行为。

附期限的法律行为在内容上，与一般的法律行为并没有严格的不同，只是在法律行为中约定一定的期限，并且将这个期限作为法律行为生效或者解除的条件，在这个期限届至时，法律行为发生生效或者失效的效果。

法律规定附期限的法律行为的意义在于，限制法律行为当事人所确定的民事权利和民事义务发生法律效力或者终止法律效力的时间，使法律行为能够按照当事人的约定有计划地进行，充分满足法律行为当事人的多种需要。

法律行为的当事人限定法律行为在什么时候发生效力或失去效力，这种限定的时期就是期限。所附期限的种类包括两种：

1. 延缓期限

延缓期限也称为始期，是指在法律行为中约定的期限到来之前，该法律行为所确定的民事权利和民事义务尚不能发生法律效力，要等待期限的到来才开始生效；期限到来，法律行为所约定的民事权利和民事义务就开始发生法律效力，债权人开始有权请求债务人履行义务，债务人才开始承担履行债务的责任。例如，当事人约定将自己的一间房屋借给借用人使用，但是约定的期限是在1个月以后开始出借。这里的1个月，就是所附的延缓生效的期限。

2. 终止期限

解除期限又称为终期，是指在法律行为中约定的期限到来时，该法律行为所约定的民事权利和民事义务的法律效力即行消灭。这就是说，在法律行为所附的期限到来之前法律行为已经发生法律效力，当事人之间的法律行为正在执行，债权人在行使权利，债务人在承担义务。该法律行为所约定的效力一直在延续，直至法律行为所约定的期限的到来为止，法律行为的效力就终止。例如，有期限的房屋租赁法律行为，就是附解除期限的法律行为，在法律行为所约定的期限届至时，该法律行为解除，不再发生法律行为的效力，并且当事人的权利义务即终止。

十二、民事法律行为的代理

(一) 代理的法律概念与特征

代理是指代理人在代理权范围内，以被代理人的名义独立与第三人实施法律行为，由此产生的法律效果直接归属于被代理人的民法制度。《民法典》总则编第七章规定了代理制度。

在代理制度中,以他人名义实施法律行为的人称为代理人;其名义被他人使用而由他人实施法律行为的人称为被代理人或者本人;与代理人实施法律行为的相对人称为第三人。

代理的法律特征包括:

第一,代理人要为被代理人作出意思表示。代理人的职责是代被代理人实施法律行为,包括代本人作出意思表示,或者接受意思表示,因而必须为被代理人的利益独立作出意思表示。只是传达被代理人的意思表示而不代为作出意思表示的,是使者而不是代理人。同样,不为意思表示的行为不得成立代理,如代人保管物品、代人照看儿童等事实行为,虽然也是接受他人的委托,但并不代为进行意思表示,因而这类事实行为不是代理行为。

第二,需要区别对待代理人是否以被代理人的名义进行活动的情形。代理有狭义代理和广义代理之分。狭义的代理仅指直接代理,即代理人以被代理人的名义所进行的代理;广义的代理不但包括直接代理,而且包括间接代理,即受托人以自己的名义代他人为民事行为。在直接代理中,代理人从事法律行为以被代理人的名义进行,这是法律行为结果归属于本人的基本条件。尽管间接代理不适用这样的规则,打破了大陆法系"显名主义"的代理规则,其更加重视代理法律关系的实质效果,反映了国际范围内代理法的发展趋势,但直接代理仍然是代理的主体部分。

第三,代理人在代理权限内独立进行法律行为。代理权是代理人代被代理人进行民事行为的基础,代理人必须依据代理权,并在代理权限范围内为意思表示,体现被代理人的意志,为被代理人实现利益。

第四,代理行为的法律后果直接归属于被代理人。被代理人通过代理人实施民事行为的目的,是利用代理人的技能、经验等自己所具备的优势为自己服务,因此,代理人在代理权限以内以本人的名义向第三人为意思表示或者接受意思表示的行为一旦生效,即在第三人与被代理人之间形成法律关系,由此发生的法律后果直接归属于被代理人,由被代理人承担相应的责任。

(二)代理权

1. 代理权的概念

代理权,是指代理人基于被代理人的意思表示、法律的规定或者有关机关的指定,能够代理他人实施法律行为的权利。《民法典》第162条规定的代理权,应当包括所有的代理权,而不仅仅指委托代理产生的代理权。

2. 代理权发生的原因

因代理性质的不同,代理权有不同的产生原因。根据代理产生的原因不同,有三种不同的代理,包括:第一,委托代理,是基于被代理人的单方授权行为产生的代理;第二,法定代理,是基于法律直接规定产生的代理;第三,指定代理,是基于法院或者有关机关特别指定产生的代理。另外,还有基于外表授权的表见代理,是发生代理效力的无权代理。因此,代理实际上有四种。

3. 代理权行使的规则

按照《民法典》第163条第2款关于"委托代理人按照被代理人的委托行使代理权。法定代理人依照法律的规定行使代理权"的规定,代理权的行使按照下述规定进行:

(1)代理人必须为被代理人的利益实施代理行为。代理制度是为被代理人的利益而设定的制度,被代理人设定代理的目的是利用代理人的知识技能为自己服务。代理人的活动,则是为了实现被代理人的利益。因而,代理人的活动应当从被代理人的目的和利益出发,而不是从代理人自己的利益出发。代理人应当以与处理自己的事务相同的注意,处理好被代理人的事务,实现被代理人的目的和利益。

(2)代理人必须亲自代理。被代理人委托特定的代理人为自己服务,是基于对代理人的知识、技能、信用的信赖,因而代理人必须亲自实施代理行为,才符合被代理人的愿望。除非被代理人同意或者有特殊事由的发生,代理人不得将代理事务转委托他人处理。

(3)代理人必须在代理权限范围内行使代理权。作为代理人身份标志的代理权,无论是产生于被代理人的授权,还是产生于法律规定或者有关机关的指定,其权限范围都决定于被代理人的合法利益。因此代理人必须在代理权限范围内行使权利,实施代理行为,不得超出代理权的范围实施代理行为。超出代理权限范围实现的代理行为,为无权代理。

(4)代理人必须谨慎、勤勉、忠实地行使代理权。代理人行使代理权,必须履行谨慎、勤勉义务,忠实地按照代理宗旨维护被代理人的利益,处理好被代理人的事务,以增进被代理人的福利实现。同时,还应当履行报告义务和保密义务。报告义务的内容是,代理人应将处理代理事务的一切重要情况向被代理人报告,以使被代理人知道事务的进展和自己财产或者利益的损益情况。报告必须忠实,不能包括虚伪不实等可能使被代理人陷于错误的资料。在代理事务处理完毕后,代理人还应向被代理人报告执行任务的经过和结果,并提交必要的文件材料。保密义务的内容是,代理人在执行代理事务过程中,知悉到的被代理人的个人秘密或者商业秘密,不能擅自披露,更不准利用这些秘密与被代理人进行不正当竞争。

除此之外,在《民法典》中还有其他有关法定代理的规定,其中最多的是"自然人"一章关于民事行为能力和监护的有关规定。因此对于法定代理的规则,除了"代理"一章关于法定代理的规定之外,还要适用《民法典》总则编"自然人"一章,以及《民法典》婚姻家庭编、《民事诉讼法》等法律中关于法定代理的规定。

(三)代理行为

1. 代理行为及其性质

代理行为就是行使代理权的行为,是指代理人以被代理人的名义,在代理权限范围内与第三人实施的,法律效果直接归属于被代理人的法律行为。

2. 代理行为的构成要件

(1)代理人须有被代理人的授权。代理人实施代理行为必须有被代理人的授权,即享有代理权。这个要件要求,第一,代理行为必须有被代理人存在,如果没有被代理人存在,就没有代理行为后果的承担者,就不存在代理关系。被代理人死亡或者丧失法律人资格,将导致法律行为的后果无所归属。第二,代理行为必须有被代理人的授权,这是因为,代理权是代理制度的核心,也是代理行为效果归属于被代理人的前提。如果没有代理权,就不存在代理行为的基础,则代理行为必然无效。

(2)代理人须以被代理人的名义实施法律行为。通常的代理行为是直接代理,因此,被代理人必须显名,代理人在实施代理行为时,必须说明被代理人的真实身份,并且以被代理人的名义实施,而不是以代理人的名义实施。这个要件要求代理人明确表示其是为他人实施法律行为,是代理被代理人为意思表示,并使行为的效果直接归属于被代理人。如果虽未明确表示,但依照客观情况可以推知行为人有为他人实施法律行为的意思,也符合这一要求。代理人须以被代理人名义实施代理行为,是代理行为区别于其他一般法律行为的标志。如果代理人所为的意思表示无法辨明是否以他人的名义实施的,则应当认为是代理人以自己的名义实施的。

(3)须代理人独立为意思表示。构成代理行为,代理人须在代理权限内,根据其独立意志,为了实施法律行为而发出意思表示或者接受意思表示,这是代理区别于传达、居间等行为的重要特点。代理是代理人根据被代理人的授权和意思,与当事人实施法律行为，其中的意思表示并不是被代理人表达的，而是代理人独立进行意思表达。

(4) 代理人须有相应的行为能力。代理人不必一律是完全民事行为能力人，但至少应当是限制民事行为能力人。原因是，获得代理的授权，以及根据代理权进行代理行为，代理人都必须具有一定的民事行为能力。如果没有民事行为能力，属于无民事行为能力人，就不具有必要的判断能力和识别能力，无法正确领会被代理人的意思，也无能力实施代理行为。委托无民事行为能力人实施代理行为的，应当无效。根据不同的代理行为，代理人可以是限制民事行为能力人，或者是完全民事行为能力人。被代理人根据代理行为的性质，选择限制民事行为能力人实施代理行为，是经过利益权衡的，法律没有必要予以干涉。

3. 行使代理权实施代理行为的法律后果

代理行为事后发生的法律效果包括两个方面：

(1) 代理行为的一般法律后果。符合代理行为的构成要件，发生代理的法律后果，即代理的法律后果直接归属于被代理人，而不是由代理人承受。代理人虽然实施了代理行为，但他并不是该法律行为的当事人，既不会因此享有权利，也不会因此承担义务。在有的情况下，被代理人与代理人约定代理后果归属于代理人，这也不是对这一规则的否定，而是属于代理之外的另一种法律关系，并没有改变代理的法律后果归属于被代理人的基本规则。

(2) 代理行为的撤销权或者解除权。在代理行为中，意思表示有无瑕疵应当由代理人判断，但是，由于代理结果最终要归属于被代理人，因此，凡是在代理行为中因意思表示瑕疵而产生撤销权的，这个撤销权也属于被代理人而不是代理人。同样，如果代理行为订立的合同中具有解除事由，该解除权也归属于被代理人，而不归属于代理人。

(四) 职务代理

职务代理，是指根据代理人所担任的职务而产生的代理。尽管职务代理也是由于法人或者非法人组织的委托而产生代理权，但是这种委托与委托代理的委托是不同的。委托代理是基于委托合同，由被代理人授权，而使代理人产生代理权。职务代理并不是根据委托合同产生代理权，而是基于代理人在法人或非法人组织中的职务，经由法人或非法人组织的授权而产生的代理权。因此可见，尽管职务代理也是一种授权代理，但是授权的主体是不同的，委托代理的授权人是任何民事主体,而职务代理只能由以代理人作为组织成员的法人或者非法人组织授权,授权的主体是法人或者非法人组织。正因为如此,《民法典》第170条才对职务代理做了单独规定。

职务代理的代理人,是执行法人或者非法人组织工作任务的人员。这是对职务代理代理人的身份要求,如果不具有这样的身份,不构成职务代理。执行法人或者非法人组织工作任务的人员,包括法人或者非法人组织的在编工作人员,也包括临时聘用的人员。对于临时聘用的人员,只要法人或者非法人组织对其有聘用手续、发放工资、执行法人或者非法人组织的工作任务,就是执行法人或者非法人组织工作任务的人员。

职务代理的代理人执行的事务是其职权范围的事项。任何工作人员在法人或其他组织中,都有自己的职权范围,都须在自己的职权范围内进行工作。

职务代理的代理人执行事务实施的法律行为,应当以法人或者非法人组织的名义实施。但是,职务代理的代理人在代理事务中没有表明是以法人或者非法人组织的名义实施的,其实也不影响代理的效果,因为职务代理人在自己的职权范围内处理的事项,都是有合法授权的事项。他在实施这些代理行为的时候,没有以法人或者非法人组织的名义实施,仅仅是没有表明自己代理人的身份,但最终还是由法人或者非法人组织作为被代理人承受这些法律后果。

职务代理人在其职责范围内实施的民事法律行为,性质属于代理行为,因此其代理的一切事项,都对法人或者非法人组织发生法律效力,其后果按照委托代理的规则,都由职务代理人所在的法人或者非法人组织承受。

《民法典》第170条第2款规定,法人或者非法人组织对执行其工作任务的人员职权范围的限制,不得对抗善意相对人,即职务代理人在实施职务代理行为中,如果超出了法人或者非法人组织对执行其工作任务的人员职权范围的规定,代理行为的相对人善意不知情的,则应当构成表见代理,法人或者非法人组织不能以这一理由对抗善意第三人,而不承担该种职务代理行为所带来的后果。

(五)表见代理

表见代理,是指被代理人的行为足以使第三人相信无权代理人具有代理权,并基于这种信赖与无权代理人实施法律行为的代理。

1. 表见代理的构成要件

(1)须代理人没有代理权。代理人没有代理权,也就是行为人的代理行为是无权代理。这种无权代理,是指实施代理行为时无代理权或者对于所实施的代理行为无代理权。至于该无权代理人此前是否曾经拥有代理权,或当时是否有实施其他法律行为的代理权,则在所不问。

(2)客观上存在使相对人相信行为人具有代理权的理由。在这个要件中应当包括两个方面:第一,相对人相信行为人有代理权的事实,这就是该行为人有被授予代理权的外表或者假象,即一定要有外表授权。该代理人曾经被授予代理权,或者当时拥有实施其他法律行为的代理权,或者被代理人曾有授予代理权的表示,或者根据交易习惯行为人的行为外表表明其有代理权,就构成外表授权。例如,行为人持有被代理人的授权委托书、空白合同书或者其他表明其具有代理权的证明文件。这些理由形成了行为人具有代理权的外观。第二,相对人对行为人有代理权建立了信赖。如果仅仅有行为人有代理权的外表或者假象,但是并没有建立对行为人代理行为的信赖,也不构成表见代理,而是狭义的无权代理。建立信赖应当有正当理由。正当理由,应当依据实施法律行为的具体情形判断。

(3)相对人与行为人成立法律行为。构成表见代理,一定要相对人与无权代理人成立法律行为。如果其他要件都具备,但是相对人与行为人最终并没有成立法律行为,则不发生表见代理的问题。

(4)相对人善意且无过失。构成表见代理,相对人必须是善意无过失的。其要求是:相对人不知道行为人没有代理权,且对其不知道的行为没有主观上的过失。如果相对人明知行为人为无权代理,却与其成立法律行为,那就是明知故犯,对行为后果自负其责,与被代理人无关。

2. 表见代理的效力

构成表见代理,发生以下法律效力:

(1)发生有效代理的效力。表见代理是一种有效的代理,产生与有权代理相同的法律效力。这种效力的最典型表现就是,表见代理人实施代理行为的法律后果,直接由被代理人承担。

(2)表见代理人的赔偿义务。表见代理人实施的代理行为,在被代理人承担责任之后,如果被代理人因此而遭受财产损失,其有权要求表见代理人承担损害赔偿责任。

(3)善意相对人主张撤销时被代理人不得主张表见代理。如果相对人基于自己的利益考虑,主张表见代理行为为无权代理而请求撤销的,为保护善意相对人的利益,被代理人不得基于表见代理的规定而对相对人主张代理的效果。被代理人如欲使代理行为有效,仍须依无权代理的规定,对无权代理人的代理行为进行追认。

第七章　民事责任与诉讼时效

《民法典》总则编第八章和第九章规定的是民事责任和诉讼时效制度。民事责任是违反民事义务的法律后果,也是保护民事权利的法律手段。诉讼时效和除斥期间是《民法典》规定的民事权利的失权期间。因此民事主体保护自己的权利,应当特别注意民事责任和诉讼时效制度的规定。

一、民事责任

(一)民事义务与民事责任的关系

《民法典》第176条规定:"民事主体依照法律规定或者按照当事人约定,履行民事义务,承担民事责任。"这个条文说的并不是特别明确。这个条文本应该规定民事责任是什么,即民事责任就是民事义务不履行的法律后果,但只说民事主体依照法律规定和当事人约定履行民事义务,承担民事责任,没有说出民事责任的含义来。

从各国立法的情况来看,规定民事责任的是少数,有一些国家的民法典规定了民事权利的保护方法,其实质上说的就是民事责任,而不用民事责任这种表述。

立法时,对《民法典》总则编要不要规定民事责任,有很大的争议。多数人主张民事责任,应当按照大多数国家民法典总则编的写法,规定民事权利的保护;也有人主张要规定民事责任。笔者赞成规定民事责任,理由是:《民法通则》已经对民事责任做了专门规定,已经形成了一个传统,《民法典》总则编也应当对民事责任的一般性规则作出规定。也有人认为,民事责任规定的必要性在于,有一个民事权利、民事义务、民事责任的民法的基本逻辑结构,每个民事主体都享有权利,也都负有义务,以实现权利主体的民事权利;不履行负有的义务,民事主体就应当承担民事责任。这个逻辑关系应该是成立的,所以,《民法典》总则编规定民事责任是有道理的。

(二)按份责任与连带责任

《民法典》第177条和第178条规定的是多数人责任,即按份责任和连带责任。

《民法典》第177条规定的是按份责任规则,即"二人以上依法承担按份责任,能够确定责任大小的,各自承担相应的责任;难以确定责任大小的,平均承担责任"。按份责任是指数个责任人依据约定或者法律规定,按照不同的份额,对一个责任按份承担的民事责任形态。其分为两种形式:一是依照约定的按份债务不履行发生的按份责任;二是依照法律规定发生的按份责任,例如分别侵权行为发生的按份责任。

按份责任的规则是:数个责任人承担按份责任的,如果能够确定责任大小,应当按照行为人各自的过错程度和行为原因力的大小比例,承担相应的责任;如果难以确定责任大小的,则平均承担责任。发生按份责任,每个行为人只对自己的行为后果承担侵权责任。

《民法典》第178条规定的是连带责任规则,即"二人以上依法承担连带责任的,权利人有权请求部分或者全部连带责任人承担责任"。"连带责任人的责任份额根据各自责任大小确定;难以确定责任大小的,平均承担责任。实际承担责任超过自己责任份额的连带责任人,有权向其他连带责任人追偿。""连带责任,由法律规定或者当事人约定。"连带责任是指因违反连带债务或者依照法律的直接规定,两个以上的义务人向赔偿权利人连带承担全部责任,权利人有权要求连带责任人中的一人或数人承担全部责任,而一人或数人在承担全部责任后,将免除其他责任人的责任的民事责任形态。连带责任分为两种:一是违反连带债务发生的连带责任,如连带义务人违反连带债务的违约责任;二是依照法律的直接规定发生的连带责任,如共同侵权行为的侵权连带责任。

连带责任的规则是:第一,连带责任的对外关系。凡是法律规定承担连带责任的,权利人有权请求部分或者全体连带责任人承担责任。因为连带责任是一个完整的责任,每一个连带责任人都有义务承担全部赔偿责任。第二,连带责任的对内关系。首先,连带责任人根据各自责任大小,确定相应的赔偿数额。责任大小的确定依据,一是过错程度,二是原因力大小;难以确定责任大小的,责任份额平均分配。其次,其中一个或者数个连带责任人支付超出自己赔偿责任份额的,有权向其他连带责任人追偿。更简洁的规则是把连带责任分为中间责任和最终责任,规则是:第一,中间责任,即任何一个连带责任人都应当对权利人承担全部责任,请求一个、数个或者全部连带责任人承担连带责任;第二,最终责任,即每一个连带责任人最终承担的,是自己应当承担的责任份额;第三,一个连带责任人承担了超出自己责任份额的赔偿责任的(即中间责任),可以通过追偿的方法实现最终责任,将连带责任分配给每一个连带责任人。连带责任的产生事由包括两种:一是法律规定,如《民法典》合同编和侵权责任编都规定了连带责任;二是当事人约定,当事人约定的连带债务,当连带债务不履行时就产生了连带责任。

按份责任与连带责任的基本区别是,连带责任的责任人之间虽然也有份额,但是这种份额具有相对性,每一个责任人对外都负有全部承担责任的义务。而按份责任的各个责任人的责任份额不具有连带性,只对自己的份额负责,不对整体责任负责。

(三)民事责任的承担方式

1. 责任承担方式

《民法典》第179条第1款列举了11种承担民事责任的方式,相比《民法通则》的规定,增加了继续履行这种责任承担方式。《民法典》规定的责任承担方式包括:停止侵害,排除妨碍,消除危险,返还财产,恢复原状,修理、重作、更换,继续履行,赔偿损失,支付违约金,消除影响、恢复名誉,赔礼道歉。

2. 惩罚性赔偿责任

《民法典》第179条第2款规定:"法律规定惩罚性赔偿的,依照其规定。"这是对惩罚性赔偿的新规定。

在民法领域中规定惩罚性赔偿责任的,主要是三部法律:

一是,《民法典》侵权责任编第1207条规定:"明知产品存在缺陷仍然生产、销售,或者没有依据前条规定采取补救措施,造成他人死亡或者健康严重损害的,被侵权人有权请求相应的惩罚性赔偿。"第1185条规定:"故意侵害他人知识产权,情节严重的,被侵权人有权请求相应的惩罚性赔偿。"第1232条规定:"侵权人违反法律规定故意污染环境、破坏生态造成严重后果的,被侵权人有权请求相应的惩罚性赔偿。"

二是,《消费者权益保护法》第55条规定的提供产品或者服务的惩罚性赔偿,包含两种惩罚性赔偿,一是违约惩罚性赔偿,二是侵权惩罚性赔偿。提供商品或者服务,造成损害的,是侵权损害的惩罚性赔偿;没有造成损害的,就是违约惩罚性赔偿。换个角度来说,以价金作为计算赔偿标准的,就是违约惩罚性赔偿;以损失作为赔偿计算标准的,就是侵权惩罚性赔偿。

产品欺诈和服务欺诈,在《消费者权益保护法》当中规定,除了返还价金以外,再承担价金3倍的赔偿,这就是违约的惩罚性赔偿,不要求有损失。如果3倍的赔偿达不到500元,可以请求直接赔偿500元,这是最低惩罚性赔偿数额。侵权造成损害的,要有恶意,即明知道产品和服务有缺陷,能够造成损害,还继续生产、销售,造成消费者身体、生命、健康权重大损害的,侵权者要在承担损失以后,再承担损失2倍以下的惩罚性赔偿。算起来,一共能得到3倍的赔偿。

三是,《食品安全法》第148条规定,生产不符合食品安全标准的食品或者经营明知是不符合食品安全标准的食品,消费者除要求赔偿损失外,还可以向生产者或者经营者要求支付价款10倍或者损失3倍的赔偿金;增加赔偿的金额不足1 000元的,为1 000元。构成食品欺诈的,赔偿金最高是价金的10倍,不足1 000元的,最低可以赔偿1 000元。

(四)抗辩事由

1. 不可抗力

对于不可抗力,原《合同法》和《侵权责任法》中都有规定,《民法典》把它放到总则编来规定。

不可抗力是指人力所不可抗拒的力量,包括自然原因(如地震、台风、洪水、海啸等)和社会原因(如战争等)。

不可抗力应当符合以下要求:(1)不可预见,指根据现有的技术水平,一般人对某种事件的发生无法预料。(2)不可避免且不能克服,是指当事人已经尽到最大努力和采取一切可以采取的措施,仍然不能避免某种事件的发生并克服该事件造成的损害后果。(3)属于客观情况,是事件外在于人的行为的自然性。

司法实践中应用不可抗力的基本规则是,因不可抗力造成损害的,当事人一般不承担民事责任,但须不可抗力为损害发生的唯一原因,当事人对损害的发生和扩大不能产生任何作用。在发生不可抗力的时候,应当查清不可抗力与造成的损害后果之间的关系,并确定当事人的活动在发生不可抗力的条件下对所造成的损害后果的作用。

在法律有特别规定的情况下,不可抗力不作为免责事由。例如,《邮政法》第48条规定,保价的给据邮件的损失,即使是因不可抗力造成的,邮政企业也不得免除赔偿责任。

2. 正当防卫

正当防卫,是指当公共利益、他人或本人的人身或者其他利益遭受不法侵害时,行为人所采取的防卫措施。正当防卫是保护性措施,是合法行为,对造成的损害,防卫人不承担赔偿责任。

构成正当防卫须具备的要件是:(1)须有侵害行为;(2)侵害行为须为不法;(3)须以合法防卫为目的;(4)防卫须对加害人本人实行;(5)防卫不能超过必要限度。

适用正当防卫的基本规则是:构成正当防卫的,防卫人不承担侵权责任。正当防卫超过必要限度,则构成防卫过当。

对防卫过当的把握,关键在于对正当防卫必要限度的判断。民法上的正当防卫行为只能与不法侵害相适应,一般不应超过不法侵害的强度。正当防卫超过必要限度造成不应有的损害的,应当承担适当的民事责任。

3. 紧急避险

为了社会公共利益、本人或者他人的合法利益免受更大的损害,在不得已的情况下采取的造成他人少量损失的紧急措施,称为紧急避险。紧急避险是一种合法行为,是在两种合法利益不可能同时得到保护的情况下,不得已而采用的牺牲其中一种较轻利益,保全较重大利益的行为。

构成紧急避险须具备以下要件:(1)危险正在发生并威胁公共利益、本人或者他人的利益。(2)采取避险措施须为不得已。(3)避险行为不得超过必要的限度。

紧急避险的规则是:首先,引起险情发生的人的责任。如果有引起险情发生的人,应由引起险情发生的人承担民事责任。其次,自然原因引起险情的责任。危险是由自然原因引起,没有引起险情发生的人,在一般情况下紧急避险人不承担民事责任;在特殊情况下避险人也可以承担适当的民事责任。再次,超过必要限度的赔偿。紧急避险采取措施不当或者超过必要限度,造成不应有的损害的,避险人应当承担适当的民事责任。最后,受益人适当补偿。既没有第三者的过错,也没有实施紧急避险行为人本身的过错,遭受损害的人与受益人又不是同一个人的,则受益人应当适当补偿受害人的损失。

(五)见义勇为受害人的特别请求权

见义勇为受害人的特别请求权,是指行为人为了保护他人的民事权益,在见义勇为行为中自身受到损害,行为人所享有的赔偿和补偿自己损失的请求权。见义勇为受害人的请求权包含两个内容：一是对侵权人的侵权损害赔偿责任请求权；二是对受益人的适当补偿请求权，包括侵权人承担侵权责任的同时就可以行使的补偿请求权，以及无侵权人、侵权人逃逸或者侵权人无力承担民事责任时行使的请求权。

产生见义勇为受害人特别请求权的要件是：(1)行为人实施了见义勇为行为。见义勇为行为须为保护他人民事权益而实施的行为，须行为人实施保护他人合法权益的行为无法定或约定义务，须针对侵害他人合法权益的侵害行为或者他人处于危难的危险事实，须在客观上使受益人少受或免受损害的行为。(2)见义勇为的行为人须因实施该行为而遭受人身和财产损害。(3)见义勇为行为人遭受的损害与实施见义勇行为须有因果关系。

见义勇为受害人行使特别请求权后，相关人员承担民事责任的规则是：首先，侵权人应当承担民事责任，即侵权人应当按照人身损害、财产损害和精神损害责任的规定承担全部赔偿责任。其次，受益人承担适当补偿责任，即使侵权人承担了侵权赔偿责任，受益人也可以给予适当补偿。最后，没有侵权人、侵权人逃逸或者侵权人无力承担赔偿责任的，受益人承担适当补偿责任。这是由于因见义勇为受害的人无法从侵权人处获得损害赔偿，受益人应当予以补偿。上述第二种适当补偿带有酬谢的意思，第三种适当补偿才是责任性质的补偿。

(六)善意救助者的赔偿责任豁免

《民法典》总则编第184条的规定，有些人管它叫"好人法"，其正式名称叫"紧急救助造成损害责任的豁免"，按照国外的说法，这种法律就叫"好撒玛利亚人法"。好撒玛利亚人(the good Samaritan)是基督教文化中一个著名成语，典故出自《新约》，意为好心人、见义勇为者。好撒玛利亚人法的核心是，赋予好撒玛利亚人以责任的豁免权，救助者在救助过程中即使存在一般过失，也不对此承担责任。

我国规定好撒玛利亚人法的意义在于：坚持鼓励善意救助人的救助积极性；承认特殊救助义务，不宜确定一般救助义务；承认善意救助人的豁免权。

善意救助人享有豁免权须具备以下要件：(1)行为人为善意救助人；(2)行为人实施了救助行为；(3)行为人的善意救助行为造成了受救助者的损害。符合上述条件的善意救助者不承担民事责任。

我国当前社会中，在好撒玛利亚人法的适用方面，存在影响诚信道德建设的问题，即主要是好撒玛利亚人难辨真假而引起的法律适用问题。一方面，被救助者讹诈救助人，使好撒玛利亚人蒙冤，法院错误地判决其承担侵权责任；另一方面，行为人造成损害后冒充好撒马利亚人,混淆是非,造成不好的社会影响。这些都需要进一步改进,按照《民法典》的规定适用好法律,保护善意救助人。

(七)英雄烈士的人格利益保护

《民法典》第185条规定:"侵害英雄烈士等的姓名、肖像、名誉、荣誉,损害社会公共利益的,应当承担民事责任。"本条的立法本意是,在现实生活中,一些人歪曲事实,诽谤抹黑、恶意诋毁、侮辱英雄烈士的名誉、荣誉等,损害了社会公共利益。加强对英烈姓名、名誉、荣誉等的法律保护,对于促进社会尊崇英烈,扬善抑恶,弘扬社会主义核心价值观意义重大。

(八)民事责任竞合

《民法典》第186条规定:"因当事人一方的违约行为,损害对方人身权益、财产权益的,受损害方有权选择请求其承担违约责任或者侵权责任。"这是对违约责任与侵权责任竞合的规定。

民事责任竞合即请求权竞合,是指因某种法律事实的出现,而导致两种或两种以上的民事责任产生,各项民事责任相互发生冲突。违约责任与侵权责任竞合,是一个违约行为,既产生违约损害赔偿请求权,又产生侵权损害赔偿请求权,两个请求权救济的内容是一致的,权利人只能行使一个请求权。在这个请求权实现之后,另一个请求权消灭。例如,服务者为消费者服务造成人身损害的,受害人既可以选择违约损害赔偿责任起诉,也可以选择侵权责任起诉。

《民法典》虽然规定的只是违约责任与侵权责任的竞合规则,但对其他民事责任竞合也提供了法律依据,例如,侵权责任与不当得利责任的竞合,也应当适用这样的规则。

(九)非冲突性责任竞合与民事责任优先原则

《民法典》第187条规定:"民事主体因同一行为应当承担民事责任、行政责任和刑事责任的,承担行政责任或者刑事责任不影响承担民事责任;民事主体的财产不足以支付的,优先用于承担民事责任。"这是对非冲突性责任竞合和民事责任优先权保障的规定。

1. 非冲突性法规竞合

法规竞合,是指一个违法行为,同时触犯数个法律或者数个法律条文,在法律适用时,选择适用该行为所触犯的某一个法律条文,同时排除其他法律条文适用,或者同时适用不同的法律条文的法律适用规则。其构成要件须为两个,分别为"同一行为"与"多个法律条文"。

责任竞合属于法规竞合,是法规竞合的具体表现形式。作为一种客观存在的现象,法规竞合分为两种:一是发生在同一法律部门内部的法规竞合,如前条规定的违约责任与民事责任竞合。二是发生在不同的法律部门之间,如民事责任与刑事责任、民事责任与行政责任的竞合。后一种竞合为非冲突性竞合,数个法律规范可以同时适用,根据不同法律规范产生的数个法律后果并行不悖,可以共存。

民事责任与刑事责任或者行政责任竞合,后果是"不影响依法承担民事责任"。在形成民事责任与刑事责任或者民事责任与行政责任竞合时,一个违法行为人承担刑事责任或者行政责任,并不影响其民事责任的承担。受害人一方主张有关机关追究违法行为人的刑事责任或者行政责任,并不妨害受害人主张追究违法行为人的民事责任。

2. 民事损害赔偿请求权的优先权

非冲突性法规竞合产生民事主体损害赔偿请求权的优先权保障。由于侵权行为有可能由刑法、行政法、侵权法等不同部门法进行规范,因此,形成了刑法、行政法、民法的法律规范竞合,该种法规竞合的性质属于非冲突性法规竞合。侵权人因同一个违法行为,同时要承担民事责任、刑事责任或者行政责任。由于不同部门法律规范的竞合属于非冲突性竞合,因此可以同时适用。例如,侵权人因同一个违法行为,既要承担罚金、没收财产的刑事责任,或者承担罚款、没收违法所得的行政责任,又要承担损害赔偿的民事责任,发生财产性的行政责任、刑事责任与民事责任的竞合,应当同时承担。赋予请求权人以损害赔偿请求权的优先权,则该请求权的地位就优先于罚款、没收财产的刑事责任或者罚款和没收违法所得的行政责任,使民事主体的权利救济得到更有力的保障。这就是损害赔偿请求权优先于行政责任或者刑事责任的优先权保障赖以产生的法理基础。民事主体的财产不足以支付的,应优先承担民事责任。

二、诉讼时效

(一)《民法典》对于诉讼时效类型和期间的改革

《民法典》第 188 条第 1 款规定:"向人民法院请求保护民事权利的诉讼时效期

间为三年。法律另有规定的,依照其规定。"这意味着,《民法典》总则编统一把一般的诉讼时效期间改为3年。

《民法典》第188条第2款规定了诉讼时效起算时间。第一,是从知道或者应当知道权利受到损害时计算。第二,须同时还具备"知道或者应当知道义务人"。这两个条件都具备的时候,才开始计算诉讼时效。这样的规定,尽管诉讼时效期间只是增加了1年,但同时也规定了知道或者应当知道义务人的起算条件,这样还是大大有利于对债权人的保护。同时,自权利受到损害之日起超过20年的,人民法院不予保护;有特殊情况的,人民法院可以根据权利人的申请决定延长。

(二) 对三种特别请求权诉讼时效期间的计算方法

1. 分期债务的诉讼时效期间计算

《民法典》第189条规定的是分期债务的诉讼时效起算。分期债务主要是两种:一种是分期付款,像买汽车时约定的分期付款。这种情况要从最后一期价金给付期限开始计算诉讼时效;另一种是一个整笔债务,后来约定分期偿还的,这也是分期债务。这种情况也是从最后一期的清偿期开始计算。定期债务不适用第189条规定。

2. 被监护人对法定代理人的请求权诉讼时效期间的起算

《民法典》第190条规定:"无民事行为能力人或者限制民事行为能力人对其法定代理人的请求权的诉讼时效期间,自该法定代理终止之日起计算。"被监护人的合法权益受到侵害,被监护人产生请求权,由于其是在法定代理人的监护之下,不能按照第188条规定的一般诉讼时效起算规则起算,一定要从法定代理终止之日起开始计算,这样才能保护好被监护人的合法权益。

3. 未成年人遭受性侵害的诉讼时效期间起算

《民法典》第191条规定:"未成年人遭受性侵害的损害赔偿请求权的诉讼时效期间,自受害人年满十八周岁之日起计算。"这是为了保护未成年人的权益,在受害人成年之后才开始计算诉讼时效期间。

(三) 诉讼时效期间届满的法律后果

《民法典》第192条第1款规定的是诉讼时效期间届满的后果,即产生抗辩权。《民法通则》规定诉讼时效期间完成采取胜诉权消灭主义,法院可以直接进行职务审查,发现诉讼时效完成,就驳回原告的诉讼请求。《民法典》采取抗辩权发生主义,就是诉讼时效期间届满以后,义务人产生一个抗辩权,可以对抗原告也就是权利人的请求权。

诉讼时效期间届满后,义务人同意履行的,等于是放弃了抗辩权,就不得以诉讼时效期间届满为由再行使抗辩权。

《民法典》第193条特别做了规定,就是法院不得主动适用诉讼时效,这是为了避免《民法通则》的错误影响。抗辩权发生主义就是当事人主义,当事人享有抗辩权,愿意行使就行使,不愿意行使就不行使,法院不能主动适用诉讼时效的规定。

(四)诉讼时效期间中止和中断

1. 诉讼时效中止

《民法典》第194条规定的是诉讼时效中止。相较于以前的规定《民法典》总则编规定诉讼中止的最大变化在于:第一,规定了诉讼时效中止的具体事由。第二,它解决的问题是,原来《民法通则》规定的诉讼时效中止,是诉讼时效期间的最后6个月内出现障碍,不能行使请求权,诉讼时效中止;诉讼时效中止的事由消灭以后,期间连续计算。《民法典》第194条第2款规定,自诉讼时效中止事由消除之日起满6个月,诉讼时效才届满。这样的规定,更有利于对权利人的保护。

2. 诉讼时效中断

《民法典》第195条规定了诉讼时效中断制度。诉讼时效中断,是指诉讼时效期间进行过程中,出现了权利人积极行使权利的法定事由,从而使已经经过的诉讼时效期间归于消灭,从时效中断、有关程序终结时起,重新开始计算的诉讼时效制度。

引起诉讼时效中断的法定事由是:

(1)权利人向义务人提出履行请求。履行请求是指权利人对于因时效受利益的当事人,于诉讼外行使其权利的意思表示。

(2)义务人同意履行义务。义务人同意,是指义务人表示知道权利存在的行为,并通过一定方式(口头的或书面的)向权利人作出愿意履行义务的意思表示。

(3)权利人提起诉讼或者申请仲裁。在诉讼时效期间内,当事人向法院提起诉讼,或者向仲裁机构提出申请时,表明其已经开始行使自己的权利。

(4)与提起诉讼或者申请仲裁具有同等效力的其他情形。具有同等效力的行为,例如申请支付令,申请破产、申报破产债权,为主张权利而申请宣告义务人失踪或死亡,申请诉前财产保全、诉前临时禁令等诉前措施,申请强制执行,申请追加当事人或者被通知参加诉讼,在诉讼中主张抵销。

诉讼时效中断,使以前经过的期间归于消灭,时效重新开始计算。重新计算时效期间起算点的方法是:第一,以起诉或提请仲裁、调解而中断的,自判决、裁定、调解协议生效之时起重新计算。第二,以其他方式主张权利而中断的,自中断原因发生时重新计算。第三,因债务人同意履行债务而中断的,自中断原因发生时重新计算。

(五)诉讼时效适用的权利类型及不适用的范围

《民法典》第196条规定的是不适用诉讼时效的请求权。诉讼时效的适用范围也称诉讼时效的客体,是指哪些权利可以适用诉讼时效制度。本条对此未作明确规定,只是规定了不适用诉讼时效的部分请求权。这意味着,诉讼时效制度的适用范围其实就是请求权中的一部分。

不适用诉讼时效事由的具体情形是:

1. 请求停止侵害、排除妨碍、消除危险。尽管都是保护权利的请求权,但是性质有所区别,无论经过多长时间,法律不可能任由侵害物权的行为取得合法性。

2. 不动产物权和登记的动产物权的权利人请求返还财产。不动产和登记的动产物权价值较大,事关国计民生和社会稳定,并且具有公示性,不能因时效期间的完成而使侵害行为合法化。

3. 请求支付抚养费、赡养费或者扶养费。目的是为了保护不能依靠自己的劳动收入维持生活的人,使其具有请求与其有亲属关系的依照法律规定负有赡养、扶养或者抚养义务的人给付费用的请求权,以使自己能够正常生活。

4. 依法不适用诉讼时效的其他请求权。例如,《民法典》第995条规定的停止侵害、排除妨碍、消除危险、消除影响、恢复名誉、赔礼道歉请求权,都是人格权请求权,不适用诉讼时效的规定。

(六)诉讼时效期间的强制性

《民法典》第197条规定的是诉讼时效期间的强制性,即诉讼时效是不可以自己约定的,当事人对诉讼时效利益的预先放弃也是无效的。

(七)仲裁时效与诉讼时效的衔接

《民法典》第198条规定的是仲裁时效,即法律对仲裁时效有规定的,依照其规定;没有规定的,适用诉讼时效的规定。也就是说,《仲裁法》对仲裁时效有规定的,依照其规定,对于没有规定的部分,直接适用《民法典》诉讼时效的规定。

(八)有关除斥期间的一般规定

《民法典》第199条规定的是除斥期间,是除斥期间的一般规则。

除斥期间的适用范围是撤销权、解除权等权利,这些权利都是形成权,因此,与请求权不同,形成权适用除斥期间。

下 卷
民法分论

第八章　物权编

《民法典》第二编规定的是物权。物权是权利人依法对特定的物享有的直接支配和排他的权利。物权编调整的是因物的归属和利用产生的民事法律关系。其中，物的归属关系是所有权法律关系，物的利用关系是他物权法律关系，包括用益物权和担保物权法律关系。物权编还调整有关对物的占有的法律关系。《民法典》的物权编，就是依照所有权、用益物权、担保物权和占有的逻辑关系，进行编排的。

一、物权和物权法律关系

(一) 物权的概念

物权，是权利人依法对特定的物享有的直接支配和排他的民事权利。

(二) 物权法律关系

物权法律关系，是因对物的归属和利用而在民事主体之间产生的权利义务关系。

这一定义的关键点包括三个方面的内容：

第一，物，是物权法律关系的客体，在社会生活中代表着的是财富。对物的支配的权利义务关系，就是物权编调整的范围。

第二，归属，是在物权法律关系中，确定特定的物归属于特定的民事主体的关系，在物权体系中，表现为所有权即自物权。所有权是最典型的物权，包括单独所有权、共有权、建筑物区分所有权。

第三，利用，是在物权法律关系中，民事主体利用他人的物为自己创造利益的关系，在物权体系中是他物权，包括用益物权和担保物权。用益物权包括土地承包经营权、建设用地使用权、宅基地使用权、居住权和地役权;担保物权包括抵押权、质权和留置权等。

所有权、用益物权和担保物权以及占有,构成我国的物权体系,这些物权法律关系是《民法典》物权编的调整范围。

(三)物权平等保护原则

《民法典》第 207 条规定,国家、集体、私人的物权和其他权利人的物权受法律平等保护,任何组织或者个人不得侵犯。实际上,财产权利平等保护原则,在《民法典》第 113 条就做了规定,物权平等保护包含在第 113 条规定的财产权利平等保护原则中。

由于在物权法律关系中,存在国家所有权、集体所有权和私人所有权的区别,《宪法》还有关于公共财产神圣不可侵犯的规定,为避免在物权法律关系领域出现对私人所有权的歧视,需要保留物权平等保护原则。物权平等保护原则表现为:

第一,物权的主体平等,不得歧视非公有物权的主体。

第二,物权平等,无论是国家的、集体的、私人的还是其他权利人的物权,都是平等的物权,受物权法规则的约束,不存在高低之分。

第三,平等受到保护,当不同的所有权受到侵害时,在法律保护上一律平等,不得对私人的物权歧视对待。

二、物权的设立、变更与转让

(一)物权变动概述

物权的设立、变更、转让和消灭,统称为不动产物权变动。

一个物权的变动要有两个行为:一是债权行为,即当事人之间订立的物权变动的合同,例如转让建筑物区分所有权的合同;二是物权行为,即物权自出让人手中转让到受让人手中的行为。这里的债权行为是物权变动的基础法律行为,而物权变动是当事人转让物权的债权行为的意愿,是实现物权变动的目的。在不动产物权变动中,这两个行为的区别比较清晰,即订立了不动产属转让合同之后,还必须进行不动产产权的过户登记行为,这样才能真正实现物权变动的效果。

当事人之间订立有关设立、变更、转让和消灭物权的合同,就是物权变动的债权行为。这个合同的效力,当然是除法律另有规定或者当事人另有约定外,自合同成立时生效。这是对不动产物权变动合同发生法律效力的规则。如果在物权变动的债权行为成立后,双方当事人并未办理登记或未交付,这表明物权还没有发生变动。但该合同的效力并不受影响,物权变动的合同仍然有效,并不因为物权还没有登记或是交付而使合同行为的效力发生受到影响。

这一规则具有重要意义。当物权转让合同生效之后,由于没有进行物权过户登记或交付,一方当事人借故否认合同的效力,对方当事人有权主张合同有效,进而主张进行物权登记或交付,取得债权约定的物权。

(二)不动产物权变动

不动产物权变动的公示方法是登记。不动产物权变动必须依照法律规定进行登记,只有经过登记,才能够发生物权变动的效果,才具有发生物权变动的外部特征,才能取得不动产物权变动的公信力。不动产物权变动未经登记,不发生物权变动的法律效果,法律不承认其物权已经发生变动,也不予以法律保护。在不动产物权变动的规则中,登记发生物权变动是基本规则,无须登记便可发生物权变动是例外规则,且须法律特别规定。其含义在于,进行不动产物权变动,在法律没有特别规定的情况下,必须登记才发生物权变动效果,只有在法律有特别规定的情况下,才应当按照法律规定的方式进行不动产物权变动。例如《民法典》第374条规定:"地役权自地役权合同生效时设立。"这就是法律规定的例外。

《民法典》第214条规定,不动产物权的设立、变更、转让和消灭,依照法律规定应当登记的,自记载于不动产登记簿时发生效力。只有记载于不动产登记簿的时间,才是不动产物权变动的时间,即不动产变动的信息登记记载在不动产登记簿上的时候,设立登记的申请人才成为真正的物权人,变更登记的申请人的物权发生变更,转让物权的申请人取得物权,消灭物权的申请人的物权予以消灭。不动产权属证书是权利人享有该不动产物权的证明。当不动产登记机构完成登记后,依法向申请人核发不动产权属证书。当事人持有不动产权属证书,就能够证明自己是不动产权属证书登记的权利人。

不动产权属证书尽管具有这样的证明作用,但其证明力来源于不动产登记簿的登记,而不是自己就是物权登记。因此,不动产权属证书与不动产登记簿的关系是:完成不动产物权公示的是不动产登记簿;不动产物权的归属和内容以不动产登记簿的记载为根据;不动产权属证书只是不动产登记簿所记载的内容的外在表现形式。简言之,不动产登记簿是不动产权属的母本,不动产权属证书是证明不动产登记簿登记内容的证明书。故不动产权属证书记载的事项应当与不动产登记簿一致;如果出现记载不一致的,除有证据证明并且经过法定程序认定不动产登记簿确有错误的外,物权的归属以不动产登记簿为准。

由于不动产登记具有公示性和公信力,因而具有公开的性质,权利人和利害关系人都有权进行查询和复制。这是权利人和利害关系人的权利,有关登记机构应当满足权利人和利害关系人查询、复制的要求。权利人,是指不动产权属持有者,以及不动产权属交易合同的双方当事人;利害关系人是在合同双方当事人以外的或者物权人以外的人中,可能和这个物权发生联系的人。

当事人签订买卖房屋合同或者其他不动产物权合同,可以进行预告登记,以保证买受人和出让人的权利,特别是保障将来实现物权。进行了预告登记后,具有对抗效力,未经预告登记人的同意,出卖方的当事人不能再处分该不动产,处分该不动产的也不能发生物权转移的效力,这使预告登记人登记的债权得到了保障。预告登记的期限较短,只有在债权消灭或者自能够进行不动产登记之日起的3个月:(1)债权消灭使债权不复存在,例如已经交付房屋,合同义务履行完毕;(2)自能够进行不动产登记,是指具备了物权登记条件,可以进行物权登记。自上述两种情况起的3个月内,预告登记人未申请登记的,预告登记失效,不再具有对抗效力。

(三) 动产物权变动

动产物权的变动,包括动产物权的设立和转让,生效时间是自动产交付之时发生效力。这是动产物权变动的公示方式,也是动产物权以交付占有确定物权变动的标志。

占有是在静态形态下,即在不发生物权变动的情况下,发挥动产物权变动的公示作用,即占有推定所有权;交付是在动态的形态下,即在物权发生变动的情况下,发挥动产物权的公示作用,即交付标志着物权的变动。动产交付着眼于动态的动产物权变动,交付作为公示方法,公示了物权的运动过程,其结果是转移占有和受让占有,最终的占有作为一种事实状态表示了交付的结果。

交付,是指动产的直接占有的转移,即一方按照法律的要求,将动产的直接占有转移给另一方。这就是现实交付,是最传统的交付方式,是对动产的事实管领力的移转,是使受让人取得标的物的直接占有。动产因交付而取得直接占有,故动产的交付使受让人取得了对物的事实上的管领力。现实交付的基本特征是现实表现出来的交付,也就是使动产标的物从出让人的支配管领范围脱离,进入买受人的支配管领领域,因而不是观念形态的交付,而是具有了可以被客观认知的现实形态,能够被人们所识别。动产因交付而实现变动,受让人实际取得对发生物权变动的动产的现实占有,取得了该动产的所有权。所以,动产物权变动的生效时间以动产交付的时间为准。

三、物权的保护

(一)物权保护及其方法

物权的保护,是指通过法律规定的方法和程序,保障物权人在法律许可的范围内,对其所有的财产行使占有、使用、收益、处分权利的制度。物权的保护是物权法律制度必不可少的组成部分。

物权的民法保护,主要是通过物权请求权实现的。物权的权利人在其权利的实现上遇有某种妨害时,有权对妨害其权利的人请求除去妨害,这种权利叫物权请求权。物权请求权的主要内容是请求他人返还原物、排除妨碍、恢复原状等权利。

物权的民法保护还有侵权请求权的方法,即行为人的行为构成侵害物权的侵权行为的,权利人可以依照《民法典》侵权责任编的规定,请求侵权行为人承担损害赔偿责任。

(二)物权请求权的行使

物权的权利人行使保护物权请求权,可以直接向行为人请求,也可以通过其他民事程序等方法进行。《民法典》第233条规定的就是物权权利人通过和解、调解、仲裁、诉讼等途径,行使物权请求权,保护自己的物权。和解通常被认为是"私了";调解是通过第三人进行调停;仲裁是当事人协议约定仲裁条款,选择仲裁机构,由仲裁机构裁决解决;诉讼则是向人民法院起诉,由人民法院判决或者调解解决。

1. 物权的确权请求权

确权请求权也叫物权确认请求权,与物权请求权不是同一性质的权利,因为物权请求权的行使,可以通过自力救济,也可以通过公力救济,但物权确认请求权必须依赖于公权力,须由司法机关行使裁判权,无法通过自力救济确认物权。

物权确认请求权仍然是物权人享有的权利,不享有物权的人不享有物权确认请求权。

物权确认请求权的权利主体为与物权有关的利害关系人,包括物权人本人、物权人的监护人及其他近亲属、委托代理人、指定代理人。在争议发生时,物权的名义登记人和真实的物权人都是利害关系人。物权确认请求权的确认人是人民法院、行政机关以及仲裁机构。其他人不享有这样的权力。

行使物权确认请求权的目的是确认物权的归属。物权确认请求权行使之后,确认人应当认真审查,根据证据作出物权确认请求权是否成立的判断。确定物权确认请求权成立的,确认争议的物权归属于物权确认请求权人;确定物权确认请求权不成立的,则驳回请求人的诉讼请求。

2. 返还原物请求权

返还原物请求权,是指物权人对于无权占有标的物之人的请求返还该物的权利。所有权人在其所有物被他人非法占有时,可以直接向非法占有人请求返还原物,或请求法院责令非法占有人返还原物。适用返还原物保护方法的前提,须原物仍然存在,如果原物已经灭失,则只能请求赔偿损失。

财产所有权人只能向没有法律根据而侵占其所有物的人,即非法占有人请求返还。如果非所有权人对所有权人的财产的占有是合法占有,合法占有人在合法占有期间,所有权人不能请求返还原物。由于返还原物的目的是要追回脱离所有权人占有的财产,故要求返还的原物应当是特定物;如果被非法占有的是种类物,除非该种类物的原物仍存在,否则就不能要求返还原物,只能要求赔偿损失,或者要求返还同种类或者同质量的物。所有权人要求返还财产时,对由原物所生的孳息可以同时要求返还。

请求权人向相对人主张返还原物请求权,应当举证证明自己是物权人,而占有人对该物的占有属于无权占有。对不动产,请求权人只要能够举证证明自己已经登记,即可证明自己是物权人;如果占有人主张请求权人不享有物权,也须举证证明。对于动产,由于没有登记的公示方式证明,须请求权人举证证明动产归属于自己。占有人对请求权人的物权归属没有异议,仅主张自己为合法占有的,也须自己举证证明这一主张成立。

3. 停止侵害、排除妨碍、消除危险请求权

停止侵害请求权,是物权本身包含的权利人有权禁止他人侵害其物权,在行为人实施侵害物权的行为时有权请求其停止侵害的权利。

排除妨碍请求权,是指当物权的享有和行使受到占有以外的方式的妨碍,物权人对妨碍人享有请求排除妨碍,而使自己的权利恢复圆满状态的物权请求权。由于他人的非法行为妨碍物权人行使其占有、使用、收益、处分的权能时,物权人可以请求侵害人排除妨碍或者请求法院责令排除妨碍,以保护物权人充分行使其物权的各项权能。行使排除妨碍请求权的条件是:(1)被妨碍的标的物仍然存在,且由

所有权人占有。(2)妨碍人以占有以外的方法妨碍所有人行使所有权,例如,在他人的房屋边挖洞而危及房屋安全、对他人财产非法利用、非法为所有权设定负担等。(3)妨碍须为非法、不正当,但并不要求妨碍人具备故意或者过失。(4)妨碍的行为超越了正常的容忍限度。物权人应当承担适度容忍义务,对他人对物权形成轻微、正当的妨碍予以容忍,这既是维护社会和睦所必需的,也是相邻关系的重要内容。排除妨碍的费用应当由非法妨碍人承担。

消除危险请求权,是指由于他人的非法行为足以使财产有遭受毁损、灭失的危险时,物权人有权请求人民法院责令其消除危险,以免造成财产损失的物权请求权。采用消除危险这种保护方法时,应当首先查清事实,只有当危险是客观存在的,且由于这种违法行为足以危及财产安全时,才能运用消除危险的方法来保护其所有权,判断标准是根据社会一般观念确认。危险的可能性主要是针对将来而言,只要将来有可能发生危险,物权人便可行使此项请求权。对于过去曾经发生但依事实将来不可能发生危险的,不能行使消除危险请求权。消除危险的费用,由造成危险的行为人负担。

(三)侵权请求权的行使

1. 恢复原状请求权

恢复原状请求权,是指权利人的财产因受非法侵害遭到损坏时,如果存在恢复原状的可能,可以请求侵害人恢复财产原来状态,或者请求法院责令侵害人恢复财产原状的物权请求权。恢复原状一般是通过修理或其他方法使财产在价值上恢复到财产受损害前的状态。

确立恢复原状请求权的基础是,如果被毁损的物是不可替代物时,加害人应当负责修缮,而不能通过金钱赔偿受害人。受害人对恢复原状或价格赔偿有选择权,因此所有权失去保障的顾虑将不复存在。因此,恢复原状应当作为一项独立的物权请求权,对于保护物权具有重要意义。

关于恢复原状的方式,《民法典》第237条规定的修理、重作和更换并不是合同法意义上的修理、重作和更换,而是通过修理、重作或者更换而使物的原状予以恢复。不过,这种解释还是比较牵强,因为这一规定本身就是不正确的,修理当然可以恢复原状,重作尚可勉强,更换即为以新换旧,性质属于实物赔偿,不再是恢复原状的范畴了。

恢复原状的标准,是使受到损坏的原物性状如初。通过修理或者重作以及其他方法,使受到损害的物恢复到原来状态,就完成了恢复原状的要求。不过在实际上,原物被损坏后,通过修理,尽管能够达到原物的使用性能,但通常会使其价值贬损,损失并没有完全得到填补。这种称为"技术上贬值"的损失,不能达到恢复原状的要求。对通过维修等使受到损坏的物初步恢复原状但存在技术贬值的,应当对贬值部分予以赔偿。

2. 损害赔偿请求权

损害赔偿请求权,是指当他人的非法行为造成了财产的毁损和灭失,侵害了权利人的物权时,权利人所享有的补偿其损失的侵权请求权。

确定侵害物权的侵权请求权,应当依照《民法典》侵权责任编第1165条第1款或者其他条文规定具备侵权责任构成要件。物权受到侵害后,由于他人的侵权行为造成财产的毁损、灭失,无法恢复原状或返还原物时,财产所有权人可以请求侵权人赔偿损失。赔偿损失是对不法侵害造成的财产毁损、灭失,以原物的价值折合货币进行赔偿。赔偿损失分为两种情况:一是,因侵害人的侵权行为而致财产不能要求返还或全部毁损的,侵权人要依财产的全部价值予以赔偿;二是,财产受到侵害,但在现有情况下仍有使用的可能的,侵权人要按照财产减损的价值进行赔偿。

四、所有权

(一)所有权的概述

1. 所有权的概念和特征

所有权,是指权利人依法按照自己的意志通过对其所有物从占有、使用、收益和处分等方式,进行独占性支配,并排斥他人非法干涉的永久性物权。

所有权是物权制度的基本形态,是其他各种物权的基础。所有权以外的物权都是由所有权派生出来的,因此,所有权是其他物权的源泉。其特征是:

(1)所有权具有完全性,包括对物最终予以处分的权利。

(2)所有权具有原始物权性,它不是从其他财产权派生出来的,而是由法律直接确认财产归属关系的结果。

(3)所有权具有弹力性,所有权人能够在某所有物上为他人设定他物权。

(4)所有权具有永久存续性,不能预定其存续期间,也不因时效而消灭。

2. 所有权的权能

所有权的权能,是所有权人为利用所有物以实现对所有物的独占利益,而于法律规定的范围内可以采取的各种措施与手段，表现了所有权的不同作用形式，是构成所有权内容的有机组成部分，包括积极权能和消极权能。

所有权的积极权能是，所有权人利用所有物实现所有权而须主动进行行为的效力，包括：

(1)占有权能，是指所有权的权利主体对物实际管领和支配的权能，它不是行使所有权的目的，而是所有权人对物进行使用、收益或处分的前提。

(2)使用权能，是指所有权人按照物的性能和用途对物加以利用，以满足生产、生活需要的权能。

(3)收益权能，是指收取由原物产生出来的新增经济价值的权能，所有物新增的经济价值包括孳息与利润。

(4)处分权能，是指权利主体对其财产在事实上和法律上进行处置的权能，是所有权的主要权能。因为处分权能涉及物的命运和所有权的发生、变更和终止问题，而占有、使用、收益通常不发生所有权的根本改变。

占有、使用、收益、处分四项权能一起，构成所有权的积极权能。

所有权的消极权能，是指所有权人有权排除他人违背其意志对其所有物的干涉。其权利表现形式，就是物权请求权。

(二)国家所有权、集体所有权和私人所有权

1. 国家所有权

国家所有权，是国家对全民所有的财产进行占有、使用、收益和处分的权利。国家所有权具有特殊的法律地位，这是由全民所有制经济决定的。全民所有制是社会全体成员共同占有社会生产资料的一种所有制形式，这种所有制形式在法律上表现为国家所有权。国家作为社会中心，代表着全体人民的根本利益，全体人民也须通过其代表者，国家，才能形成一个整体，使其有步骤、有计划、有目的地共同支配全民财产，使生产资料在分配使用上与社会的共同利益相结合、相协调。其特征包括两方面的内容，一是国家所有权的权利主体具有统一性和唯一性；二是国家所有权的权利客体具有无限广泛性和专有性。

按照《民法典》的规定，矿藏、水流、海域属于国家所有。无居民海岛属于国家所有。城市的土地，属于国家所有。法律规定属于国家所有的农村和城市郊区的土地，属于国家所有。森林、山岭、草原、荒地、滩涂等自然资源，属于国家所有，但是法律规定属于集体所有的除外。法律规定属于国家所有的野生动植物资源，属

于国家所有。无线电频谱资源属于国家所有。法律规定属于国家所有的文物,属于国家所有。国防资产属于国家所有。铁路、公路、电力设施、电信设施和油气管道等基础设施,依照法律规定为国家所有的,属于国家所有。

《民法典》规定,国家机关对其直接支配的不动产和动产,享有占有、使用以及依照法律和国务院的有关规定享有处分的权利。国家举办的事业单位对其直接支配的不动产和动产,享有占有、使用以及依照法律和国务院的有关规定享有收益、处分的权利。国家出资的企业,由国务院、地方人民政府依照法律、行政法规规定分别代表国家履行出资人职责,享有出资人权益。

2. 集体所有权

集体所有权,是指劳动群众集体对集体所有财产的占有、使用、收益和处分的权利,是劳动群众集体所有制的法律表现。集体所有权同国家所有权一样,是建立在生产资料公有制基础上的所有权制度。

集体所有的不动产和动产包括:(1)法律规定属于集体所有的土地和森林、山岭、草原、荒地、滩涂;(2)集体所有的建筑物、生产设施、农田水利设施;(3)集体所有的教育、科学、文化、卫生、体育等设施;(4)集体所有的其他不动产和动产,例如生产原材料、半成品和成品、村建公路等。

农民集体所有的不动产和动产,属于本集体成员集体所有。农民集体所有的特点是:集体财产集体所有、集体事务集体管理、集体利益集体分享。农民集体所有的不动产和动产,属于本集体成员集体所有,这是农民集体财产集体所有的基本内容。集体所有权的主体是农民集体,具体的组织形式依照《民法典》第 99 条规定,是农村集体经济组织。《民法典》第 101 条第 2 款规定,未设立村集体经济组织的,村民委员会可以依法代行村集体经济组织的职能。

城镇集体所有,是城镇集体所有组织对其财产的所有形式。城镇中的手工业、工业、建筑业、运输业、商业、服务业等行业的各种形式的合作经济,都是劳动群众集体所有制经济,城镇集体所有制企业是企业财产属于劳动群众集体所有,实行共同劳动,在分配方式上以按劳分配为主体的经济组织。劳动群众集体所有,就是本集体企业的劳动群众集体所有。

3. 私人所有权

私人所有权,是指私人对其所有的财产依法进行占有、使用、收益和处分的权利。私人,是指自然人、个体工商户、农村承包经营户、外国人、无国籍人等。营利法人和非营利法人、特别法人以及非法人组织的所有权,也规定在私人所有权范围内。私人对其合法的收入、房屋、生活用品、生产工具、原材料等不动产和动产享有所有权。我国私人所有权的法律特征是:(1)私人所有权的主体,主要是自然人个人以及非公有的法人、非法人组织;(2)私人所有权的客体,包括私人的生活资料和生产资料;(3)私人财产的基本来源,是私人的劳动所得和其他合法收入;(4)私人所有权与其他所有权受到同等法律保护。

《民法典》特别规定,私人的合法财产受法律保护,禁止任何组织或者个人侵占、哄抢、破坏。事实上,在所有的财产权利保护中,最需要保护的是私人所有权。原因是,公有财产有国家、集体的力量予以保护,而私人所有权因为缺少这样的保护力量,具有脆弱的性质。因此,在对国家所有权、集体所有权以及私人所有权的保护中,应当有所倾斜,要更好地保护私人所有权。

(三) 业主的建筑物区分所有权

1. 建筑物区分所有权的概念

建筑物区分所有权,是指区分所有建筑物的所有人对其专有部分享有独自占有、使用的专有权,对共同使用部分享有共有权,以及对建筑物的整体享有成员权,并构成的建筑物的复合共有权。

《民法典》物权编第六章规定了业主的建筑物区分所有权。建筑物区分所有权的法律特征是:(1)建筑物区分所有权的客体具有整体性,建筑物区分所有权是建立在整体的建筑物上面的所有权形式。(2)建筑物区分所有权的内容具有多样性,由专有权、共有权和成员权构成。(3)建筑物区分所有权本身具有统一性,尽管建筑物区分所有权包括专有权、共有权和成员权三个部分,但它却是一个实实在在的独立的、统一的、整体的权利;(4)建筑物区分所有权中的专有权具有主导性,登记专有权即设立了区分所有权,共有权、成员权随此而发生,不必单独对两者进行登记。

2. 专有权

建筑物区分所有权的专有权,是指权利人享有的以区分所有建筑物的独立建筑空间为标的物的专有所有权。专有权是建筑物区分所有权的核心部分,是区分所有权的单独性灵魂,也是建筑物区分所有权中的单独所有权要素。

在区分所有的建筑物中,建筑区划内符合下列条件的房屋,以及车位、摊位等特定空间,应当认定为专有部分。规划上专属于特定房屋,且建设单位销售时已经根据规划列入该特定房屋买卖合同中的露台等,应当认定为专有部分的组成部分。

专有部分的范围须是建筑物的独立建筑空间所包括的范围:(1)构造上的独立性,即应当是一个单独的单元,在构造上能够明确区分这个单元和那个单元是分开的,独立的空间。(2)利用上的独立性,一个单元就是一个利用的单位,单元之间不可以相通,能独立、排他使用。(3)能够登记成为特定业主所有权的客体,业主买到特定单元就可以登记所有权。确定专有部分的具体标准,采"最后粉刷表层兼采壁心"说,即在内部,专有部分应仅包含壁、柱、地板及天花板等境界部分表层所粉刷的部分,在外部上,专有部分应包含壁、柱、地板及天花板等境界部分厚度的中心线。不能独立使用的建筑空间不能设定专有权。

专有权人的权利是:(1)包括所有权的一切权能;(2)对自己的专有部分可以转让、出租、出借、出典、抵押;(3)享有物权保护请求权。

专有权人的义务是:(1)不得违反使用目的而使用;(2)维护建筑物牢固和完整;(3)不得侵害专有部分中的共有部分;(4)准许进入的义务;(5)损害赔偿义务。各业主作为专有权人,共居一栋建筑物之内,相邻关系是非常重要的权利义务关系,必须严加规范,以保持秩序的协调和生活的安宁,更好地保护各业主的合法权益。

3. 共有权

建筑物区分所有权中的共有权,是指以区分所有建筑物的共有部分为标的物,全体业主共同享有的不可分割的共同共有权。其权利人为全体业主。共有权是建筑物区分所有权的"共同性灵魂",与建筑物区分所有权中的专有权构成建筑物区分所有权的两个"灵魂"。

共有权的标的物,是区分所有建筑物中的共有部分。确定共有部分的一般规则是,"建筑物专有部分以外"的部分都是"共有部分"。共有部分主要包括:(1)建设用地使用权;(2)建筑物基本构造部分;(3)车库车位(不含设置专有权的车库车位);(4)道路;(5)绿地;(6)会所;(7)其他公共场所;(8)公用设施;(9)物业服务用房;(10)楼顶平台;(11)外墙面;(12)维修资金;(13)共有部分产生的收益。

共有权的权利义务关系表现为,业主作为共有权人对共有部分享有的权利和负担的义务。

业主对于共有部分享有的权利是:(1)使用权;(2)收益共享权;(3)处分权;(4)物权请求权。

业主对于共有部分负有的义务是:(1)维护现状的义务;(2)不得侵占的义务;(3)按照共有部分的用途使用的义务;(4)费用负担义务。对于上述义务,业主不得以放弃其权利为由拒绝履行。

4. 成员权(管理权)

成员权就是管理权,是区分所有建筑物的业主作为整栋建筑物所有人团体成员之一,所享有的对区分所有的建筑物进行管理的权利。

整栋建筑物的所有权,实际上是一种特殊的按份共有所有权。与按份共有关系一样,各业主之间是共有关系,共同构成所有人的团体,即业主大会和业主委员会。全体业主组成一个团体,整体享有住宅建设用地使用权以及其他共同的权利,管理共用设施及其他事务,解决纠纷。区分所有建筑物的管理,是指为维持区分所有建筑物的物理机能,并充分发挥其社会的、经济的机能,对其所为的一切经营活动,有关建筑物之保存、改良、利用、处分,以及业主共同生活秩序的维持等,均属管理范畴。

管理权的特征是:(1)管理权基于业主的团体性而产生;(2)管理权与专有权、共有权相并列,处于同等地位;(3)管理权是永续性的权利。

全体业主享有管理权,而行使管理权的团体是业主大会,业主大会选举出业主组成业主委员会,行使日常管理权。业主大会具有团体性,应当将其认定为非法人组织,作为民事主体和民事诉讼主体,享有相应的资格,以更好地保护全体业主的合法权益。设立业主大会,实施业主对区分所有建筑物的管理。地方人民政府有关部门和居委会对设立业主大会和选举业主委员会给予指导和帮助。业主大会由全体业主组成,每个业主都有选举权和被选举权,有决定事项的投票权。业主大会的活动方式是举行会议,作出决议。其职责是,对外,代表该建筑物的全体业主,其性质为非法人组织性质的管理团体,代表全体所有人为民事法律行为和诉讼行为;对内,对建筑物的管理工作作出决策,对共同事务进行决议,如制定管理规约,选任、解任管理人,共有部分的变更,建筑物一部毁损的修建等。业主大会应当定期召开,每年至少召开一次至两次。

(四)相邻关系

1. 相邻关系及处理相邻关系的要求

相邻关系,是指不动产的相邻各方在行使所有权或其他物权时,因相互间应当给予方便或接受限制而发生的权利义务关系。《民法典》物权编第七章规定了相邻关系。

相邻权利义务关系也可以从权利的角度称其为相邻权。不过,相邻权不是一种独立的物权,而是大法律直接规定而产生的所有权的内容,其实质是对不动产所有人、用益物权人以及占有人行使所有权、用益物权或占有的合理延伸和必要限制,故不能以法律行为变动不动产相邻关系,只能根据不动产相邻的事实进行判断和主张。

相邻关系涉及权利主体的切身利益,极易引起纠纷。正确处理相邻关系,对相邻各方的利益关系进行合理协调、妥善处理,及时解决纠纷,使人民团结,社会安定。

处理不动产相邻关系的要求是:

(1)有利生产,方便生活。充分发挥不动产的使用效益,最大限度地维护各方的利益,以实现法律调整相邻关系所追求的社会目的。

(2)团结互助,公平合理。相邻各方在行使其权利时,应互相协作,团结互助,互相尊重对方的合法权益,不能以邻为壑,损人利己。当争议发生时,应在相互协商的基础上,以团结为重,强调互助,公平合理地处理相邻纠纷。

(3)尊重历史和习惯。相邻各方发生纠纷,应当依照历史情况和当地习惯来处理,这是最好的解决方法。

2. 相邻用水、排水和滴水、流水关系

相邻用水、排水和滴水、流水关系,是相邻关系的重要内容,其基本规则是:

(1)相邻用水关系。这是最重要的相邻关系之一。在我国,水资源为国家所有,相邻各方均有权利用自然流水。对水资源的利用,应依"由远及近、由高至低"的原则依次灌溉、使用,任何一方不得擅自堵塞或者排放;如果一方擅自阻塞、独占或改变自然水流,影响到他人正常生产、生活的,他方有权请求排除妨碍和赔偿损失。

(2)相邻排水关系。不动产相邻之间必须解决排水问题。如果相邻一方必须通过另一方的土地进行排水,另一方应当准许。排水人应当对对方的土地等财产采取必要的保护措施,防止造成对方的权利损害。若造成损害,无论是不可避免的损害,还是由于过错而造成对方的损害,甚至是有造成损害危险的,都有义务停止侵害、消除危险、恢复原状,造成损失的应当赔偿。

(3)相邻滴水、流水关系。不动产权利人修建房屋或者开挖沟渠,应与相邻他方的不动产保持一定距离和采取必要措施,防止屋檐滴水或流水对相邻方造成损害。由此而妨碍和损害对方的,应当排除妨碍、赔偿损失。

3. 相邻通行关系

相邻通行关系,是相邻关系中的重要内容,对确有必要的,相邻方应当提供必要便利。土地权利人的基本权利之一是禁止他人进入自己的土地。非法侵入不动产特别是土地,构成侵害财产权的侵权行为。不过,在相邻土地之间,如果存在通行的必要,须保证相邻方的必要通行权。

相邻土地通行关系主要包括:

(1)邻地通行。此种关系又被称为袋地通行权,是指土地与公路无适宜的联络,致不能为通常使用,土地所有人可以通行周围地以至公路的相邻权。相邻一方的土地处于另一方土地包围之中,或者由于其他原因,相邻一方必须经过相邻方使用的土地通行的,另一方应当准许;对邻地享有通行权的人,应当选择对相邻方损害最小的线路通行;因邻地通行造成相邻一方损害的,应当依法赔偿相邻方的损失。

(2)通行困难。此种关系又被称为准袋地通行权。虽然不动产权利人有路通行,但如果不经过另一方的土地通行则非常不便利,且会发生较高费用的,相邻方应当准许不动产权利人通过自己的土地,并提供便利。通行困难不同于袋地通行。袋地通行是指不动产权利人无路可走,不得不利用相邻一方的土地通行。通行困难不是无路可走,而是不通过相邻一方的土地则通行非常不便利,且费用过巨,或者具有危险。通行困难与袋地通行存在差别,在法律适用上也有所区别。相邻方提供便利,准许通行困难的不动产权利人在自己的土地上通行的,不动产权利人应当对于相邻方予以补偿。

(3)历史通道。因历史原因形成的必要通道,所有人、用益人或者占有人不得随意堵塞或妨碍他人通行;需要改造的,必须与通行人事先协商一致;如果另有其他通道可以通行,并且堵塞后不影响他人通行的,则可以堵塞历史通道而通行其他通道。

4. 相邻土地利用关系

不动产权利人由于行使自己的权利而必须利用相邻方的土地、建筑物时,构成相邻土地及建筑物的利用关系。其规则是:不动产权利人因建造、修缮建筑物以及铺设电线、电缆、水管、暖气和煤气等管线必须利用相邻土地、建筑物的,该土地、建筑物的权利人应当提供必要的便利。相邻土地利用关系主要包括:

(1)临时占用。相邻一方因建造、修缮建筑物或者其他管线,需要临时占用他方土地、建筑物时,他方应当允许。

(2)长期使用。相邻一方因建造、修缮建筑物或者其他管线,必须通过另一方所有或使用的土地、建筑物而架设电线、埋设电缆、水管、煤气管、下水道等管线时,他方应当允许。安设管线应选择对相邻他方损害最小的线路和方法为之,由此而造成的损失,应当由安设方给予赔偿。

5. 相邻通风、采光、日照关系

建筑物的通风、采光和日照,是相邻关系中的重要内容。相邻各方修建房屋或其他建筑物,相互间应保持适当距离,不得妨碍邻居的通风、采光和日照。如果建筑物影响相邻方的通风、采光、日照和其他正常生活的,受害人有权请求排除妨碍、恢复原状和赔偿损失。例如,在城市建筑物密集地区,安装空调机应当与对方建筑物的门窗保持适当距离,不能将空调的排风直接对着相邻方建筑物的门窗,防止对相邻方生活造成损害。

6. 相邻环保关系

相邻环保关系是相邻关系中的重要关系,关系相邻各方的生活和生产安全。相邻环保关系的规则是:

(1)排放污染物的限制。相邻各方应当按照《环境保护法》的有关规定排放废水、废气、废渣、粉尘以及其他污染物,排放时注意保护环境,防止造成污染。如果排放的污染物造成了损害,即使所排放的污染物并没有超过标准,相邻方也有权要求治理并请求赔偿损失。相邻一方产生的粉尘、光、噪声、电磁波辐射等超过国家规定标准,或者散发有害异味的,对方有权请求其停止侵害、赔偿损失。

(2)修建、堆放污染物。相邻一方修建厕所、粪池、污水池、牲畜栏厩,或堆放垃圾、有毒物、腐烂物、放射性物质等,应当与邻人的不动产保持一定距离,并采取防污措施,防止对相邻方的人身和财产造成损害。上述污染物侵入相邻不动产一方影响相邻方生产、生活的,受害人有权请求其排除妨碍、消除危险或赔偿损失。

(3)有害物质侵入。有害物质包括煤气、蒸汽、臭气、烟气、煤烟、热气、噪声、震动和其他来自他人土地的类似干扰的侵入。除上述列举以外,在环境保护法规中经常提到的废气、废渣、废水、垃圾、粉尘、放射性物质等,均包括在内。有害物质侵入防免关系的内容主要是,权利人享有请求排放一方的相邻人停止排放的权利,排放一方的相邻人负有停止侵入的义务,物质排放须按照环境保护法和有关规定处理,不得妨碍或损害相邻人的正常生产与生活。

7. 相邻防险关系

相邻防险关系也叫作相邻防险权,是指相邻一方当事人因使用、挖掘土地,或其所建建筑物有倒塌可能,给相邻当事人造成损害的危险时,在该相邻双方当事人间产生的一方享有请求他方预防损害、他方负有预防邻地损害的权利义务关系。

相邻防险关系的类型是：

(1)挖掘土地或建筑的防险关系。相邻一方在自己使用的土地上挖掘地下工作物，如挖掘沟渠、水池、地窖、水井，或者向地下挖掘寻找埋藏物，以及施工建筑等，必须注意保护相邻方不动产的安全，为相邻方保留必要的侧面支撑，不得因此使相邻方的地基动摇或发生危险，或者使相邻方土地上的工作物受其损害。已留出适当距离的挖掘或建筑，仍给相邻方造成损害的，应依据科学鉴定，予以免责或减轻责任。

(2)建筑物及其他设施倒塌危险的防免关系。相邻一方的建筑物或者其他设施的全部或一部分有倒塌的危险，威胁相邻另一方的人身、财产安全，相邻的另一方即受该危险威胁的相邻人有权请求必要的预防。这种必要预防的请求权不以被告有过失为必要，只须有危险的存在即可。

(3)放置或使用危险物品的防险关系。危险物品包括易燃品、易爆品、剧毒性、强腐蚀性物品等具有危险性的物品。放置或使用这些物品，必须严格按照有关法规的规定办理，并应当与邻人的建筑物等保持适当距离，或采取必要的防范措施，使邻人免遭人身和财产损失。违反相邻防险义务的，适用《民法典》的规定确定责任。给相邻方造成妨碍的，相邻方可以要求停止侵害，排除妨碍，给相邻方造成损失的，相邻方可以要求损害赔偿。

(五)共有

1. 共有权的概念和特征

共有权，是指两个以上的民事主体对同一项财产共同享有的所有权。共有权的特征是：(1)共有权的主体具有非单一性，须由两个或两个以上的自然人、法人或非法人组织构成。(2)共有物的所有权具有单一性，共有权的客体即共有物是同一项财产，共有权是一个所有权。(3)共有权的内容具有双重性，包括所有权具有的与非所有权人构成的对世性的权利义务关系，以及内部共有人之间的权利义务关系。(4)共有权具有意志或目的的共同性，即基于共同的生活、生产和经营目的，或者基于共同的意志发生共有关系。

2. 共有权的类型

共有权包括的类型是：(1)按份共有，即对同一项财产数个所有人按照既定的份额，享有权利、承担义务。(2)共同共有，即对同一项财产数个所有人不分份额地享有权利、承担义务。(3)准共有，即共有的权利不是所有权，而是所有权之外的他物权或知识产权。

按份共有与共同共有的区别是:第一,成立的原因不同。按份共有的成立无须以共同关系的存在为前提,共同共有的成立须以共同关系的存在为前提。第二,标的物不同。按份共有的共有财产多数为单一物或者少数财产集合,共同共有的标的物通常为一项财产,为财产集合。第三,权利的享有不同。无论是对外关系还是对内关系,按份共有人享有的权利和承担的义务都是按照份额确定的,共同共有则没有份额的限制,共有人共同享有权利,共同承担义务。第四,存续的期间不同。共同共有通常有共同的目的,因而存续期间较长,按份共有在本质上为暂时关系,可以随时终止。第五,分割的限制不同。按份共有可以随时请求分割共有财产,共同共有人在共有关系存续期间不得请求分割共有财产。

3. 处分共有物

关于处分共有的不动产或者动产以及对共有的不动产或者动产作重大修缮、变更性质或者用途的,应当经占份额 2/3 以上的按份共有人或者全体共同共有人同意,但是共有人之间另有约定的除外。

4. 管理共有物

关于共有人对共有物的管理费用以及其他负担,有约定的,按照约定;没有约定或者约定不明确的,按份共有人按照其份额负担,共同共有人共同负担。共有人约定不得分割共有的不动产或者动产,以维持共有关系的,应当按照约定,但是共有人有重大理由需要分割的,可以请求分割;没有约定或者约定不明确的,按份共有人可以随时请求分割,共同共有人在共有的基础丧失或者有重大理由需要分割时可以请求分割。因分割造成其他共有人损害的,应当给予赔偿。共有人可以协商确定分割方式。达不成协议的,共有的不动产或者动产可以分割并且不会因分割减损价值的情况下,应当对实物予以分割;难以分割或者因分割会减损价值的,应当对折价或者拍卖、变卖取得的价款予以分割。共有人分割所得的不动产或者动产有瑕疵的,其他共有人应当分担损失。

5. 共有份额的转让

按份共有的共有人对于其享有的共有份额,享有转让权,可以转让其享有的对共有财产的份额,这是共有人的权利。在按份共有人转让其共有份额时,其他共有人享有优先购买权,即在同等条件下,其他按份共有人可以先于共有人之外的其他人购买该份额。这是因为其他共有人享有优先购买权,可以将共有关系仍然保持在原来的共有人之间,不会有共有人之外的人加入共有关系而破坏共有人之间的信赖,进而使共有关系受到损害。通过按份共有的共有人享有优先购买权,就能在尽可能的情况下,使共有关系存续下去,避免外部的第三人加入现存的共有关系,维持共有关系的稳定。行使优先购买权的条件是同等条件,即其他共有人就购买该份额所给出的价格等条件与欲购买该份额的非共有人相同。当其他共有人与共有关系之外的其他人出价相同时,其他共有人有优先购买的权利,可以先买到该共有的份额。

共有人行使优先购买权的具体方法是:(1)按份共有人决定要转让其享有的共有不动产或者动产的份额。(2)决定转让其共有份额的按份共有人应当将转让条件及时通知其他共有人,其转让条件是其他人购买该份额时的出价等。(3)其他共有人应当在合理期限内行使优先购买权,该合理期限通常为30天。(4)两个以上的其他共有人都主张行使优先购买权的,应当采用协商的方法,确定各自的购买比例;协商不成的,则按照转让时各自的共有份额比例,行使优先购买权,取得出让的共有份额。

(六)善意取得

1. 善意取得的概念

善意取得,是指无权处分他人财产的财产占有人,将其占有的财产转让给第三人,受让人在取得该财产时系出于善意,即依法取得该财产的所有权,原财产所有人不得要求受让人返还财产的物权取得制度。在商品经济高度发展的现代社会,善意取得制度既是适应商品经济发展的交易规则,也是物权法的一项重要制度。

2. 善意取得的构成

善意取得的构成要件是:

(1)受让人受让该不动产或者动产时为善意。受让的财产包括动产和不动产,受让人受让时的主观状态是善意,即对无权处分不知情且无过失。

(2)以合理的价格转让。受让人须通过交换而实际占有已取得的财产,为有偿转让且价格合理。

(3)转让的动产或者不动产依照法律规定应当登记的已经登记,不需要登记的已经交付给受让人,不符合物权变动公示方法要求的,不发生善意取得效力。

3. 善意取得的效力

具备善意取得的构成要件,即发生善意取得的法律效力,原所有权人不得向善意受让人请求返还原物。确认善意取得,保护的是交易的动态安全,但也须对原所有权人的权利进行保护。原所有权人权利受到侵害的原因是,无处分权人的出让行为,属于侵害财产权的行为。依据这一法律事实,原所有权人产生侵权损害赔偿请求权,让与人对原所有权人负有损害赔偿义务,赔偿的范围包括原物的价值及因此而造成的其他损失。

善意受让人取得动产后,该动产上的原有权利消灭。但是,善意受让人在受让时知道或者应当知道该权利的除外。

不构成善意取得的转移占有,不发生善意取得效力,所有权人依物权请求权,有权向受让人请求返还,受让人负返还义务。原物已经灭失或毁损的,可以向受让人请求赔偿转让的价金。受让人负返还责任后,可以向出让人请求返还价金。

善意取得不仅适用于所有权的取得,也适用于他物权的取得,特别是用益物权的善意取得。

4. 遗失物

对于遗失物是否适用善意取得制度,存在争论,过去曾经在很长时间里,对遗失物采用追回的方法处理,不得适用善意取得制度。

《民法典》对遗失物的善意取得制度作出了规定,具体规则是:

(1)所有权人或者其他权利人有权追回遗失物,这是一般原则。

(2)如果该遗失物通过转让被他人占有的,权利人有权向无处分权人请求遗失物转让的损害赔偿,这是承认善意取得的效力,因而权利人向无处分权人请求损害赔偿;或者自知道或者应当知道受让之日起2年内向受让人请求返还原物,这是在行使物权请求权,但是受让人通过拍卖或者向具有经营资格的经营者购得该遗失物的,权利人请求返还原物时应当支付受让人所支付的费用。

(3)如果权利人取得了返还的遗失物,又向受让人支付了所付费用,有权向无处分权人进行追偿。

五、用益物权

(一)用益物权概述

1. 用益物权的概念和社会意义

用益物权,是指非所有权人对他人所有的物所享有的占有、使用和收益的他物权,包括土地承包经营权、建设用地使用权、宅基地使用权、居住权、地役权。

用益物权的社会意义是:

(1)用益物权是所有权的一种实现方式,所有权人通过对自己所有之物设定用益物权,能够在他人对自己所有之物的使用中实现一定的收益,从而实现所有权本身的价值。

(2)用益物权的目的是为了满足非所有人利用他人不动产的需求。

(3)用益物权有利于实现物的最大价值的利用,做到物尽其用。

2. 用益物权的法律特征

(1)用益物权是一种他物权,是在他人所有之物上设立一个新的物权。

(2)用益物权是以使用和收益为内容的定限物权,目的是对他人所有的不动产进行使用和收益。

(3)用益物权为独立物权,一旦依当事人约定或法律直接规定设立,用益物权人便能独立地享有对标的物的使用和收益权,除了能有效地对抗第三人以外,也能对抗所有权人。

(4)用益物权的客体限于不动产。

3. 用益物权的基本内容

用益物权的基本内容,是对用益物权的标的物享有占有、使用和收益的权利,是通过直接支配他人之物而占有、使用和收益。这些是从所有权的权能中分离出来的权能,表现的是对财产的利用关系。用益物权人享有用益物权,可以占有用益物、使用用益物,并对用益物进行直接支配并收益。

(二)土地承包经营权

1. 土地承包经营权的概念

土地承包经营,是我国农村经济体制改革的产物,对于促进我国农村经济的发展起到了重大推动作用。在经历了单干、互助组、合作社和人民公社的发展历程后,中国农村实行"一大二公"的体制,最终导致了农民对土地失去热情、农业经济发展严重受阻的状况。经过改革,农村实行土地承包经营,焕发了农民对土地经营的积极性,推动了农村经济的发展。时至今日,因土地承包经营权的设置而激发出来的农民经营土地的热情已经减弱。这些说明,一方面土地承包经营权对于"一大二公"的农村集体所有、集体经营的模式而言,是大大地解放了农村生产力,能够激发生产力的发展的;另一方面也表明,我国农村土地法律制度的进一步改革势在必行。

土地承包经营权,是指农村集体经济组织成员对集体所有或国家所有,由集体经济组织长期使用的耕地、林地、草地等农业土地,采取家庭承包、公开协商等方式进行承包,依法对所承包的土地等占有、使用和收益的用益物权。土地承包经营权人依法享有对其承包经营的耕地、林地、草地等占有、使用和收益的权利,有权自主从事种植业、林业、畜牧业等农业生产。

2. 土地承包经营权的期限

土地承包经营权的期限是:(1)耕地的承包期为30年;(2)草地的承包期为30年至50年;(3)林地的承包期为30年至70年。

承包期届满,由土地承包经营权人依照农村土地承包的法律规定继续承包。《农村土地承包法》第25条规定:承包合同生效后,发包方不得因承办人或者负责人的变动而变更或者解除,也不得因集体经济组织的分立或者合并而变更或者解除。这有利于土地承包经营权的稳定,有利于维护土地承包经营权人的合法权益。

3. 国家对集体土地的征收

国家基于公共利益的需要而征收集体所有的农村土地时,在该土地上设立的土地承包经营权消灭。国家在征收承包经营的土地时,应当给予土地承包经营权人相应的补偿。对此,《民法典》第243条有明确的规定。有关方面应当将征地的补偿标准、安置办法告知土地承包经营权人。土地补偿费等费用的使用、分配办法,应当依法经村民会议讨论决定。任何单位和个人不得贪污、挪用、截留土地补偿费等费用。

4. 土地经营权

《民法典》第339条规定,土地承包经营权人可以自主决定依法采取出租、入股或者其他方式向他人流转土地经营权。

土地经营权,是在农村土地承包经营的三权分置制度之上产生的权利,即在农村土地集体所有权的基础上,设立土地承包经营权,再在土地承包经营权之上设立土地经营权,构成三权分置的农村土地权利结构。其中,土地所有权归属于农村集体经济组织所有,土地承包经营权归属于承包该土地的农民家庭享有。由于土地承包经营权流转性不强,因而在土地承包经营权之上,再设立一个土地经营权,属于土地承包经营权人享有的、可以进行较大范围流转,并且能够保持土地承包经营权不变的用益物权。由于这个权利是建立在用益物权基础上的用益物权,因此可以称之为"用益用益物权",或者"他他物权"。

建立在土地承包经营权上的土地经营权,是土地承包经营权人的权利,权利人可以将其转让,由他人享有和行使土地经营权,而土地承包经营权人保留土地承包经营权,并因转让土地经营权而使自己获益。这就是设置三权分置制度的初衷。

土地经营权也是用益物权,通过转让而取得土地经营权的权利人,是用益物权人,享有用益物权的权利。由于土地经营权是建立在土地承包经营权之上的用益物权,其期限受到原来的用益物权即土地承包经营权期限的制约,因而土地经营权人的权利行使期限是在合同约定的期限内,即设置土地经营权的期限不得超过土地承包经营权的期限,而土地承包经营权的期限受制于设置土地承包经营权合同的期限。在合同约定的期限内,土地经营权人享有用益物权的权能,即占有、使用、收益的权利,有权占有该农村土地,自主开展农业生产经营活动,获得收益。

(三) 建设用地使用权

1. 建设用地使用权的概念和特征

建设用地使用权,是指自然人、法人、非法人组织依法对国家所有的土地享有的占有、使用和收益,建造并经营建筑物、构筑物及其附属设施的用益物权。建设用地使用权人依法享有对国家所有的土地占有、使用和收益的权利,有权自主利用该土地建造并经营建筑物、构筑物及其附属设施。

建设用地使用权的法律特征是:(1)建设用地使用权以开发利用、生产经营和社会公益事业为目的;(2)建设用地使用权的标的物为国家所有的土地;(3)建设用地使用权人使用土地的范围限于建造并经营建筑物、构筑物及其附属设施;(4)建设用地使用权的性质是地上权,是使用权人在国有土地上设立的地上权。

建设用地使用权是我国国有土地使用制度改革的产物,实现了我国土地利用方式从无偿使用到有偿使用的转变。自20世纪80年代中期以来,实行国有土地使用制度的改革,使建设用地使用权能够进入市场进行交易。这样的改革,增加了国家的财政收入,改变了因无偿使用土地所造成的土地盲目占有、大量浪费、使用效益低下的现象。

2. 建设用地使用权人的义务

建设用地使用权人依法取得建设用地使用权后,应当按照建设用地使用权设立时确认的用途使用土地,合理利用土地,保护土地完好;应当按照土地的自然属性和法律属性合理地使用土地,维护土地的价值和使用价值。建设用地使用权人不得改变土地用途,如不得将公共事业用地改为住宅用地或商业用地。需要改变土地用途的,应当依法经过有关行政主管部门批准。

3. 建设用地使用权与建筑物权属的关系

在不动产权属关系中,建设用地使用权和建筑物等所有权的关系是一个复杂的问题,容易发生冲突,其原因是,一旦出现建设用地使用权与建筑物等的所有权非属一人时,在地权和房权流转时就会出现麻烦,影响正常的流转秩序。《民法典》规定,建设用地使用权和建筑物等的所有权实行"房地一体主义",即建设用地使用权人建造的建筑物、构筑物及其附属设施的所有权,属于建设用地使用权人,在流转时,房随地走,或者地随房走,以此保障流转秩序,顺利流转。"房地一体主义"是一个理想的物权和谐状态,但是在实际上往往并不如此。当民事主体租用他人享有权属的建设用地建造建筑物、构筑物及其附属设施,就会出现房地不能一体的情形。如果当事人能够有相反证据证明,在建设用地使用权人的建设用地上建造的建筑物等非为房地一体的,应当按照实际情况认定建筑物、构筑物及其附属设施的所有权。

(四)宅基地使用权

宅基地使用权,是指农村居民对集体所有的土地的占有和使用,自主利用该土地建造住房及其附属设施,以供居住的用益物权。宅基地使用权人依法享有对集体所有的土地占有和使用的权利,有权依法利用该土地建造住房及其附属设施。

宅基地使用权是我国特有的一种用益物权,主要特征是:(1)宅基地使用权是我国农村居民因建造住宅而享有的用益物权;(2)宅基地使用权与农村集体经济组织成员的资格和福利不可分离;(3)宅基地使用权是特定主体在集体土地上设定的用益物权;(4)集体经济组织的成员只能申请一处宅基地。

宅基地使用权是我国特有的用益物权类型,其立法背景和政策背景是在我国实行多年的城乡"二元化"体制和政策,即农村人口和城市人口严格区分的政策。随着改革开放的深入和城市化进程的加快,农民进城务工的情况越来越多,这些农民脱离农村长期居住在城市,而有些发达地区的农村住房不断进入市场进行交易,农村住房的流转也面临新的问题,对宅基地使用权进行改革的呼声也越来越强烈。

(五)居住权

居住权,是指自然人依照合同的约定,对他人所有的住宅享有占有、使用的用益物权。民法的居住权与公法的居住权不同。在公法中,国家保障人人有房屋居住的权利也叫居住权,或者叫住房权。《世界人权宣言》第 25 条规定,"人人有权享受为维持他本人和家属的健康和福利所需的生活水准,包括食物、衣着、住房"。还有十几个国际条约将拥有体面的住房规定为一种神圣的权利,这些都属于公法权利,是基本人权和自由,但不是民法的用益物权。

民法的居住权是民事权利,是用益物权的一种,其特征是:(1)居住权的基本属性是他物权,具有用益性;(2)居住权是为特定自然人基于生活用房而设立的物权,具有人身性;(3)居住权是一种长期存在的物权,具有独立性;(4)居住权的设定是一种恩惠行为,具有不可转让性。

居住权作为用益物权具有特殊性,即居住权人对于权利的客体即住宅只享有占有和使用的权利,不享有收益的权利,不能以此进行出租等营利活动。

居住权可以通过合同方式设立,也可以通过遗嘱方式设立。通过合同设立居住权,是房屋所有权人通过书面合同的方式与他人协议,设定居住权。例如,男女双方离婚时在离婚协议中约定,离婚后的房屋所有权归一方所有,另一方对其中的一部分房屋享有一定期限或者终身的居住权。

按照《民法典》第 367 条第 2 款的规定,设定居住权的合同一般包括下列条款:(1)当事人的姓名或者名称和住所,应当写明双方当事人的姓名或者名称和住所,特别是居住权人的姓名或者名称和住所;(2)住宅的位置,约定清楚设定居住权的住宅的地址、门牌号码、面积等事项,使居住权的标的能够确定;(3)居住的条件和要求,明确约定依据合同约定的条件取得居住权,行使居住权的要求是什么;(4)居住权期间,从何时起至何时止;(5)解决争议的方法,即发生争议后,通过何种程序解决纠纷。

居住权为无偿设立,因而居住权人对取得居住权无须支付对价。不过,居住权人应当支付住房及其附属设施的日常维护费用和物业管理费用,以通常的保养费用、物业管理费用为限。如果房屋需要进行重大修缮或者改建,只要没有特别的约定,居住权人不承担此项费用。对于居住权收费另有约定的,按照约定处理。

居住权是用益物权,对其设立采用登记发生主义,只有经过登记才能设立居住权。因此,设立居住权的双方当事人在订立了居住权设立协议后,还应当向登记机构申请居住权登记。经过登记后,居住权才正式设立,居住权人取得居住权。

之所以对居住权采取登记发生主义,是因为居住权与租赁权相似,但租赁权是债权,而居住权是物权,性质截然不同,如果不采取登记发生主义,可能会与租赁权混淆。规定居住权须经登记而发生,就能够确定其与租赁权的界限,不会发生混淆,一旦没有登记,就没有发生居住权。

居住权人对其居住的房屋不得转让,在居住权存续期间,对居住权的标的负有不得出租的义务,不能以此进行营利活动;居住权也不能成为居住权人的遗产,不能通过继承而由其继承人继承。居住权还不得转让,具有专属性。如果双方当事人在设立居住权合同中对上述义务另有约定的,依照其约定处理。

居住权期间届满或者居住权人死亡的,居住权消灭。居住权消灭的,应当及时办理注销登记。

(六)地役权

地役权,是指在他人的不动产之上设立的供自己的不动产便利使用,以提高自己的不动产效益的用益物权。《民法典》物权编第十五章规定了地役权。在地役权法律关系中,为自己不动产的便利而使用他人不动产的一方当事人称为地役权人,也叫需役地人;将自己的不动产提供给他人使用的一方当事人称为供役地人。因使用他人不动产而获得便利的不动产为需役地,为他人不动产的便利而供使用的不动产为供役地,即他人的不动产为供役地,自己的不动产为需役地。

地役权的产生,必须有两个不同权属的不动产存在。地役权关系的成立并不要求供役地和需役地必须相邻,即使在不相互毗连的不动产之间也可能设立地役权。地役权的法律特征是:(1)地役权是存在于他人不动产上的他物权;(2)地役权是利用他人不动产的用益物权;(3)地役权是为需役地的便利而设定的用益物权;(4)地役权具有从属性和不可分性,须从属于需役地而存在。

地役权的基本内容是,地役权人有权按照合同约定,利用供役地人的土地或者建筑物,以提高自己的土地或者建筑物即需役地的效益。

供役地人的主要义务是,容忍土地上的负担和不作为,即允许地役权人利用其不动产,不得妨害地役权人行使权利。首先,供役地人负有容忍土地上负担的义务,应当根据设定的地役权性质的不同,承担不同的义务。供役地人应主动放弃对自身土地部分使用的权利,甚至容忍他人对自己的土地实施合同约定的某种程度上的干预和损害等。其次,不得妨碍地役权人行使权利,对地役权人行使权利实施干扰、干涉、破坏的,应当承担责任。

六、担保物权

(一)担保物权概述

1. 担保物权的概念和特征

担保物权,是指债权人所享有的为确保债权实现,在债务人或者第三人所有的物或者权利之上设定的,就债务人不履行到期债务或者发生当事人约定的实现担保物权的情形,优先受偿的他物权。担保物权的基本性质仍属对担保物的支配权,而不是请求权;担保物权所具有的优先受偿性,是基于物权的排他效力产生的,是对物权而不是对人权;尽管担保物权也以权利作为其客体,但担保物权是价值权,而非实体权。

担保物权的特征是:(1)担保物权以担保债权的实现为目的;(2)担保物权的标的是债务人或第三人所有的特定动产、不动产或其他财产权利;(3)担保物权限制了担保人对担保标的物的处分权;(4)债权人享有对担保标的物的换价权;(5)担保物权能够担保其债权优先受偿。

2. 担保物权的属性和适用范围

担保物权的法律属性是:(1)从属性,担保物权必须从属于债权而存在。(2)不可分性,被担保的债权在未受全部清偿前,担保物权人可以就担保物的全部行使权利。(3)物上代位性,担保物因灭失、毁损而获得赔偿金、补偿金或保险金的,该赔偿金、补偿金或保险金成为担保物的代位物,权利人有权就其行使担保物权。

设立担保物权,适用的范围是借贷和买卖等民事活动。为了保障实现债权,可以依照《民法典》和其他法律的规定设立担保物权,对债权进行担保。

3. 担保物权的种类

担保物权分为四种:一是《民法典》物权编规定的抵押权、质权和留置权;二是《民法典》合同编第642条规定的所有权保留;三是其他法律规定的优先权;四是相关司法解释规定的让与担保。

上述这些担保物权,可以分为典型担保物权,即抵押权、质权、留置权;非典型担保物权,即所有权保留、优先权以及法律没有规定的让与担保。

4. 担保合同与主合同的关系

担保合同和主债权债务合同之间的关系是:被担保的债权债务合同是主债权债务合同,担保合同是主债权债务合同的从合同。基于主债权债务合同与担保合同的这种主从关系,主债权债务合同无效,担保合同无效,但是法律另有规定的除外。

5. 担保合同无效的后果

在担保合同被确认无效后,并非不发生任何效果,担保人不承担责任,债务人、担保人、债权人有过错的,应当根据其过错的程度,各自承担相应的民事责任。

6. 担保范围

担保物权的担保范围,是指担保物权所担保的效力范围。《民法典》规定的担保效力范围是:(1)主债权,如借贷中的本金债权;(2)利息,如借贷中的利息债权;(3)违约金,即违约一方依照约定应当给付的违约金之债;(4)损害赔偿金,即违约方造成守约方损害的损害赔偿之债;(5)保管担保财产的费用;(6)实现担保物权的费用。此外,如果当事人另有约定,按照约定确定效力范围。

(二)抵押权

1. 抵押权的概念、特征和抵押关系当事人

抵押权,是指债权人对于债务人或者第三人不转移占有而为债权提供担保的抵押财产,于债务人不履行到期债务或者发生当事人约定的实现抵押权的情形时,依法享有的就该物的变价优先受偿的担保物权。《民法典》物权编第十七章规定了抵押权。

抵押权的法律特征是:(1)抵押权的性质属于担保物权;(2)抵押权的标的物是债务人或者第三人的不动产、动产或者权利;(3)抵押权的标的物不需要移转占有;(4)抵押权的价值功能在于可以就抵押财产所卖得的价金优先受偿。

在抵押权法律关系中,提供担保财产的债务人或者第三人为抵押人;享有抵押权的债权人为抵押权人;抵押人提供的担保财产为抵押财产,也叫作抵押物。

2. 抵押权的地位和价值功能

抵押权是最重要的担保类型,有最高的担保地位。其价值功能就在于被担保债权的优先受偿性,表现在:

(1)与债务人的普通债权人相比,抵押权人有权就抵押财产卖得的价金优先于普通债权人而受清偿。

(2)与债务人的其他抵押权人相比,抵押权登记生效的,按照抵押登记的先后顺序清偿;顺序相同的,按照债权比例清偿。

(3)抵押合同自签订之日起生效,抵押权登记的,按照登记的先后顺序清偿;无须登记的,已登记的抵押权优先于未登记的抵押权,均未登记的,按照债权比例清偿。

(4)债务人破产时,抵押权人享有别除权,仍可以就抵押财产卖得的价金优先受偿。

3. 抵押权的优先受偿范围与抵押财产

抵押权人优先受偿的范围,以抵押财产的变价款为限,如果抵押财产的变价款不足以清偿所担保的债权,则抵押权人就未清偿的部分对于债务人的其他财产无优先受偿的效力,与其他债权人一起平均受偿。

抵押财产是设置了抵押权、作为担保资力的财产。抵押财产的特点是:(1)抵押财产包括不动产、特定动产和权利。抵押财产主要是不动产,也包括特定的不动产,建设用地使用权、地役权等物权也可以设置抵押权。(2)抵押财产须具有可转让性,抵押权的性质是变价权,供抵押的不动产或者动产如果有妨害其使用的目的,具有不得让与的性质,或者即使可以让与,但让与其变价将会受到影响的,都不能设置抵押权。

按照《民法典》第 395 条的规定,法定的抵押财产范围是:(1)建筑物和其他土地附着物;(2)建设用地使用权;(3)海域使用权;(4)生产设备、原材料、半成品、产品;(5)正在建造的建筑物、船舶、飞行器;(6)交通运输工具;(7)法律、法规未禁止抵押的其他财产,例如土地经营权。

依照学理,允许抵押的财产可以分为以下三类:(1)不动产。允许抵押的不动产包括房屋、厂房、林木、没有收割的农作物及其他地上附着物,还包括正在建造的建筑物。(2)特定的动产。允许抵押的动产主要包括,生产设备、原材料、产品、航空器、船舶(包括在建)、交通工具,以及家具、家用电器、金银珠宝及其制品等。(3)权利。

以权利作为抵押财产须符合两个条件:一是只有不动产上的用益物权以及特别法确立的特许物权才能进行抵押;二是依据物权法定原则,不动产上的用益物权以及特别法确立的物权只有在法律允许抵押时才能抵押。符合这样条件的权利包括建设用地使用权以及土地承包经营权上设置的土地经营权。

4. 浮动抵押

从抵押财产的范围来讲,对于抵押物处于变动之中的抵押,被称为浮动抵押,也叫动产浮动抵押,是指企业、个体工商户、农业生产经营者作为抵押人,以其所有的全部财产(包括现有的以及将有的生产设备、原材料、半成品、产品)为抵押财产而设立的动产抵押权。

浮动抵押的法律特征是:(1)抵押人具有特殊性,只有企业、个体工商户、农业生产经营者才可以作为浮动抵押的抵押人。(2)抵押财产具有特殊性,包括生产设备、原材料、半成品、产品,既包括抵押人现有的财产,也包括抵押人将来取得的财产。(3)抵押财产在浮动抵押权实现前处于变动状态,数额是不能固定和具体明确的。(4)抵押权人在抵押期间仍然可以使用、处分抵押财产,其财产的进出并不受限制。

对于抵押人来说,在抵押权实现前可以放手进行经营,具有优势;对于抵押权人来说则不利,因为在抵押权实现之前,抵押人的财产是不断变化的,如果抵押人的财产状况恶化,抵押权人就不能从抵押财产的价值中完全受偿。因此,对于浮动抵押权的适用范围应当进行适当限制。

浮动抵押的抵押人可以就其财产进行经营活动,为收益和处分。只有在浮动抵押权确定时,抵押人的全部财产才成为确定的抵押财产。浮动抵押权的效力及于浮动抵押确定时,包括确定时的抵押人所有的或者有权处分的全部财产。

为了防止抵押人恶意实施损害抵押权人利益的行为,浮动抵押权成立后,抵押人在经营过程中处分的财产不属于抵押财产,但抵押人为逃避债务而处分公司财产的,抵押权人享有撤销权,可以请求撤销该处分行为。

5. 抵押权的实现

《民法典》第410条规定,债务人不履行到期债务或者发生当事人约定的实现抵押权的情形,抵押权人可以与抵押人协议以抵押财产折价或者以拍卖、变卖该抵押财产所得的价款优先受偿。

浮动抵押权的实现,自抵押权人向人民法院提出实现抵押权的申请,经人民法院作出浮动抵押权实现的决定时开始。人民法院作出浮动抵押权实现的决定应当予以公告,并同时发布查封抵押人总财产的公告,抵押人的全部财产由财产管理人管理,财产管理人应当在抵押人住所地办理浮动抵押权登记的机关进行浮动抵押权实现开始的登记。浮动抵押权的实现与其他抵押权的实现相比,没有特别之处,应当按照一般抵押权实现的方式实现,债务人不能履行债务时,债权人有权就浮动抵押确定时的动产优先受偿。

6. 流押条款

抵押权人在债务履行期限届满前,与抵押人约定债务人不履行到期债务时抵押财产归债权人所有的,只能依法就抵押财产优先受偿。这是法律对流押的禁止。流押,也叫作流押契约、抵押财产代偿条款或流抵契约,是指抵押权人与抵押人约定,当债务人届期不履行债务时,抵押权人有权直接取得抵押财产的所有权的协议。抵押权人在债务履行期届满前,不得与抵押人约定在债务人不履行到期债务时,抵押财产归债权人所有。抵押权人和抵押人订立的流押契约中,流押的条款一律无效。即使是在抵押权实现时订立的实现抵押权协议,也不得出现流押契约。只有当事人以抵押财产折价方式清偿债务,才是正常的抵押权实现方法。订立流押条款的,虽然流押条款无效,但是,抵押权仍然成立,因而只能依法就抵押财产优先受偿,使债务得到清偿。

在实践中,下列约定也被认为属于流押契约:一是在借款合同中,当订有清偿期限届至而借款人不还款时,贷款人可以将抵押财产自行加以变卖的约定;二是抵押权人在债权清偿期届满后与债务人另订有延期清偿的合同,在该合同中附以延展的期限内如果仍未能清偿时,就将抵押财产交给债权人经营为条件的约定;三是债务人以所负担的债务额作为某项不动产的出售价,与债权人订立一个不动产买卖合同,但并不移转该不动产的占有,只是约定在一定的期限内清偿债务以赎回该不动产。此种合同虽然在形式上是买卖,实际上是就原有债务设定的抵押权,只不过以回赎期间作为清偿期间罢了。

7. 抵押财产的转让

抵押期间,抵押人可以转让抵押财产,并不加以禁止,只是在转让时应当通知抵押权人。如果当事人对此另有约定的,按照其约定。抵押期间,抵押人将抵押财产转让的,抵押权不受影响,即抵押财产是设有抵押权负担的财产,进行转让时,抵押权随着所有权的转让而转让,取得抵押财产的受让人在取得所有权的同时,也负有抵押人所负担的义务,受到抵押权的约束。抵押权人能够证明抵押财产转让可能损害抵押权的,可以请求抵押人将转让所得的价款向抵押权人提前清偿债务或者提存。转让的价款超过债权数额的部分,归抵押人所有,不足部分由债务人清偿。

(三) 质权

1. 质权的概念与特征

质权,是指债务人或第三人将特定的财产交由债权人占有,或者以财产权利为标的,作为债权的担保,在债务人不履行债务或者发生当事人约定的实现质权的情形时,债权人有权以该财产折价或以拍卖、变卖所得价款优先受偿的权利。《民法典》物权编第十八章规定了质权。

债务人或者第三人交由债权人占有的特定财产叫质押财产,也叫质押物或质物;接受质权的债权人叫质权人,提供质押财产出质的人叫出质人。

质权的特征是:(1)质权是为了担保债权的实现而设立的担保物权,以主债权的存在为前提;(2)质权只能在债务人或者第三人提供的特定财产或者权利上设定;(3)动产质权以债权人占有债务人或第三人提供的动产为必要条件;(4)质权人在债务人履行债务前对质押财产享有留置的权利,质权人有权以质押财产的变价款享有优先受偿的权利。因此,质权具有从属性、不可分性和物上代位性。

质权分为动产质权与权利质权。

2. 动产质权

动产质权,是指债务人或者第三人将其动产移交债权人占有,将该动产作为债权的担保,债务人不履行债务或者发生当事人约定的实现质权情形时,债权人以该动产折价或者以拍卖、变卖该动产的价款优先受偿的担保物权。

动产质权的法律特征是:(1)动产质权是以他人的动产为标的物所设定的质权;(2)动产质权以质权人占有动产质物为必要条件;(3)动产质权是以质物变价所得的价金优先受偿的权利。

质权自出质人交付质押财产时设立。质押合同是要物合同,即实践性合同。在出质人未将质押财产移交质权人占有前,质押合同不能发生效力。质押财产的占有,即出质人应将质押财产的占有移转给质权人,不局限于现实的移转占有,也包括简易交付或指示交付,但出质人不得以占有改定的方式继续占有标的物,这是因为动产质权以占有作为公示要件,如果出质人代质权人占有质押财产,则无法将该动产上所设立的质权加以公示;同时,由于出质人仍直接占有质押财产,质权人无法对质押财产加以留置,质权的留置效力无法实现。所以,出质人代质权人占有质押财产的,质押合同不生效。

质权人有权收取质押财产的孳息。孳息不仅包括天然孳息,也包括法定孳息。质权合同另有约定的,按照其约定。不过,质权人收取质物的孳息,并不是取得孳息的所有权,而是取得质物孳息的质权,取得对质物孳息的占有,但质物孳息的所有权仍然归属于出质人。质权人收取质押财产的孳息,应当首先充抵收取孳息的费用。这种规则能够真正剥夺出质人的占有,促使其尽早清偿债务,发挥质权的留置效力。

3. 权利质权

权利质权,是指以所有权以外的依法可转让的债权或者其他财产权利为标的物而设定的质权。

权利质权的特征是:(1)权利质权的属性是质权。(2)权利质权是以所有权以外的财产权为标的物的质权。能够作为权利质权标的物的权利须符合以下几项条件:一是仅以财产权利为限;二是必须是依法可以转让的财产权利;三是必须是不违背现行法规定及权利质权性质的财产权利。(3)权利质权的设定以登记或者权利凭证的交付作为生效要件。权利质权的性质为担保物权。

按照《民法典》第440条的规定,债务人或者第三人可以出质的权利是:(1)汇票、本票、支票;(2)债券、存款单;(3)仓单、提单;(4)可以转让的基金份额、股权;(5)可以转让的注册商标专用权、专利权、著作权等知识产权中的财产权;(6)现有的以及将有的应收账款;(7)法律、行政法规规定可以出质的其他财产权利。

4. 质权的实现

《民法典》规定,债务人不履行到期债务或者发生当事人约定的实现质权的情形,质权人可以与出质人协议以质押财产折价,也可以就拍卖、变卖质押财产所得的价款优先受偿。质权人在债务履行期限届满前,与出质人约定债务人不履行到期债务时质押财产归债权人所有的,只能依法就质押财产优先受偿。这是对流质条款的禁止。流质条款,也称绝押条款,是指转移质物所有权的预先约定。订立质押合同时,出质人和质权人在合同中不得约定在债务人履行期限届满质权人债务未受清偿时,将质物所有权转移为债权人所有。

(四)留置权

1. 留置权的概念和特征

留置权,是在法律规定可以留置的债权关系中,债权人依债权占有属于债务人的动产,在债务人未按照约定的期限履行债务时,债权人有权依法留置该财产,以该财产折价或者以拍卖、变卖的价款优先受偿的法定担保物权。《民法典》物权编第十九章规定了留置权。

在留置权法律关系中,留置债务人财产的债权人叫留置权人,被留置的财产叫留置财产或者留置物,被留置财产的债务人叫被留置人或者债务人。

留置权的法律特征是:(1)留置权的性质为他物权。(2)留置权是法定担保物权。(3)留置权是二次发生效力的物权,第一次效力发生在留置权产生之时,债权人即留置权人于其债权未受清偿前可以留置债务人的财产,促使债务人履行义务;第二次效力是在第一次效力发生之后,留置权人于债务人超过规定的宽限期仍不履行其义务时,得依法以留置财产折价或拍卖、变卖的变价款优先受偿。(4)留置权是不可分性物权,其效力就债权的全部及于留置财产的全部。(5)留置权为从权利,依主权利的存在而存在,依主权利的消灭而消灭。

2. 留置权的作用

留置权的作用是担保债权实现。其担保作用与其他担保物权相比,更具单纯性。因为抵押权与质权都是当事人主动设定的,除具有债权担保作用之外,还具有融通资金的作用;而留置权是被动发生的,仅具有债权担保一项作用,不能起到融通资金的作用。留置权的基本规则是:债务人不履行到期债务,债权人可以留置已经合法占有的债务人的动产,并有权就该动产变价后,优先受偿,实现债权。

3. 留置权的成立

留置权是法定担保物权,当具备一定条件时,即依照法律规定当然成立,发生留置权的效力,而不能依当事人的约定而产生,必须具备法律规定的条件始能成立。其成立的积极要件是:(1)须债权人合法占有债务人的动产;(2)债权人占有的债务人的动产与债权属于同一法律关系;(3)须债权已届清偿期且债务人未履行债务。

4. 留置权人的效力

留置权所担保的债权范围,原则上应与担保物权所担保的债权范围相同,是与留置财产有牵连的一切债权,包括原债权、债权的利息、迟延的利息、实现留置权的费用、留置财产保管费以及因留置财产瑕疵而产生的损害赔偿等。

留置权的标的物就是留置财产。留置权对留置财产所及的效力范围,法律无明文规定,在解释上认为包括主物、从物、孳息和代位物。

留置权人的权利包括:(1)留置财产的占有权。(2)留置财产孳息收取权。(3)留置财产必要的使用权。(4)必要费用偿还请求权。(5)留置财产变价权。(6)优先受偿权。优先受偿权是留置权第二次效力中的最后一个权利,是保障留置权人债权的根本手段。

留置权人的义务包括:(1)留置财产的保管义务。(2)不得擅自使用、利用留置财产的义务。(3)返还留置财产的义务。

5. 留置权的实现

留置权的实现也叫留置权的实行,是指留置权的第二次效力的实现。债务人于债权人留置标的物后一定的期限内仍不履行其债务,留置权人得以留置财产的变价款优先受偿。

留置权的实现必须经过一定的程序和具备一定的条件。首先,确定留置财产后的履行债务宽限期。债务宽限期的规定方式包括两种:一是由当事人双方事先在合同中约定,约定的期限不得少于60日;二是如果当事人双方在合同中没有事先约定宽限期,债权人在留置财产后应自行确定一个宽限期,但最短亦不得少于60日。其次,对债务人的通知义务。债权人留置合同标的物以后,应当立即通知债务人。通知的内容有三:一是已将合同标的物留置;二是告知债务人宽限期;三是催告债务人在宽限期内履行债务。债权人未经通知债务人上述内容时,不得实现留置权。宽限期应于债权人通知留置之日起计算。最后,留置财产变价、取偿。债务人在宽限期届满仍不履行债务,也不另行提供担保的,留置权人可以对留置财产变价、取偿。如果债务人在宽限期届满前履行了债务,或者另行提供了担保,则留置权消灭。

七、占有

(一) 占有的概念与功能

占有,是指人对于物具有事实上的管领力的状态。在占有中,对物为管领的人是占有人,是占有法律关系的主体;被管领的物,为占有物,是占有法律关系的客体。《民法典》物权编第二十章对占有进行了规定。

占有的法律特征是:(1)占有是一种受法律保护的事实状态;(2)占有的对象仅限于物;(3)占有是对物具有的事实上的管领力。占有的性质,《民法典》明确表明是一种事实状态,而不是一种权利。

占有在法律上具有的功能是:(1)保护功能,是指占有具有保护现实存在的状态不受第三人侵犯,从而维护法律秩序稳定的作用。占有的不动产或者动产被侵占的,占有人有权请求返还原物;对妨害占有的行为,占有人有权请求停止侵害、排除妨碍或者消除危险;因侵占或者妨害造成损害的,占有人有权请求损害赔偿。(2)公示功能,是指占有具有的表彰本权的作用。(3)持续功能,是指占有人对占有物具有继续使用的权利。在某些情况下,为了保障占有人对其占有物具有继续使用的利益,占有制度还保护合法占有人不受所有权人的权利继受人侵犯的功能。占有制度具有此项功能的目的在于维护经济秩序的客观、公正。

(二) 占有的种类

依据占有人是否是基于本权而对物进行占有,可以将占有分为有权占有和无权占有。本权是指基于法律上的原因,享有的包含占有物在内的权利,如所有权、租赁权、质权、留置权等权利都是本权。占有人基于本权对物进行的占有为有权占有;占有人无本权对物的占有为无权占有。不动产或者动产的占有,除有相反证据证明外,推定为有权占有。

区分有权占有与无权占有的意义在于:(1)无权占有人在权利人请求返还占有物时,负有返还的义务;有权占有人则可以拒绝他人包括所有权人在内的返还请求权。(2)作为留置权成立要件的占有必须是有权占有,如果是无权占有,则占有人不因此而享有留置权。

有权占有的规则是:(1)基于合同关系等产生的占有,都是有权占有,有关不动产或者动产的使用、收益、违约责任等,应当按照合同约定确定;(2)合同没有约定或者约定不明确的,依照有关法律规定。

除了有权占有和无权占有,法律还区分了善意占有与恶意占有。恶意占有是明知自己为无权占有人,依然占有物。占有人因使用占有的不动产或者动产,致使该不动产或者动产受到损害的,恶意占有人应当承担赔偿责任。不动产或者动产被占有人占有的,权利人可以请求返还原物及其孳息;但是,应当支付善意占有人因维护该不动产或者动产支出的必要费用。

第九章 合同编

《民法典》合同编调整的对象是因合同产生的民事法律关系。不过,由于《民法典》没有规定债法总则,因而,合同编实际上规定的是债法,只是侵权之债放在《民法典》分则最后一编。因此,学习《民法典》合同编,应当将其作为债编看待,它包含了债法的一般性规则,以及合同之债、无因管理之债和不当得利之债。

一、合同与《民法典》合同编

(一) 合同

合同是民事主体之间设立、变更、终止民事法律关系的协议。

合同的特征是:(1)合同的主体是民事主体,包括自然人、法人和非法人组织;(2)合同的内容是民事主体设立、变更、终止民事法律关系;(3)合同是协议,是民事主体之间就上述内容达成的协议。因此,合同的本质是民事主体就民事权利义务关系的变动达成合意而形成的协议。

婚姻、收养、监护等有关身份关系的协议也是民事合同,由于其内容的性质不同,因而应当适用有关该身份关系的法律规定。例如,结婚、离婚、收养、解除收养、设置监护等的协议,应当适用有关编和其他法律的规定。"等"字包含的不仅是与婚姻、收养、监护等具有相同性质的身份关系的协议,还包含了有关人格关系的协议,例如,人格权编规定的肖像许可使用协议。当这些具有身份关系、人格关系的协议在总则编、人格权编、婚姻家庭编等或者其他法律中没有规定的,可以根据其性质参照适用合同编中关于合同的规定。

(二)《民法典》合同编的调整范围

《民法典》合同编的调整范围,本应该是因合同产生的民事法律关系,即合同法律关系。不过,由于《民法典》立法体例上的原因,本编规定的内容实际上不仅包括合同法律关系,还包括无因管理之债和不当得利之债的法律关系。

形成这个问题的原因是,《民法典》未设置债法总则,而在合同编通则分编中规定了债法的一般性规则,且将侵权责任之债单独规定为侵权责任编,因而使无因管理之债和不当得利之债的规则无处安放。因此,合同编专门规定了第三分编,即"准合同"分编。

因此,《民法典》形成的债法的立法格局是:

(1)债法总则的一般性规定包含在合同编的通则分编之中。
(2)合同编的第一分编和第二分编主要规定的是合同之债。
(3)合同编的第三分编规定的是无因管理之债和不当得利之债。
(4)侵权之债规定在《民法典》第七编即侵权责任编。

因而,《民法典》合同编不只调整合同法律关系,还调整部分债的法律关系;合同编的通则部分,实际上包含了债法总则的内容。

二、合同的订立

(一)合同的形式

合同的形式分为书面形式、口头形式和其他形式。

合同的书面形式,是指以文字等有形的表现方式订立合同的形式。合同书和合同确认书是典型的书面形式的合同,即书面形式是合同书、信件等可以有形地表现所载内容的形式。书面形式的合同能够准确地固定合同双方当事人的权利义务,在发生纠纷时有据可查,便于处理。所以,法律要求凡是比较重要、复杂的合同,都应当采用书面形式订立合同。使用数据电文,包括电报、电传、传真、电子数据交换和电子邮件等订立的合同,都能够有形地表现所载内容,并且电子数据可以随时调取查用,具有与文字等形式订立的合同相同的属性。因而,对于这一类用数据电文订立的合同,视为书面合同,承认其书面合同的效力。

合同的口头形式,是指以口头语言的方式订立合同,其意思表示都是用口头语言的形式表示的,没用书面语言记录下来。当事人直接运用语言对话的形式确定合同内容,订立合同,是口头合同。

合同的其他形式有两种:第一,当事人未以书面形式或者口头形式订立合同,但从双方从事的民事行为能够推定双方有订立合同意愿的,可以认定是合同的其他形式;第二,法律另有规定或者当事人约定采用公证形式、鉴证形式订立的合同。

(二)合同条款

合同条款是表达合同当事人约定的合同内容的具体条款。

合同应当包含的合同条款是:

(1)当事人的名称或者姓名和住所,表达的是合同主体的内容。

(2)标的,即合同的权利和义务所指向的对象,需要明确写明物品或服务的名称,使合同的标的特定化。

(3)数量,是度量标的的基本条件,应当确切,确认双方认可的计量方法。

(4)质量,也是度量标的的条件,其重要性低于数量。

(5)价款和报酬,价款一般针对取得物而言,报酬一般针对取得服务而言,无偿合同不存在价款和报酬条款。

(6)履行期限、地点和方式,履行期限是合同履行的时间规定,履行地点是确定合同义务履行的区域概念,合同的履行方式是履行的具体方法。

(7)违约责任,是当事人在违反合同约定的义务后所应当承担的合同法上的不利后果。

(8)解决争议的方法,是指在将来合同发生纠纷应当诉诸何种方式和方法予以解决。

(三)要约与承诺

1. 合同的订立

合同订立,是缔约人为意思表示并达成合意的状态。合同订立是当事人为实现预期目的,为意思表示并达成合意的动态过程,包含当事人各方为了进行交易,与对方进行接触、洽谈,最终达成合意的整个过程,是动态行为和静态协议的统一体。合同订立与合同成立不同,它们是两个既互相联系又互相区别的概念。合同成立是合同订立的组成部分,标志着合同的产生和存在,属于静态的协议。合同订立既含合同成立,又包括缔约各方接触和洽商的动态过程,涵盖了交易行为的主要内容。

合同订立的意义是:首先,没有合同订立就没有合同的存在;其次,合同订立是合同权利义务得以实现的前提;最后,没有合同订立就没有合同责任的发生。

2. 合同订立的方式

合同订立的方式是要约和承诺。在订立合同中,一方当事人提出要约,另一方当事人予以承诺,双方就交易目的及其实现达成合意,合同即告成立。因此,要约和承诺既是合同订立的方式,也是合同订立的两个阶段,其结果是促使合同成立。

合同订立的其他方式,主要是指格式条款和悬赏广告等。格式条款订立时,要约、承诺的外在形态不够明显,而悬赏广告更是缺少典型的要约、承诺的过程,因而是合同订立的其他方式。

3. 要约

要约是在合同订立过程中,要约人希望和他人订立合同的意思表示。一方当事人以缔结合同为目的,向对方当事人提出合同条件,希望对方当事人接受的意思表示,就是要约。要约亦称发价、发盘、出盘、出价或者报价。要约的性质,是一种与承诺结合后成立一个民事法律行为的意思表示,本身并不构成一个独立的法律行为。

要约发生法律效力,应当符合下列构成要件:(1)要约的内容具体、确定。内容具体,是指要约的内容必须具有足以确定合同成立的内容,包含合同的主要条款。要约人发出要约后,受要约人一旦承诺,合同就告成立。内容确定,是指要约的内容必须明确,不能含糊不清,应当达到一般人能够理解其真实含义的水平,否则合同将无法履行。(2)表明经受要约人承诺,要约人即受该意思表示约束。无论要约人向特定的或者不特定的受要约人发出要约,要约的内容都须确切表明,一旦该要约经受要约人承诺,要约人即受该意思表示约束。约束的具体表现是要约被承诺后合同即告成立,要约人要受合同效力的约束。在实践中,不可能要求所有的要约都能够明确地、直截了当地写明自己接受要约内容约束的文字,但是,只要当事人发出要约,就意味着自己愿意接受要约意思表示的约束。只要依据要约的条文能够合理分析出要约人在要约中含有一经承诺即受拘束的意旨,或者通过要约人明确的订立合同的意图可以合理推断该要约包含了要约人愿意接受承诺后果的意思表示,即可认为符合该要件。

要约邀请,即要约引诱,也称为邀请要约,是一方希望他人向自己发出要约的表示。要约与要约邀请的区别是:(1)要约是一方向另一方发出的意欲订立合同的意思表示;而要约邀请则表明仍处在订立合同的磋商阶段,是订约的准备行为。(2)要约生效后,受要约人获得承诺资格;而要约邀请仅仅是使相对方当事人获得信息,从而可以向要约邀请人发出要约。(3)要约人受要约拘束,在要约有效期限内不得任意撤销要约;要约邀请并未给要约邀请人带来任何义务,相对方发出要约也并不是因为要约邀请赋予其资格。

拍卖公告、招标公告、招股说明书、债券募集说明书、基金招募说明书、商业广告和宣传、寄送的价目表,都是要约邀请,因而具有这些形式的表示都不是要约,而是要约邀请。

在这些形式的表示中,只有商业广告和宣传才是特例,即在一般情况下,它们是要约邀请,但是,如果商业广告和宣传具备了要约的要件,即一是内容具体、确定;二是表明经受要约人承诺,要约人即受该表示约束,就构成了要约。因此,这样的广告和宣传构成要约,产生要约的法律效力。

要约生效,是指要约从什么时间开始发生法律效力。要约生效,对要约人及受要约人都发生法律效力:第一,对要约人发生拘束力,要约人不得随意撤销或者对要约加以限制、变更或者扩张。第二,受要约人在要约生效时,取得承诺的权利,取得了依其承诺而成立合同的法律地位。

按照《民法典》第137条规定,我国的要约生效时间采用到达主义。采用到达主义的理由是,要约是希望和他人订立合同的意思表示,要约的约束力不仅针对要约人也针对受要约人。以对话方式发出的要约,在受要约人知道其内容时生效。非对话方式的要约,在要约脱离要约人后,到达受要约人之前,受要约人不可能知悉要约的内容。如果采取发信主义,当受要约人还不知道要约的内容,要约就发生法律效力是不合乎情理的。只有受要约人收到要约后,要约才生效。要约到达前,要约人能够根据变化的需求和市场情况,及时地撤回、撤销要约,而不负法律责任,也不会损害受要约人的利益或者危及交易安全。

要约撤回,是指在要约人发出要约之后,要约生效之前,宣告收回发出的要约,取消其效力的行为。要约撤回也是意思表示撤回,因此适用《民法典》第141条关于意思表示撤回的规定。

撤回要约的通知应当在要约到达受要约人之前或者同时到达受要约人。要约撤回的通知不应当迟于受要约人收到要约的时间,才不至于使受要约人的利益受损。以语言对话方式表现的要约,由于当事人是在当面进行订约的磋商,要约一经发出,受要约人即刻收到,对话要约的性质决定了此种要约是无法撤回的。由他人转达的语言要约,视为需要通知的形式,可以撤回。

以电子数据形式发出的要约,因其性质,发出和收到之间的时间间隔几乎可以忽略不计,也难以撤回。因为要约人的要约撤回无法先于或同时与要约到达收件人。

只有非直接对话式的要约和非电子计算机数据传递方式的要约,即主要是书面形式的要约才能撤回。为了使后发出的要约撤回通知早于要约的通知或与要约的通知同时到达受要约人,要约人应当采取比要约更迅捷的送达方式。

要约撤回符合要求的,发生要约撤回的效力,视为没有发出要约,受要约人没有取得承诺资格。要约撤回的通知迟于要约到达受要约人的,不发生要约撤回的效力,要约仍然有效,受要约人取得承诺的资格。

要约撤销,是要约人在要约生效之后,受要约人作出承诺之前,宣布取消该项要约,使该要约的效力归于消灭的行为。要约撤销与要约撤回的区别在于,要约撤销发生在要约生效之后,受要约人可能已经作了承诺和履行的准备,允许要约人撤销要约,可能会损害受要约人的利益和交易安全。要约撤回没有这样的问题。

鉴于要约的本质要求要约一旦生效就不允许随意撤销,《民法典》在规定要约可以撤销的同时,规定了以下限制性的条件:

(1)要约人以确定承诺期限或者以其他形式明示要约不可撤销。一是要约中确定了承诺期限,就意味着要约人向受要约人允诺在承诺期限内要约是可以信赖的。在承诺期限内,发生不利于要约人的变化,应当视为商业风险;也意味着受要约人在承诺期限内取得了承诺资格和对承诺期限的信赖,只要在承诺期限内作出承诺,就可以成立合同。即便受要约人没有发出承诺,但受要约人可能已经在为履约做准备,待准备工作就绪后再向要约人承诺,订立合同。因此,在承诺期限内,不得撤销要约。二是以其他形式明示要约不可撤销,当然就不可以撤销。例如,在一定时间内不可撤销的,根据交易习惯等可以认为标明"保证现货供应""随到随买"等字样的要约,就是不得撤销的要约。

(2)受要约人有理由认为要约不可撤销,并且已经为履行合同做了准备工作。这种情况的判断标准是:第一,要约中没有承诺期限,也没有通过其他形式表明要约是不可撤销的;第二,受要约人有理由认为要约是不可撤销的,例如,要约使用的言词足以使受要约人相信,在合理的时间内,受要约人可以随时承诺而成立合同;第三,受要约人在发出承诺的通知之前,已经为履行合同做了准备工作。

要约人行使要约撤销权,应当发生在要约生效之后,受要约人作出承诺之前作出。如果发生在受要约人收到要约之前或者收到要约的同时到达,为要约撤回。如果受要约人已经发出承诺通知,即使承诺通知仍然在途中,要约人撤销要约无异于撕毁合同,要约人应当承担违约责任或者缔约过失责任。

要约撤销生效时间的具体要求是:(1)撤销要约的意思表示以对话方式作出的,该意思表示的内容应当在受要约人作出承诺之前为受要约人所知道,即仍然采取知道主义,且在受要约人作出承诺之前要为受要约人知道。(2)撤销要约的意思表示以非对话方式作出的,应当在受要约人作出承诺之前到达受要约人。如果在承诺之后,要约撤销的意思表示才到达受要约人的,就不再是要约撤销,而是违约行为,因为受要约人一作出承诺,合同即成立。

要约在特定的情形下会丧失效力,对要约人和受要约人不再产生拘束力,要约人不再受要约的约束,受要约人也不再有承诺的资格,即使作出"承诺",也不再发生承诺的效力,这就是要约失效。要约失效的事由是:(1)要约被拒绝。受要约人直接向要约人明确表示对要约予以拒绝,拒绝的通知到达要约人时要约失效。(2)要约依法被撤销。要约人依照法律的规定撤销要约,发生要约失效的法律效力。撤销要约后,如果收到受要约人拒绝要约的通知,可以免除要约人撤销要约的法律责任。(3)承诺期限届满,受要约人未作出承诺的。凡是要约有承诺期限的,必须在该期限内作出承诺,超过承诺期限受要约人未作出承诺,要约失效。(4)受要约人对要约的内容作出实质性变更。承诺是对要约内容的全部接受,凡是对要约的内容进行实质性变更的,都是新的要约,受要约人变成了要约人,原要约人成为受要约人,原要约人发出的要约失效。

4. 承诺

承诺也叫接盘,是指受要约人同意要约的意思表示。承诺以接受要约的全部条件为内容,其目的在于与要约人订立合同。

承诺应当符合下列条件:(1)承诺须由受要约人或者其代理人向要约人作出。承诺是受要约人的权利,在承诺期限内,要约人不得随意撤销要约,受要约人一旦承诺,就成立合同,要约人不得否认。这种权利是直接由要约人赋予的。(2)承诺是受要约人同意要约的意思表示。同意要约,是以接受要约的全部条件为内容,是无条件的承诺,对要约的内容既不得限制,也不得扩张,更不能变更,但对要约的非实质性变更除外。(3)承诺必须在规定的期限内到达要约人。承诺必须遵守承诺期间,没有规定承诺期间的,按照《民法典》第481条第2款的规定确定。(4)承诺的方式必须符合要约的要求。承诺应当以通知的方式作出。要约规定承诺须以特定方式作出,否则承诺无效的,承诺人承诺时须符合要约人规定的承诺方式。

承诺的法定形式是通知方式,称为积极的承诺方式,是受要约人以明示的方式,包括对话语言,信件,数据电文如电报、电传、传真、电子数据交换和电子邮件等,可以明确无误地表达承诺意思表示内容的形式。

选择通知以外的行为方式进行承诺的是:(1)根据交易习惯或者要约表明可以通过行为的形式作出承诺的,也是符合要求的承诺方式。交易习惯是指某种合同的承诺适合以行为作为承诺方式,例如悬赏广告;或者当事人之间进行交易的某种习惯。(2)要约人在要约中表明可以通过行为作出承诺。只要这种表明没有违背法律和公序良俗,就对受要约人产生拘束力,受要约人应当依照要约人规定的方式进行承诺。如要约人在要约中明确表明"同意上述条件,即可在某期限内发货"的,就表明了要约人同意受要约人以发货行为作为承诺的意思表示。

缄默或者不行为不能作为承诺的方式,以缄默或者不行为回应要约的,承诺不成立,而不是承诺无效。因为要约人没有权利为受要约人设定义务。如果要约人要求受要约人以缄默或者不行为作为承诺方式,受要约人不想承诺须以明确方式拒绝要约人,否则合同将会自动成立,这将构成强制交易,违反合同自由原则。

承诺期限,实际上是受要约人资格的存续期限,在该期限内受要约人具有承诺资格,可以向要约人发出具有拘束力的承诺。承诺资格是要约人依法赋予受要约人的有期限的权利。确定承诺期限有两种方法:(1)要约确定了承诺期限的,承诺应当在要约确定的期限内到达要约人。要约人在要约中明确规定承诺期限有下列方法:一是承诺期限为一个明确的时间终点,如6月30日,承诺期限为自要约生效到该时间终点;二是规定自收到要约之日起的一段时间内,例如收到要约起1个月内。(2)要约没有确定承诺期限的,承诺应当依照下列规定到达方为有效:第一,要约以对话方式作出的,应当即时作出承诺。有的要求即时作出承诺,有的另外约定承诺时间,有约定的依照约定,没有约定或者约定不明的,视为没有约定,应当即时作出承诺。第二,要约以非对话方式作出的,承诺应当在合理期限内到达。确定合理期限应当考虑的因素:一是根据要约措辞的缓急;二是根据要约的内容;三是根据某种特定行业的习惯做法;四是根据一个理智、善良、业务水平中等的交易人,正常的考虑、准备的时间;五是根据合理的在途时间。

逾期承诺,是指受要约人超过承诺期限发出承诺,或者在承诺期限内发出承诺,但按照通常情形不能及时到达要约人。逾期承诺的特点是:(1)逾期承诺须是受要约人向要约人发出的完全接受要约的意思表示。(2)逾期承诺须是在承诺期限届满后发出,或者在承诺期限内发出承诺,但按照通常情形不能及时到达要约人,因而不是合格的承诺。

因受要约人原因的承诺迟到,是受要约人虽然在承诺期限内发出承诺,但是按照通常情形,该承诺不能及时到达要约人,从而使承诺到达要约人时超过承诺期限。《民法典》将其纳入逾期承诺中,一并规定法律效果。

逾期承诺的效力是:(1)逾期承诺不发生承诺的法律效力。由于在承诺期限届满之后,受要约人不再有承诺的资格,因而逾期承诺的性质不是承诺,对要约人没有承诺的约束力,不能因此而成立合同。(2)逾期承诺是一项新要约。逾期承诺因时间因素而不具有承诺的性质,但它还是对要约人的要约内容作出了响应,故应视为新要约。该新要约须以原来的要约和逾期承诺的内容为内容。对方可以在合理的时间内给予承诺,即按照一般的承诺期限作出承诺的,合同成立。(3)要约人及时通知受要约人该承诺有效的情况下,逾期承诺具有承诺的法律效力。逾期承诺到达要约人,要约人认为该逾期承诺可以接受的,应当按照的意志,承认承诺的效力,合同成立。

承诺迟到,是承诺人在承诺期限内发出承诺,按照通常情形能够及时到达要约人,但是因其他原因承诺到达要约人时超出了承诺期限。承诺迟到和逾期承诺不同,逾期承诺是受要约人发出承诺的时间已经超出了承诺期限。

非因受要约人原因的承诺迟到,须具备以下要件:(1)受要约人须在承诺期限内发出承诺。(2)承诺到达要约人时超过了承诺期限。(3)承诺超过承诺期限到达要约人不是由于受要约人的原因,而是因邮局误投、意外事故等其他原因造成承诺迟延到达。

非因受要约人原因的承诺迟到的法律效力是,原则上该承诺发生承诺的法律效力,但要约人及时通知受要约人因承诺超过期限不接受承诺的,不发生承诺的效力。承认这种承诺迟到发生承诺效力的原因,是因为这种承诺的迟到不能归责于受要约人,受要约人相信他的承诺能够及时到达,并使合同成立。善意受要约人基于这种合理的信赖,可能已经为合同的履行作出了准备。不过,承诺迟到毕竟是事实,要约人有权表示拒绝,即要约人如果在接到迟到的承诺后及时通知受要约人因承诺超过期限不接受该承诺的,则应当尊重当事人的意志和选择,使承诺不发生法律效力。

(四)合同的成立

《民法典》第483条规定,承诺生效时合同成立,但是法律另有规定或者当事人另有约定的除外。承诺生效时间,是指承诺在何时发生法律拘束力。承诺生效时间在合同法的理论和实践中具有重大意义:第一,由于承诺的时间就是合同成立的时间,因而承诺在什么时间生效,就直接决定了合同在什么时间成立。第二,由于合同的成立时间和生效时间的一致性,因而承诺生效之时又是合同生效之日,是双方享有合同权利、承担合同义务之日。第三,合同的生效时间又可能涉及诉讼时效、履行期限利益等问题。第四,合同的成立还涉及合同签订地乃至法院管辖权、准据法的确定等问题。

承诺的生效时间依照需要通知和不需要通知的不同,分为两类,确定方法是:承诺是以通知方式作出的,承诺生效的时间依照《民法典》第137条的规定确定,采用到达主义。承诺不需要通知的,应当根据交易习惯或者要约的要求,即作出承诺的行为时生效。根据交易习惯,某种承诺的性质可以确定用行为的方式承诺,该承诺行为实施的时间,就是承诺生效的时间。二是如果要约已经表明承诺可以由行为作出意思表示,则实施该行为的时间就是承诺生效时间。合同成立的时间,是双方当事人的磋商过程结束,达成共同意思表示的时间界限。

合同成立的时间标志是承诺生效。承诺生效意味着,受要约人完全接受要约人的意思表示,订约过程结束,要约、承诺的内容对要约人和受要约人产生法律拘束力。承诺生效时,合同即告成立。如果当事人对合同是否成立存在争议,则以能够确定当事人名称或者姓名、标的和数量的达成合意的时间,为认定合同成立的标准,其他内容依照有关合同内容确定和合同内容解释的规定予以确定。

承诺与要约内容一致性原则,是承诺的一般规则。承诺是以接受要约的全部条件为内容的,是对要约的无条件认可,因而承诺的内容须与要约的内容一致。这就是英美法的"镜像原则",即要求承诺如同镜子一般照出要约的内容。

随着社会经济的发展,在保证交易安全的前提下,对传统合同规则有所修正,要求区分承诺变更的实质性和非实质性,以规定不同的效果。《民法典》第488条后半段规定的是受要约人对要约的内容作出实质性变更及其效果。

受要约人对要约的内容作出实质性变更的效果,是成立新要约。凡是对要约的内容进行了实质性变更的,意味着受要约人不同意要约人的要约,因此一律作为新要约处理,这在学理上称为反要约。

判断受要约人对要约内容的变更是否是实质性变更,是依据以下标准:一是合同标的的变更,改变了要约人的根本目的,发生根本的变化;二是数量、质量的变更,对要约人的权利义务有重大影响;三是价款或者报酬的变更,对要约人将来的权利义务有重大影响;四是履行期限的变更,改变了当事人的期限利益;五是履行地点的变更,关系到运费的负担、标的物所有权的转移和意外灭失风险的转移;六是履行方式的变更,对双方的权利有不同影响;七是违约责任的变更,有可能不利于要约人;八是解决争议方法的变更,有可能不利于要约人。这些变更都属于对要约内容的实质性变更。

承诺对要约的内容作出非实质性变更的,原则上为有效承诺,合同的内容以承诺的内容为准。非实质性变更的内容,是指《民法典》第488条规定的实质性变更之外的要约内容的变更,即除了对要约的合同标的、数量、质量、价款或者报酬、履行期限、履行地点和方式、违约责任和解决争议方法的变更之外,都属于非实质性变更。如在要约的条款后又附加了建议,在承诺中添加了新的条款重复或者强调了要约的内容。

对要约的非实质性变更在下列情况下无效:(1)变更了要约内容的承诺到达要约人后,要约人及时对承诺人表示反对的,该"承诺"不发生承诺的效力,而是一种新要约。(2)要约人在要约中明确表示承诺不得对要约的内容作出任何变更的,承诺对要约的内容的非实质性变更,为反要约即新要约。

合同生效的原则是承诺生效时合同成立。合同成立的时间,是双方当事人的磋商过程结束,达成共同意思表示的时间界限。如果双方当事人约定签订合同书的,双方的协议只是合同磋商的结果,还需要签订合同书,并且自当事人在合同书上签字、盖章或者按指印的时候成立。签字、盖章或者按指印,是订约人最终对合同书或者确认书的承认,是自愿接受其约束的意思表示,也是当事人签署合同书的三种形式,除非有特别约定,只要有其中一种签署形式,就发生合同成立的效力。双方签字、盖章或者按指印不在同一时间的,以最后一方签字、盖章或者按指印的时间为合同成立的时间。

但是,还有两个例外情形:(1)在合同书上签字、盖章或者按指印之前,如果当事人一方已经履行主要义务,自对方予以接受时,该合同成立,对此主张合同未成立的,不予采信。(2)法律、行政法规规定或者当事人约定合同应当采用书面形式订立,当事人未采用书面形式,但是一方已经履行主要义务,自对方接受时,该合同也成立,对此主张合同未成立的,也不予采信。

对于采用信件和电子数据订立合同的,实际上在符合要求的承诺作出之后,合同就成立了。不过,如果当事人约定还要签订确认书的,则在签订确认书时,该合同方成立。因此,双方签署确认书的时间,是信件、数据电文合同成立的时间。

网络购物的买卖合同和网络服务合同,通常是在线上签订合同,并且缺少明显的要约、承诺的行为标志。根据网络交易的特点,确认网络交易中的合同订立,一方在互联网等信息网络发布的商品或者服务信息,只要符合要约的条件的,就认为是网络交易合同的要约。对方也就是消费者,在网络上选择该商品或者服务,并提交订单的,为承诺。当网络交易服务界面显示提交订单成功时,合同成立。因而,界面显示"提交订单成功"时,就是网络交易合同的成立时间。

(五) 悬赏广告

悬赏广告,是指广告人以公开广告的形式允诺对完成指定行为之人给付一定报酬的意思表示。行为人完成该种行为后,有权获得该报酬。

悬赏广告的特征是:(1)悬赏广告是要式行为,悬赏广告一经发出,即产生悬赏要约的拘束力;(2)悬赏广告是有赏行为,即约定有报酬,对于完成悬赏行为的人,按照广告确定的数额给付酬金;(3)悬赏广告是向不特定的任何人发出,当悬赏行为完成之后,行为人就已经确定;(4)悬赏广告的悬赏行为是合法行为。

对悬赏广告的性质,学界有契约说和单方允诺说的不同看法。《民法典》规定悬赏广告的性质属于合同,是广告人以不特定的多数人为对象发出的要约,只要某人完成指定的行为即构成承诺,双方成立合同。悬赏广告的效力是,完成广告行为的人享有报酬请求权,广告人负有按照悬赏广告的约定支付报酬的义务。悬赏人不履行或者不适当履行支付报酬义务的,构成违约行为,应当承担违约责任。

(六) 缔约过失责任

缔约过失责任,又称先契约责任或者缔约过失中的损害赔偿责任,是指在合同缔结过程中,当事人因自己的过失致使合同不能成立,对相信该合同成立的相对人基于此项信赖而生的损害应负的损害赔偿责任。

缔约过失责任的法律特征包括:(1)是缔结合同过程中发生的民事责任;(2)是以诚实信用原则为基础的民事责任;(3)是以补偿缔约相对人损害后果为特征的民事责任。

缔约过失责任的作用在于保护交易安全,可以规范人们在缔约过程中恪守良性交易行为准则,禁止商业欺诈,促进公平交往。

按照《民法典》第500条的规定,缔约过失责任的主要表现是:(1)假借订立合同,恶意进行磋商。恶意磋商实际上已经超出了缔约过失的范围,而是恶意借订立合同之机而加害于对方当事人或者第三人。对此造成的损失恶意当事人应当予以赔偿。(2)故意隐瞒与订立合同有关的重要事实或者提供虚假情况。故意隐瞒构成缔约过失,如知道或者应当知道合同无效的原因存在而不告知对方,使对方产生信赖而造成损失。(3)有其他违背诚信原则的行为。这是缔约过失责任的主要部分,只要当事人在缔约过程中具有违背诚信原则的过失,使对方相信合同已经成立,因而造成损失的,就都构成缔约过失责任。

缔约过失责任的形式,是损害赔偿。一方因基于对对方当事人的信赖,相信合同成立而产生的信赖利益损失,有过失的一方缔约人应当全部予以赔偿。

三、合同的效力

(一)合同生效的一般规则

合同的效力是指合同对当事人的法律强制力。合同一经法律承认,当事人就必须履行。合同的生效,是指已经成立的合同在当事人之间产生了法律拘束力,即通常所说的法律效力。合同生效时间,是指合同发生法律约束力的时间。"同时成立之原则",是合同生效时间的基本规则,即合同的成立与其效力同时发生。

合同生效时间包含两个方面的内容:(1)合同生效的一般时间界限,是合同依法成立。这里的"依法",为承诺生效,合同即告成立。在这种情况下,合同成立和合同生效的时间是一致的。(2)法律另有规定或者当事人另有约定的,按照法律规定或者当事人约定的合同生效时间发生法律效力。例如,当事人约定合同经过公证后生效的,则在公证后合同生效。

按照法律、行政法规规定应当办理批准等手续生效的合同,在办理了相关的手续后生效。如果没有办理批准等手续,该合同不生效,但不是合同无效,仍然可以通过补办手续而使其生效。因此,未办理批准等手续,并不影响合同履行报批、登记等义务条款以及相关条款的效力,这意味着:(1)这时的合同并非无效,而是未生效;(2)尽管合同未生效,但是合同条款的效力仍然不受影响,负有履行报批手续义务的一方仍然应当负担履行报批手续的义务,继续报批;(3)负有履行报批义务的当事人拒不履行该义务,使该合同无法生效的,应当承担损害赔偿责任,对对方当事人因此造成的损失,应当承担缔约过失责任。

法律、行政法规规定合同的变更、转让、解除等情形也须办理批准等手续生效的,与合同生效须批准是相同的,因此也应当按照前述规则处理。

(二)格式合同及其效力

格式条款,是指当事人预先拟定,并在订立合同时未与对方协商的条款。采用格式条款的合同称为格式合同。格式合同与一般合同不同,主要特征是:(1)格式合同一般由居于垄断地位的一方拟订;(2)格式合同的对方当事人处于从属地位;(3)格式合同是完整、定型、持久的合同类型;(4)格式合同可以用不同的但必须是明确的书面形式表达出来。

格式合同与示范合同不同。示范合同是指通过有关的专业法规、商业习惯等确立的,为当事人订立合同时参考的文本,对双方当事人没有强制约束力,当事人可以参照,也可以不参照;可以修改示范合同的条款和格式,也可以增减示范合同的条款。格式合同是对方当事人没有选择余地的、只能服从的合同。

格式条款的优势是便捷、易行、高效,缺点是无协商余地,使双方地位不平等。故《民法典》对提供格式条款的一方当事人规定了法定义务:(1)遵循公平原则确定当事人权利和义务的义务;(2)采取合理的方式提示对方注意免除或者减轻其责任等与对方有重大利害关系条款的义务;(3)按照对方的要求对该条款予以说明的义务。提供格式条款的一方未尽上述第(2)项和第(3)项规定的提示义务和说明义务,致使对方当事人没有注意或者理解与其有重大利害关系的条款的,对方当事人可以提出主张,认为该条款不成为合同的内容,即不对当事人发生拘束力。对此,法院和仲裁机构应当支持对方当事人的这一主张。

格式条款具有以下情形之一的无效:(1)格式条款具备《民法典》总则编第六章第三节和第506条规定的情形,即无民事行为能力人实施的民事法律行为、虚假的民事法律行为、违反法律强制性规定的民事法律行为、违背公序良俗的民事法律行为、恶意串通的民事法律行为,以及造成对方人身损害、因故意或者重大过失造成对方财产损害的格式条款,都一律无效。(2)提供格式条款一方不合理地免除或者减轻己方责任、加重对方责任、限制对方主要权利。这些情形都不是合同对方当事人订立合同时所期望的,与其订立合同的目的相悖,严重地损害其的合法权益,明显违背公平原则等民法基本原则,因而都是导致格式条款无效的法定事由,只要出现其中一种情形,格式条款就无效。(3)提供格式条款一方排除对方主要权利。排除对方当事人的主要权利,将导致对方当事人订立合同的目的不能实现,因而属于格式条款绝对无效的情形。

格式条款解释,是指在当事人对格式条款的含义存在不同理解时,应当依据何种事实、原则对该条款作出合理的说明。当对格式条款的理解发生争议时,应当对格式条款的内容进行解释。格式条款解释的方法是:(1)通常解释原则。格式条款解释的一般原则,是对有争议的合同条款按照通常的理解予以解释。(2)不利解释原则。对格式条款有两种以上解释的,应当作不利于对格式条款的提供方的解释。这是因为,格式条款是由特定的一方当事人提供的,其服从性和不可协商性有可能使对方当事人的意思表示不真实,因而使其利益受到损害。格式条款在整体上会出现有利于提供者而不利于相对方的问题。为平衡这种不公正现象,保护消费者利益,应当采取不利解释原则。(3)格式条款和非格式条款不一致的,应当采用非格式条款。这是指在格式合同中,既存在格式条款,又存在非格式条款,两者内容不一致,采用不同的条款会对双方当事人的利益产生重大影响时,非格式条款处于优先地位,应当采用非格式条款确认合同内容,与该非格式条款相矛盾的格式条款无效。

(三)免责条款

合同免责条款,是指双方当事人在合同中预先达成一项协议,免除将来可能发生损害的赔偿责任的合同条款。

合同免责条款的特点是:第一,免责条款具有约定性;第二,免责条款须以明示方式作出,并规定在合同中;第三,免责条款具有免责性,对当事人具有相当的约束力。故《民法典》只规定免责条款无效的事由,除这两个具体事由的免责条款外,其他都是有效的:

(1)人身损害的免责条款,是指在合同中约定免除当事人造成对方人身损害的赔偿责任的条款。这种免责条款是无效的。按照这一规定,在所有的劳动合同中,双方当事人约定免除人身损害赔偿责任的,都没有法律上的拘束力,都不能预先免除雇主的赔偿责任。不过这一规定有特例,例如,在竞技体育中,对于某些有严重危险的项目,事先约定免除人身损害的竞赛者的民事责任,为有效。如拳击、散打、跆拳道、搏击等项目,一方过失造成对方的人身损害,并不需要承担赔偿责任;只有故意伤害对方当事人的,才应当承担赔偿责任。

(2)财产损失的免责条款,是指在合同中约定免除当事人因故意或者重大过失造成对方财产损失的赔偿责任的条款。这样的免责条款,将会给对方当事人以损害他人财产的合法理由,合同当事人都可以在合同中借签订免责条款,逃避任何法律制裁,使受害人在免责条款的约束下,无从得到法律上的救济。因此,《民法典》确定这种免责条款无效。

四、合同的履行

(一)合同履行及其原则

合同履行是合同债务人全面地、适当地完成其合同义务,债权人的合同债权得到完全实现。

合同履行的原则,是指当事人在履行合同债务时应当遵循的基本准则。当事人在履行合同债务中,只有遵守这些基本准则,才能够实现债权人的债权,当事人期待的合同利益才能实现。

《民法典》规定了三个合同履行原则:

1. 遵守约定原则

遵守约定原则,亦称约定必须信守原则。依法订立的合同对当事人具有法律约束力。双方的履行要服从于约定,信守约定,约定的内容是什么就履行什么,一切违反约定的履行行为都属于对该原则的违背。遵守约定原则包括:(1)适当履行原则,合同当事人按照合同约定的履行主体、标的、时间、地点以及方式等履行,且均须适当,完全符合合同约定的要求。(2)全面履行原则,要求合同当事人按照合同所约定的各项条款,全面而完整地完成合同义务。

2. 诚实信用原则

对于一切合同及合同履行的一切方面均应适用诚实信用原则,当事人根据合同的性质、目的和交易习惯履行合同义务。诚实信用原则具体包括:(1)协作履行原则,要求当事人要基于诚实信用原则的要求,对对方当事人的履行债务行为给予协助,要及时通知、相互协助、予以保密。(2)经济合理原则,要求当事人在履行合同时应当讲求经济效益,即付出最小的成本,取得最佳的合同利益。

3. 绿色原则

依照《民法典》第9条规定,履行合同应当有利于节约资源、保护生态环境,避免浪费资源、污染环境和破坏生态,遵守绿色原则。

(二)对合同非主要条款的确定

如前所述,合同的标的和数量是主要条款,其他条款属于非主要条款。当事人就合同的主要条款达成合意即合同成立,非主要条款没有约定或者约定不明确,并不影响合同成立。

对合同的非主要条款没有约定或者约定不明的解决办法是:(1)补充协议。补充协议对非主要条款作出明确约定,合同内容即为完善,可以进行履行。对合同的非主要条款进行协议补充,应当遵循自愿原则,协商一致即可。(2)进行确定。当事人就合同的非主要条款的补充协议不能达成一致,则应当依照合同的有关条款、合同性质、合同目的或者交易习惯予以确定。

当事人就有关合同内容约定不明确,依照前述方法仍不能确定的,应当进一步确定,以便使合同债务得到履行。继续确定适用的方法是:(1)质量要求不明确的,按照强制性国家标准履行;没有强制性国家标准的,按照推荐性国家标准履行;没有推荐性国家标准的,按照行业标准履行;没有国家标准、行业标准的,按照通常标准或者符合合同目的的特定标准履行。(2)价款或者报酬不明确的,按照订立合同时履行地的市场价格履行;依法应当执行政府定价或者政府指导价的,按照规定履行。(3)履行地点不明确,给付货币的,在接受货币一方所在地履行;交付不动产的,在不动产所在地履行;其他标的的,在履行义务一方所在地履行。(4)履行期限不明确的,债务人可以随时履行,债权人也可以随时请求履行,但是应当给对方必要的准备时间。(5)履行方式不明确的,按照有利于实现合同目的的方式履行,例如按照标的物的性质确定履行方式。(6)履行费用的负担不明确的,由履行义务一方负担;因债权人原因增加的履行费用,由债权人负担。

(三)网络交易合同的履行

《民法典》对网络交易合同交付时间的问题,还作出了专门的规定。确定网络交易合同的交付时间,分为三种情形:

(1)采用快递物流方式交付标的物的,应当以收货人的签收时间为交付时间。网络服务合同,由于没有明显的交付的标志,因此以生成的电子凭证或者实物凭证中载明的时间为交付时间;如果前述凭证没有载明时间或者载明时间与实际提供服务时间不一致的,以实际提供服务的时间为交付时间。

(2)电子合同的标的为采用在线传输方式交付的,例如网络咨询服务合同,合同标的物(如咨询报告)进入对方当事人指定的特定系统并且能够检索识别的时间为交付时间。

(3)电子合同当事人对交付方式、交付时间另有约定的,按照其约定。例如,网络买卖合同的买受人主张自己选择快递物流取货的,将买卖标的物交付给买受人自己选择的快递物流单位的时间为交付时间。

(四)双务合同中的抗辩权

1. 同时履行抗辩权

双务合同的同时履行抗辩权,是指双务合同的当事人在互负债务,没有先后履行顺序的情况下,当事人一方在他方未为对待给付以前,可以拒绝履行自己债务的抗辩权。合同履行中的同时履行抗辩权、后履行抗辩权和不安抗辩权都是一时性抗辩权,当行使抗辩权的法定事由消灭后,债务仍须履行。其作用是:第一,平衡当事人之间的权益,维护当事人的权利;第二,维护交易秩序;第三,增进双方当事人之间的协作。

同时履行抗辩权在符合下列条件时才可以行使:(1)须依据同一双务合同双方当事人互负债务、互享债权;(2)须双方当事人互负的债务均已届清偿期;(3)须对方当事人未履行债务;(4)须对方的对待给付是可能履行的。

同时履行抗辩权的行使,使得一方当事人在对方履行之前,有权拒绝其履行请求,这种拒绝履行不构成违约。

一方在对方履行债务不符合约定时,也可以行使同时履行抗辩权,但是这种抗辩权的行使,应当不是全面对抗对方的履行要求,而是针对不完全履行的部分行使抗辩权,即有权拒绝对方相应的履行请求。例如:(1)对迟延履行,可以行使同时履行抗辩权;(2)对受领迟延,可以在迟延的范围内主张同时履行抗辩权;(3)对部分履行,可以针对不履行的部分主张同时履行抗辩权;(4)对瑕疵履行,可以针对瑕疵履行部分,行使同时履行抗辩权。

2. 后履行抗辩权

后履行抗辩权,是指在双务合同中约定有先后履行顺序,负有先履行义务的一方当事人未依照合同约定履行债务,后履行债务的一方当事人可以依据对方的不履行行为,拒绝对方当事人请求履行的抗辩权。

后履行抗辩权的特点是:(1)后履行抗辩权在本质上是对违约的抗辩;(2)后履行抗辩权是负有后履行义务一方当事人履行权益的反映;(3)后履行抗辩权是不同于合同解除权的救济方式。

行使后履行抗辩权的要求是:

(1)对合同义务的全部抗辩,即先履行的当事人对合同义务全部不履行的,后履行的当事人对全部履行义务都可以拒绝履行。

(2)对合同义务的部分抗辩,即先履行的当事人履行债务不符合合同约定的,后履行的当事人的抗辩只能对对方当事人相应的履行请求进行抗辩,不得对其他的履行请求进行抗辩。

后履行抗辩权的效力是,后履行抗辩权的行使,产生后履行一方可以一时性中止履行债务的效力,对抗先履行一方的履行请求,以此保护自己的期限利益。在先履行一方采取了补救措施,变违约为适当履行的情况下,后履行抗辩权消灭,后履行一方须履行自己的债务。同时,后履行抗辩权的行使并不影响后履行一方向违约方主张违约责任。

3. 不安抗辩权

不安抗辩权,是指在双务合同中有先履行义务的一方当事人,在有确切证据证明对方当事人有丧失或者可能丧失履行能力因而不能履行合同义务时,享有的暂时中止履行的抗辩权。在通常情况下,双务合同的一方当事人依约定应先履行其债务时,不得对后履行一方提出抗辩。但是,当先履行义务一方发现后履行一方当事人的财产显著减少,可能危及先履行一方当事人债权实现时,如仍强迫先履行义务一方当事人先为给付,则可能出现先履行的一方当事人履行了债务,自己的债权却无法实现的情形,故特设不安抗辩权予以保护。

行使不安抗辩权应当具备的条件是:(1)合同确立的债务合法有效;(2)双方当事人因同一双务合同互负债务且有先后履行顺序;(3)须在合同成立后,后履行一方具有发生财产状况恶化且有难为给付的可能。

按照《民法典》规定,后履行义务的当事人具有下述情形的,先履行义务的当事人可以行使不安抗辩权:(1)经营状况严重恶化,在这种情形下,该方当事人极有可能无力清偿债务;(2)转移财产、抽逃资金,以逃避债务;(3)丧失商业信誉,在这种情形下,其履约能力必然受到影响,构成先期违约危险;(4)有丧失或者可能丧失履行债务能力的其他情形。

对于上述行使不安抗辩权的情形,先履行债务的当事人负有举证责任,须举证证明上述情形确实存在。如果不能举证或者举证不足以证明上述情形存在,即行使不安抗辩权的,构成违约行为,应当承担违约责任。

(五)情事变更原则

情事变更原则,是指在合同成立后,订立合同的基础条件发生了当事人在订立合同时无法预见的、不属于商业风险的重大变化,继续履行合同对于当事人一方明显不公平的,因此,受不利影响的当事人可以与对方重新协商,变更或解除合同并免除责任的合同效力原则。

在合同领域,对情事变更原则的适用条件是相当严格的,其应当具备的条件是:(1)需有应变更或解除合同的情事,即订立合同时合同行为的基础条件发生了变动,在履行时成为一种新的情事,与当事人的主观意思无关。(2)变更的情事须发生在合同成立后至消灭前。(3)情事变更的发生不可归责于双方当事人,当事人对于情事变更的发生没有主观过错。(4)情事变更须未为当事人所预料且不能预料,而且不属于商业风险。(5)继续履行合同将会产生显失公平的结果。

情事变更原则适用的法律效力是:(1)当事人重新协商,即再协商。再协商达成协议的,按照协商达成的协议确定双方当事人的权利义务关系。(2)再协商达不成协议的,可以变更或解除合同并免除当事人责任。人民法院或者仲裁机构应当结合案件的实际情况,根据公平原则确定变更或者解除合同。

情事变更原则发生两次效力:第一次效力,是维持原法律关系,只变更某些内容。第一次效力多用于履行困难的情况,变更方式包括增减给付、延期或分期给付、变更给付标的或者拒绝先为给付。第一次效力不足以消除显失公平的结果时,发生第二次效力,即采取消灭原法律关系的方法以恢复公平,表现为终止合同、解除合同、免除责任或者拒绝履行等方式。

五、合同的保全

(一)债权人代位权

债权人代位权,是指债权人依法享有的为保全其债权,以自己的名义行使属于债务人对相对人权利的实体权利。当债务人怠于行使属于自己的债权以及与该债权有关的从权利,而害及债权人的权利实现时,债权人可依债权人代位权,以自己的名义行使债务人怠于行使的债权。

债权人代位权的特征是:(1)债权人代位权是债权的从权利;(2)债权人代位权是债权人以自己的名义代债务人之位行使的权利;(3)债权人代位权的目的是保全债权;(4)债权人代位权的性质是管理权。

《民法典》规定的是债权人债权到期的代位权,其行使要件是:(1)债权人对债务人的债权合法;(2)债务人怠于行使其债权以及与该债权有关的从权利;(3)影响债权人到期债权的实现;(4)债务人的权利不是专属于债务人自身的权利。债权人行使代位权,是向人民法院请求以自己的名义行使债务人对相对人的权利。行使权利的范围,应当以债务人到期债权以及与该债权有关的从权利为限,对超出到期债权范围以外的部分,不能行使代位权。债权人行使代位权所支出的费用,由债务人承担,债权人可以向其追偿。

债权人行使代位权时,相对人对债务人的抗辩,可以向债权人主张,例如,相对人因债务超过诉讼时效而取得抗辩权,该抗辩权可以直接向债权人行使,可以对抗债权人代位权。

债权人对债务人享有的债权在履行期届满之前,行使债权人代位权须有必要的条件。该条件是:债务人对相对人享有的权利可能存在诉讼时效期间即将届满或者未及时申报破产债权等情形,影响债权人的债权实现。在符合这样的条件要求的情况下,债权人可以行使债权人代位权,其具体方法是:

(1)可以以债务人的名义,代位向债务人的相对人请求其向债务人履行,这是典型的代位权行使方法。

(2)相对人在破产程序中的,债权人可以代债务人之位,向破产管理人申报债权,将该债权纳入破产财产清偿范围,期待在破产清算中实现债权。

(3)作出其他必要的行为,例如符合条件的,可以请求查封、冻结财产等。

后两种方法,超出了传统债权人代位权的范围,其目的仍然是保全债务人的财产以保护债权人的债权,是针对实际情况所作的规定,对于保全债权人的债权具有重要意义。

(二)债权人撤销权

债权人撤销权,是指债权人依法享有的为保全其债权,对债务人无偿或者低价处分作为债务履行资力的现有财产,以及放弃其债权或者债权担保、恶意延长到期债权履行期限的行为,请求法院予以撤销的权利。

债权人撤销权的目的,是保全债务人的一般财产,否定债务人不当减少一般财产的行为(欺诈行为),将已经脱离债务人一般财产的部分,恢复为债务人的一般财产。当债务人实施减少其财产或者放弃其到期债权而损害债权人债权的民事行为时,债权人可以依法行使这一权利,请求法院对该民事行为予以撤销,使已经处分了的财产恢复原状,以保护债权人债权实现的物质基础。

债权人对债务人无偿处分行为行使撤销权的要件是:(1)债权人与债务人之间有债权债务关系;(2)债务人实施了处分财产的积极行为或者放弃债权、放弃债权担保的消极行为;(3)债务人的行为须有害于债权;(4)无偿处分行为不必具备主观恶意这一要件。

债务人无偿处分财产害及债权人债权的行为包括:(1)债务人放弃其债权。债务人放弃对自己作为债权人的相对人享有的债权,无论是到期还是未到期债权,债权人均可行使撤销权。(2)债务人放弃债权担保。债务人对自己的债务人对自己负有的债务,由相对人或者第三人设置的担保予以放弃,使债务人享有的债权失去担保的财产保障,对债权人的债权构成威胁,债权人可以行使撤销权。(3)债务人无偿转让财产。债务人无偿将自己的财产转让给他人,对债权人的债权实现构成威胁,债权人可以行使撤销权。(4)债务人恶意延长其到期债权的履行期限。债务人对相对人享有的债权已经到期,为逃避债务延长履行期限,对债权人的债权构成威胁,债权人可以行使撤销权。

除债务人无偿处分财产的情形外,还包括一定条件下债务人有偿处分财产的情形。债务人有偿处分自己财产的行为,原本与债权人的利益无关,但是债务人为逃避债务,恶意低价处分,就危及了债权人的债权。如果受让人对债务人低价处分财产行为知道或者应当知道该情形的,构成恶意,因此,债权人可以行使撤销权,撤销债务人与受让人的低价处分行为,保存债务人履行债务的财产资力。

债权人对债务人低价处分财产行为行使撤销权的要件是:(1)债权人与债务人之间有债权债务关系;(2)债务人实施了明显不合理的低价处分财产的积极行为;(3)债务人的行为须有害于债权;(4)债务人有逃避债务的恶意,低价处分财产行为的受让人知道或者应当知道该情形。

债务人低价处分财产行为的情形包括:(1)债务人以明显不合理的低价转让财产,即债务人以明显低于正常的合理价格转让自己的财产。(2)债务人以明显不合理的高价受让他人财产,即债务人以明显高于正常的价格受让他人的财产,这相当于债务人转移自己的资产。(3)债务人为他人的债务提供担保。债务人在应当履行对债权人的债务情形下,将自己的财产为他人提供担保,将降低自己承担债务的财产资力。当出现这三种情形时,具备上述行使要件,即影响债权人的债权实现,债务人的相对人知道或者应当知道该情形的,债权人可以请求人民法院撤销债务人的行为。

债权人对债务人处分其债权、财产危及其债权的行为行使撤销权,是为了保护自己的债权,同时也是对债务人处分其财产危及债权人债权行为的矫正。因此,债权人行使撤销权的范围,应当以保全自己的债权为限,一般不能超出保全自己的债权的范围,只有在债务人处分的财产或者权利是一个整体、无法分割时,才可以对该整体行为进行撤销,超出的部分不属于不当行为。同时,由于撤销权保全的是债务人的财产,即使行使撤销权后回复到债务人的财产用来清偿对债权人的债务,也是债务人应当履行的义务,因此,债权人行使撤销权所需的费用,应当由债务人负担。债权人已经支出这一费用的,可以向债务人追偿。

债权人撤销权的目的是保全债务人的财产,而不是直接用债务人的财产清偿债务。人民法院应当支持其主张。人民法院撤销了债务人损害债权人利益的行为,其后果是该处分行为自始没有法律约束力,处分的财产回归债务人手中,成为履行对债权人债务的财产资力。

六、合同的变更和解除

(一) 合同变更

《民法典》合同编所规定的合同变更,是狭义变更,是指在合同成立后,尚未履行或者尚未完全履行之前,当事人就合同的内容达成修改和补充协议所带来的变化。

当事人在合同订立并生效后,至合同履行完毕之前,可以通过协商的方式对合同的内容进行变更。变更合同一般只要有当事人的合意即可发生法律效力,但有些特殊的合同的变更,依照法律、行政法规的规定,当事人应当办理必要的批准、登记手续,始为生效。未经批准、登记的,当事人变更合同的协议不产生法律上的效力,即为无效变更。

合同变更的要件包括以下几个方面:

1. 原合同关系的存在

合同的变更是对已有的合同内容的改变,因此原有合同关系的存在是合同变更的首要条件,没有合同关系的存在,则不发生合同变更问题。合同变更的时间,以原合同关系仍然有效存在为必要,在合同有效成立以后至合同履行完毕之前,当事人均可对合同的内容进行变更。

2. 合同变更须有当事人的变更协议

《民法典》将合同变更界定为协议变更,合同当事人双方达成变更合同的协议就是变更合同的唯一方式。当事人达成的变更合同的协议也是一种民事合同,因此应当符合《民法典》有关合同成立和生效的一般规定。

3. 必须有合同内容的变化

合同变更必须产生使合同的内容发生改变的效果,否则不能认为是合同的变更。

4. 合同变更必须遵循法定的形式

当事人协议变更合同内容,应遵循自愿互利原则,协议不能违背法律。

合同变更的法律效力包括:(1)仅对变更部分发生效力,原有的这一部分合同内容失去效力,当事人应按照变更后的合同内容履行。(2)仅对未履行的部分合同内容发生效力,不得以合同发生了变更而要求已履行的部分归于无效。(3)合同的变更不影响当事人请求损害赔偿的权利,合同的变更本身给一方当事人造成损害的,另一方当事人应对此承担赔偿责任。

(二) 合同转移

合同转移,又称合同债权债务转移,包括合同债权转让、债务转移和债权债务概括转移。

1. 合同债权转让

合同债权转让是指合同的债权人通过协议将其享有的债权全部或者部分转让给第三人的行为。

债权转让是合同主体变更的一种形式,它是在不改变合同内容的情况下,通过协议变更合同的债权人。根据合同性质不得转让的、按照当事人约定不得转让的、依照法律的规定不得转让的合同,合同债权不得转让。债权转让的条件包括:(1)须有有效的合同债权存在;(2)合同债权的转让人与受让人应达成转让协议;(3)转让的合同债权必须是依法可以转让的债权;(4)合同债权的转让协议须通知债务人。

债权转让的效力包括对内效力和对外效力。

合同债权转让的对内效力,是指合同债权转让在转让双方即让与人(原债权人)和受让人(新债权人)之间发生的法律效力,具体包括:(1)合同债权由让与人转让给受让人;(2)从属于主权利的从权利一并转移;(3)债权人应当保证其转让的权利有效且不存在权利瑕疵;(4)让与人应当承担合同债权转让的必要义务。

合同债权转让的对外效力,是指合同债权转让对债务人所具有的法律效力:(1)债务人不得再向让与人即原债权人履行债务;(2)债务人负有向受让人即新债权人作出履行的义务;(3)债务人基于原合同所享有的抗辩权仍然存在且可以对抗新债权人;(4)债务人的抵销权仍然有效。

2. 合同债务转移

合同债务转移是指债务人将其在合同中的义务转移给第三人,由第三人取代债务人的地位,对债权人负责履行债务。

债务转移分为全部转移和部分转移。债务的全部转移,是指债务人与第三人达成协议,将其在合同中的全部义务一并转移给第三人。债务的全部转移,是由新的债务人取代原债务人的地位成为合同的当事人,承担合同中的原债务人的义务。债务的部分转移,是指债务人将合同义务的一部分转移给第三人,由第三人对债权人承担一部分债务。合同的原债务人并没有退出合同关系,而是又加入一个新的债务人,原债务人与新的债务人共同对债权人承担履行合同的义务。

债务转移的构成要件是:(1)须有有效的债务存在;(2)转移的债务应具有可转

移性;(3)须有合同义务转移的内容;(4)须经债权人的同意。

合同债务转移的效力是:第一,债务受让人代替原债务人地位成为新债务人;第二,债务人抗辩权的转移;第三,合同债务的从债务一并转移。

3. 合同债权债务概括转移

合同债权债务概括移转,是指原合同的当事人一方将其债权与债务一并转移给第三人,由第三人概括地继受这些权利和义务的合同转让形态。可以进行合同债权债务概括转移的,只能是双务合同。单务合同不适用合同债权债务概括转移。

合同债权债务概括转移,一般出合同的一方当事人与合同之外的第三人通过签订转让协议的方式,约定由第三人取代合同转让人的地位,享有合同中转让人的一切权利并承担转让人在合同中的一切义务。

由于合同债权债务概括转移是同时转移债权和债务,因此,必须符合债权转让和债务转移的法律要求,同时发生债权转让和债务转移的法律后果。

七、合同消灭

(一)合同消灭的概念和效力

合同消灭,又称合同终止,或者合同的权利义务终止,是指合同当事人间的合同关系在客观上已经不复存在,合同的债权与债务归于消灭。

合同消灭所发生的效力表现在以下几个方面:(1)合同当事人之间的权利义务消灭,债权人不再享有债权,债务人不再负担债务。(2)债权的担保及其他从属的权利义务消灭。例如,担保物权、保证债权、违约金债权、利息债权等,在合同关系消灭时,当然一并消灭。(3)负债字据的返还。有负债字据的合同关系消灭的,债务人可以请求返还或者涂销负债字据;合同关系部分消灭的,或者负债字据上载有债权人其他权利的,债务人可以请求将合同消灭的事由记入负债字据。债权人主张不能返还或者不能记入的,债务人可以请求债权人出具合同消灭的证书。(4)合同消灭后的附随义务履行。合同的权利义务终止后,当事人应当遵循诚实信用原则,根据交易习惯履行通知、协助、保密等义务。(5)合同消灭不影响合同中结算和清理条款的效力。

(二)合同消灭的原因

1. 清偿

清偿,又称履行,是指债务人按照合同的约定向债权人履行义务,实现债权目的的行为。我国《民法典》第557条使用的"债务已经履行"的概念，就是清偿的意思。

清偿的主体就是清偿的当事人，包括清偿人与清偿受领人。清偿的标的，就是债务的履行标的，或者债务给付的内容。清偿标的应当是全面清偿，即清偿人按照合同的约定全面履行债务。只有在特殊情况下，才可以部分清偿和代物清偿。债务人清偿债务应当在当事人约定的履行地点、履行期限之内为之。当事人没有约定的，按照法律规定的补缺性规定予以确定。清偿费用，按照法律规定或者当事人约定处理；法律没有规定，当事人也没有约定的，按照合同的有关条款或者交易习惯确定；据此仍不能确定的，清偿费用由债务人负担。

2. 解除

合同解除有两种含义。狭义的合同解除是指合同有效成立以后，在具备解除条件时，因当事人一方基于法律规定或双方的意思表示而使合同关系归于消灭的一种法律行为，包括约定解除和法定解除。广义的合同解除，除了包括狭义的合同解除外，还包括合同的协议解除。

协议解除，又称合意解除、解除契约或反对契约，是指在合同有效成立后尚未履行完毕之前，当事人双方通过协商而使合同效力消灭的双方法律行为。

约定解除，是指在原合同中通过解除权条款，或另外签订一个合同赋予一方或双方当事人在一定条件下享有解除权，当条件具备时，当事人行使解除权解除合同的法律行动。约定解除的基本特点是，它是通过原有合同或者新订立的合同约定解除合同的条件，当约定的条件出现时，当事人即可行使解除权而解除合同。约定解除是单方解除合同。

法定解除是指合同在有效成立后尚未履行或未完全履行完毕前，由于法律规定的事由行使解除权而使合同归于消灭的行为。

合同解除效力，是指合同解除后所产生的法律后果，主要涉及合同解除的溯及力和合同解除与损害赔偿责任的关系问题。

3. 抵销

抵销是指当事人互负给付债务，各以其债权充当债务的清偿，而使其债务与对方的债务在对等额度内相互消灭的合同消灭制度。为抵销的债权即债务人的债权，称为自动债权、抵销债权或反对债权；被抵销的债权即债权人的债权，称为被动债权、受动债权或主债权。

法定抵销是指由法律规定两债权得以抵销的条件，当条件具备时，依当事人一方的意思表示即可发生抵销效力的抵销。

合意抵销,又称约定抵销、意定抵销,是指当事人双方基于协议而实行的抵销。合意抵销重视的是债权人之间的意思自由,因而可以不受法律所规定的构成要件的限制,当事人只要达成抵销合意,即可发生抵销的效力。

4. 提存

提存是指债务人于债务已届履行期时,将无法给付的标的物提交提存机关,以消灭合同债务的合同消灭方式。

提存可使债务人将无法交付给债权人的标的物交付提存机关,消灭债权债务关系,从而免除债务人为债务履行的困扰,为保护债务人的利益提供了一项行之有效的措施。

5. 免除

免除是指债权人抛弃债权,从而全部或者部分消灭合同关系的单方法律行为。

免除是法律行为,应当具备法律行为成立的一般条件。免除的效力是使合同关系消灭。债务全部免除的,合同债务全部消灭;债务部分免除的,合同关系于免除的范围内部分消灭。主债务因免除而消灭的,从债务随之消灭。但从债务免除的,不影响主债务的存在。

6. 混同

混同是指债权和债务同归于一人,而使合同关系消灭的事实。混同以债权与债务归属于一人而成立。混同与人的意志无关,因而属于事件。

混同的效力是导致合同关系的绝对消灭。主债务因混同消灭,从债务也随之消灭,如保证债务因主债务人与债权人混同而消灭。

八、违约责任

(一)违约的形态

违约行为的形态主要有:

1. 不履行合同

不履行合同义务,主要形态是拒绝履行,是指债务人对债权人表示不履行合同的违约行为。履行期限届至之前的拒绝履行为预期违约行为,履行期限届满之后发生的拒绝履行是实际违约行为。不履行合同也包括履行不能,是指债务人在客观上已经没有履行能力,或者法律禁止该种债务的履行。

2. 履行合同义务不符合约定

一是迟延履行,是指债务人能够履行,但在履行期限届满时却未履行债务的违约行为,也包括债权人的受领迟延行为。二是瑕疵履行,是指债务人虽然履行了债务,但其履行不符合债务本质的违约行为。确定瑕疵履行的标准是履行期届满,债务人仍未消除履行的瑕疵或者另行给付。

(二)违约责任的承担方式

违约行为的后果是承担违约责任。违约责任的承担方式有:(1)继续履行;(2)采取补救措施;(3)赔偿损失;(4)其他违约责任方式。

未支付价款、报酬、租金、利息以及不履行其他金钱债务的违约行为,都是金钱债务的违约行为。这些不履行金钱债务的行为,都构成违约责任,对方当事人可以请求其支付,这是债权人行使金钱债务的二次请求权,是继续履行的违约责任承担方式,债务人应当继续履行。继续履行是主要的合同责任方式,即继续按照合同的约定进行履行,适用范围是一切没有实际履行或者没有完全履行生效合同,并且该合同能够履行、合同也有继续履行的必要的情形。对于金钱债务的债务人迟延履行的,除了继续履行,债权人还可以请求债务人承担违约金、赔偿逾期利息等违约责任。

除金钱债务之外的其他合同债务,都属于非金钱债务。债务人对非金钱债务不履行或者履行债务不符合约定的,是违约行为,应当承担继续履行的责任。

当事人一方不履行债务或者履行债务不符合约定的,根据债务的性质不得强制履行的,对方可以请求其负担由第三人替代履行的费用。当事人一方不履行债务或者履行债务不符合约定,根据债务的性质属于不得强制履行的,应当属于非金钱债务,因为金钱债务不存在不得强制履行的问题。

对于非金钱债务,如果债务人履行不符合约定,应当承担的违约责任主要是采取补救措施。如果在合同中对因履行不符合约定承担违约责任没有约定或者约定不明确的,应当采取办法进行确定。确定的办法有:(1)依照《民法典》第510条规定进行确定。合同当事人就质量、价款或者报酬、履行地点等内容没有约定或者约定不明确的,可以协议补充;不能达成补充协议的,按照合同的相关条款或者交易习惯确定。(2)受损害方根据标的的性质以及损失的大小,合理选择应当采取的补救措施的违约责任,如承担修理、重作、更换、退货、减少价款或者报酬等。

合同的当事人一方不履行合同义务或者履行合同义务不符合约定的,应当承担继续履行和采取补救措施等违约责任,使对方当事人的债权目的得到实现。但是,违约方承担这些违约责任只能实现受损害一方的合同目的,却不能弥补受损害一方因此造成的损失。因此,当违约方承担了继续履行和采取补救措施之后,对方当事人还有其他损失的,违约方当然要承担损害赔偿的违约责任,受损害方有权利请求其承担损害赔偿责任,以补偿自己的损失。

赔偿损失这种违约责任承担方式,是违约责任中应用最广泛的一种。违约责任中损害赔偿责任的目的是,对违约行为造成的损害进行的赔偿。合同的受损害方有权获得其在合同中约定的利益,通过给付这种损害赔偿,保护合同当事人的期待利益。

违约损害赔偿责任方式有两种,即补偿性损害赔偿和惩罚性损害赔偿。一般的合同违约责任适用补偿性损害赔偿,不得适用惩罚性赔偿。惩罚性赔偿只有在商品欺诈和服务欺诈中才可以适用,不得随意扩大其适用范围。

《民法典》规定了确定违约补偿性损害赔偿范围的原则:一是赔偿实际损失规则。损害赔偿额应当相当于因违约所造成的损失,包括合同履行后可以获得的利益。"合同履行后可以获得的利益"是对合同履行可得利益赔偿的表述,是合同当事人在合同履行中的期待利益。二是可预期损失规则。违约损害赔偿的最高限额不得超过违约一方订立合同时预见到或者应当预见到的因违约可能造成的损失。确定这个限额,可以按照合同当事人订立合同的预期利益考虑。应当说明的是,对于加害给付责任,并不考虑这样的赔偿限额。

(三)违约金

违约金和违约损害赔偿都是救济违约损害的违约责任承担方式。当事人在合同中可以约定违约金条款,根据违约情况向对方支付一定数额的金钱,也可以约定因违约造成损失的赔偿额的计算方法。在实际发生违约时,按照约定的违约金或者赔偿金的计算方法进行。

违约金是指按照当事人的约定或者法律直接规定,一方当事人违约的,应当向另一方支付的金钱,包括约定违约金和法定违约金。违约金具有多种性质,但主要性质是违约赔偿金。违约金的适用可能与违约损害赔偿的适用发生冲突。违约金与违约损害赔偿是一致的,适用违约金,在没有造成损害时,就是惩罚性违约金;造成损害,就是赔偿性违约金。赔偿性违约金,应当与违约的损失相结合。

违约金适用的原则是:(1)约定违约金的,应当按照违约金的约定执行;(2)约定的违约金低于造成损失的,可以请求增加,俗称"找齐",这是因为违约金具有损害赔偿性质,只要低于实际损失,就应当找齐;(3)约定的违约金过分高于造成的损失的,可以请求适当减少。司法实践中当事人约定的违约金超过造成损失的30%的,一般可以认定为过分高于造成的损失。

当事人在约定违约金条款中,如果对当事人迟延履行约定违约金的,当然应当按照约定承担违约金,但是承担了违约金责任之后,并不能因此而免除其继续履行的义务,违约方还须继续履行应当履行的债务。

(四)定金

定金,是指以担保债权实现为目的,依据法律规定或双方当事人约定,由一方在合同订立时或订立后至合同履行之前,按照合同标的额的一定比例,预先给付对方的一定数额货币的担保形式。其特征是:(1)定金的权利义务关系产生于定金合同;(2)定金是典型的债的担保形式;(3)定金担保是一种双方当事人担保;(4)定金的支付须在合同履行前进行。

我国的定金是担保债权实现的方式,基本性质是违约定金,但也具有证约定金、成约定金、解约定金、立约定金的性质,与违约金、预付款、押金都有明显的区别。

定金基于定金合同产生,因而定金的成立是指定金合同的成立。定金合同,是指依附于主合同,为担保债权实现而设定定金权利义务关系的从合同。定金合同是实践性合同,自其交付定金之时起生效。定金合同并不仅限于在买卖合同中适用,在承揽合同、建设工程勘察设计合同中都有适用。

定金均以货币形式交付,且定金的数额以合同标的额的一定比例作为根据。确定定金数额的原则是:(1)定金数额由当事人约定,当事人可以自由约定定金数额。(2)定金数额受最高限额的限制,即不得超过主合同标的额的20%,超过该限额的定金约定无效。(3)实际交付的定金数额多于或者少于约定的定金数额的,视为变更约定的定金数额,以实际交付的定金数额为准。

定金的主要效力是抵作价款或收回以及定金罚则。

一方面,在主合同履行后,定金应当抵作价款或者收回。抵作价款是以定金抵销货币给付义务,应当优先适用,只有在不能抵作价款时,才考虑退还定金的办法。

另一方面,当一方当事人违约时,定金罚则发生效力。给付定金的一方不履行约定的债务,或者履行债务不符合约定致使不能实现合同目的的,无权请求返还定金;收受定金的一方不履行约定的债务,或者履行债务不符合合同约定致使不能实现合同目的的,应当双倍返还定金。适用定金罚则的条件是不履行债务,或者履行债务不符合规定,即违约。违约的归责事由属于哪一方当事人造成,就由哪一方当事人承担定金罚则的后果。违约的归责事由属于给付定金一方,则由给付定金一方承担;属于收受定金一方,则由收受定金一方承担。具体的违约行为,可以是主观上的原因,也可以是客观上的原因,但具体原因如何,只要不履行债务就可适用定金罚则。

当合同债务不能履行是因不可归责于双方当事人的事由时,不履行者当然不应承担民事责任,定金作为合同的担保也就不再发生效力,应当使其恢复原状,收受定金一方应当将定金返还给付定金的一方当事人。

违约金和定金可能发生竞合,例如,当事人在合同中既约定违约金,又约定定金的,当一方违约时,就发生了违约金和定金的竞合。定金与违约金的区别是:(1)交付的时间有区别。定金是在合同履行之前交付的,而违约金是在发生违约行为之后交付的。(2)根本目的不同。定金的目的是担保债权实现,而违约金是民事责任承担方式,是合同当事人违反合同所应承担的财产责任。(3)作用不同。定金有证约和预先给付的作用,在合同已经履行的情况下,定金还可以抵作价款。违约金则不具备上述作用。尽管如此,当一方违约同时触发违约金条款和定金罚则时,就会发生违约金和定金的竞合。

当出现违约金和定金竞合时,非违约方拥有选择权,即可以选择适用违约金或者定金条款,请求违约方给付违约金,或者是执行定金条款,但不能合并适用违约金和定金条款。

如果非违约方选择适用定金条款,而约定的定金不足以弥补违约方违约给非违约方造成的损失的,非违约方可以请求违约方赔偿超过定金数额的损失。

(五)债权人拒绝受领和受领迟延

拒绝受领,是指对于债务人已经提供的给付,债权人无理由地拒绝接受的违约行为。受领迟延,又称债权人迟延,是指债权人对债务人已经提供的履行未为受领,或者未为其他为给付完成所必要的协力的违约行为。

债权人对于给付的受领,首先表现为一种权利行使的结果,即受领是债权效力的直接表现。受领的性质,是合同履行的义务,是债的效力的表现。构成拒绝受领和受领迟延应当具备的要件是:(1)债务内容的实现须以债权人的受领或者其他协助为必要;(2)债务人依照债务的本质提供了履行;(3)债权人拒绝受领或者受领不能。后者是指债权人不能为给付完成所必需的协助的事实,包括受领行为不能和受领行为以外的协助行为不能,是债权人不为受领或者协助的消极状态,而是否基于债权人的主观意思,在所不问。

对债权人拒绝受领和受领迟延,《民法典》第589条规定了两个法律效果:第一,债务人可以请求债权人赔偿履行所增加的费用,债务人提出增加费用请求权的,法院和仲裁机构应当支持;第二,在债权人受领迟延期间,债务人无须支付利息。

九、准合同

《民法典》合同编第三分编将无因管理之债和不当得利之债称为"准合同"。这是因为《民法典》未设债法总则,只能将无因管理之债和不当得利之债放在合同编中规定,才得此命名。

(一)无因管理

1. 无因管理的概念

无因管理是指没有法定义务或者约定的义务,为避免他人利益受到损失而进行管理或者服务的行为。管理他人事务的人称为管理人,其事务被他人管理的人称为本人或者受益人。例如,收留迷路的儿童,雨夜为出门的邻居抢修房屋。《民法典》第121条规定:"没有法定的或者约定的义务,为避免他人利益受损失而进行管理的人,有权请求受益人偿还由此支出的必要费用。"无因管理是一种事实行为,是债的发生原因之一。

2. 无因管理之债的成立要件

(1)必须是管理他人事务。事务是指与生活有关的事项,既可能是纯财产意义上的事项,也可能是与财产利益毫不相关的事项。这种事务必须是他人的,并且能够发生债权债务关系,是合法事项。管理是实现事务内容的行为。它不仅包括看管、保管、保养等一般管理行为,而且包括提供服务等行为。

(2)必须有为他人谋利益的意思,即管理人确有为他人谋取利益或者避免损失的动机。从动机上看,管理人应当有为他人利益而管理的动因;从效果上看,管理人取得的利益最终归本人享有。

(3)必须没有法定或者约定的义务。无因管理中的"无因",就是指"没有法定或者约定义务";如果有法定义务或者约定义务,就不存在无因管理问题。

3. 无因管理中当事人的权利义务

(1)管理人在实施无因管理行为时,承担管理义务与通知和返还的义务。管理人的管理义务涉及管理方法和注意程度。管理人应当按照有利于本人的方法为本人管理事务,并且原则上应与一般债务人负同等的注意义务,即如同管理自己的事务那样管理本人的事务。管理人在能够通知本人的情况下,应当及时通知本人其管理事务的事项,将因处理事务收取的金钱、财物及孳息等返还本人。

(2)本人的义务。管理人为本人管理事务是出于义举,不得要求本人支付报酬,但有权要求本人偿付由此而支出的必要费用。换言之,本人负有偿付管理人由管理行为而支出的必要费用的义务。必要费用是指必不可少的费用。

4. 具体规则

依照《民法典》979条规定,管理人没有法定或者约定的义务,为避免他人利益受损失而管理他人事务,并且符合受益人真实意思的,可以请求受益人偿还因管理行为而支出的必要费用;管理人因管理事务受到损失的,可以请求受益人给予适当补偿。管理事务不符合受益人真实意思的,管理人不享有前述规定的权利,但是受益人的真实意思违背公序良俗的除外。

此外,管理人管理事务不属于前文所述的情形,但是受益人享有管理利益的,受益人应当在其获得的利益范围内向管理人承担前述规定的义务。管理人管理他人事务,应当采取有利于受益人的方法。中断管理对受益人不利的,无正当理由不得中断。管理人管理他人事务,能够通知受益人的,应当及时通知受益人。管理的事务不需要紧急处理的,应当等待受益人的指示。管理结束后,管理人应当向受益人报告管理事务的情况。管理人管理事务取得的财产,应当及时转交给受益人。管理人管理事务经受益人事后追认的,从管理事务开始时起,适用委托合同的有关规定,但是管理人另有意思表示的除外。

(二)不当得利

1. 不当得利的概念

不当得利是指没有合法根据而通过造成他人损失所取得的不当利益。当事人之间因不当得利所发生的债权债务关系,称为不当得利之债。不当得利关系中,获得利益的一方为受益人,受到损失的一方为受损方。《民法典》第122条规定:"因他人没有法律根据,取得不当利益,受损失的人有权请求其返还不当利益。"

不当得利是日常生活中经常发生的现象。例如,取存款时银行向收款人多付了现金,甲鱼塘里的鱼游到了乙的鱼塘,都会发生不当得利。

2. 不当得利的构成要件

不当得利或者不当得利之债的构成必须具备下列条件：

(1) 取得利益。取得利益是指取得财产利益，是因一定的事实而使得受益人的财产增加，包括积极增加和消极增加。积极增加是指受益人的财产因得利而直接增多；消极增加是指受益人的财产本应减少而没有减少，如少支付了应当支付的存款。

(2) 他人受到了损失。一方受益而他人并未受损，并不构成不当得利。例如，捡别人废弃的垃圾而出售，就不构成不当得利。构成不当得利必须有一方受到了损失。受到损失是指财产减少，包括积极减少和消极减少。积极减少是指财产的直接减少；消极减少是指应当增加的财产没有增加。

(3) 一方受益与他方受损之间有因果关系。这种因果关系是指一方的受益是由于他方的受损而产生的，如果没有这种因果关系，受益人就没有义务返还利益。

(4) 受益没有合法根据。这是指一方受益缺乏合法的原因。如果有合法的原因，就不再是不当得利。

3. 不当得利之债的履行

(1) 得利人没有法律根据取得不当利益的，受损失的人可以请求得利人返还获得的利益，但是有下列情形之一的除外：一是为履行道德义务进行的给付；二是债务到期之前的清偿；三是明知无给付义务而进行的债务清偿。

(2) 得利人不知道且不应当知道获得的利益没有法律根据的，是善意得利人，其获得的利益已经不存在的，不承担返还该利益的义务。

(3) 得利人知道或者应当知道获得的利益没有法律根据的，是恶意得利人，受损失的人可以请求恶意得利人返还其获得的利益并依法赔偿损失。

(4) 得利人已经将获得的利益无偿转让给第三人的，受损失的人可以请求第三人在相应范围内承担返还义务。如果第三人取得的利益并非无偿且支付合理对价的，则构成善意取得，受损人不得向其主张返还利益，而应当向得利人主张承担损害赔偿责任。

第十章 人格权编

我国《民法典》设立了人格权编,专门规定人格权,调整因人格权的享有和保护而产生的民事法律关系。人格权是在民事主体特别是自然人所享有的民事权利中最为重要的权利,关涉人的尊严、地位以及人格要素的完整性等重大问题。人格权受到损害,人格就不健全、不完整,人格尊严和地位就都会受到损害。我国《民法典》设立人格权编,全面规定人格权,就是要坚持人文主义立场,保护人的尊严和法律地位。

一、《民法典》闪耀着大写的"人"字

我国《民法典》是最具有时代特征的民法典,这是因为《民法典》闪耀着一个大写的"人"字,充满着人文主义精神的立法思想,对我国今后的法治建设以保护人的尊严为主题,奠定了基础。这主要表现在以下四个方面:

(一)我国《民法典》最重要的突破是人格权独立成编

19世纪、20世纪的民法典,都未特别地规定人格权。《法国民法典》没有直接规定人格权,《德国民法典》也是在总则和侵权之债的规定中一共只写了6个关于人格权的条文。后世的民法典,例如《瑞士民法典》《荷兰民法典》《魁北克民法典》都有一些人格权的规定,但都是规定在民法总则中,条文不多,内容不丰满。在21世纪初出台的《乌克兰民法典》虽然单独规定了"人格非财产权编",但是内容比较庞杂,写了很多公法上的权利,并非一个严格意义上的人格权编。

我国《民法典》经过长期准备,也经历了激烈的理论争论,最终在分则中专门设置了人格权编,这在世界各国的民法典中的确是十分先进的。《民法典》把对人格权的保护提升到了前所未有的新水平,将人格尊严作为核心概念,让我们每个人在

人格权的保护下,在社会中确保主体地位,能够像人一样受到尊重和生活。可能有人会说,我们本来就是人,怎么能说像人一样受到尊重和生活?曾经发生过这样一起案件,一个孩子因狗吠受惊,打了一下惊吓他的宠物犬,宠物犬的主人就逼着孩子给这只犬磕头。这种行为就是侵害人格尊严,就是不把人作为人来尊重的违法行为。我国《民法典》在分则中专门规定人格权编,是具有时代特征的做法,突出了21世纪的民法典的人文主义特色。

(二)《民法典》人格权编形成了比较完整的人格权体系

人格权包括两种不同的权利类型,一是抽象人格权,二是具体人格权。我国《民法典》对人格权类型的规定,形成了这样两个完整的体系,形成了人格权的系统。

在抽象人格权方面,《民法典》第990条第2款规定除第1款已经规定的人格权之外,还规定了自然人享有基于人身自由和人格尊严产生的其他人格利益。其次,第993条规定了民事主体可以将自己的姓名、名称、肖像等人格利益许可他人使用,确立了人格权的公开权。最后,第130条规定了自我决定权,包括了人格权的自我决定权。这三种权利,形成了比较完整的抽象人格权体系。

在具体人格权方面,《民法典》除明文规定了生命权、身体权、健康权、姓名权、名称权、肖像权、名誉权、荣誉权、隐私权和个人信息之外,还通过变通的方法,规定了人身自由权、性自主权、声音权、形象权以及信用权。这些人格权集中规定在人格权编中,构成了完整的具体人格权体系。

正是抽象人格权和具体人格权的两大体系,构建了我国完整的人格权的体系。

(三)《民法典》规定的人格权的内容充实而且丰满

由于我国在《民法典》分则部分独立规定人格权,因而立法空间比较宽敞,可以写更多的权利内容和保护方法。因此,《民法典》在规定人格权的具体内容和保护方法上,都十分具体。仅举一例,《民法典》规定生命权,确定生命权包含生命安全维护权和生命尊严维护权。生命安全维护权就是维护自己生命安全的权利,任何人非法侵害自然人的生命利益,其就可以进行正当防卫,保护自己的生命安全。生命尊严维护权维护的是自己生的尊严、活的尊严和死的尊严。生的尊严更多的是由父母和社会负责,活的尊严由人格尊严本身来保护,因而最重要的生命尊严就是维护死的尊严,包括生前预嘱、临终关怀和尊严死。这些都是为了保护人的死的尊严,而不是为了苟延残喘的延命却毫无尊严,因而消极安乐死就是最有尊严的死亡。同时,规定生命尊严也为今后制定安乐死法确立了上位法的依据,留下了立法的空间。

对于其他的人格权,例如规定人体基因和人体胚胎、临床试验,规制性骚扰行为,隐私权保护的主要内容是私人生活安宁、AI变脸构成侵害隐私权,等等,都体现了时代精神,更好地保护人民的人格权。

(四)《民法典》规定了完善的人格权保护体系

与《民法通则》规定方法不同,《民法典》在人格权保护方面,不仅适用侵权请求权的保护方法,人格权编还特别规定了人格权请求权。侵权请求权的保护方法主要解决的是人格权受到侵害造成损失(包括财产损失和精神损害)的救济问题。人格权请求权主要维护的人格权的完满状态,主要的救济方式是停止侵害、排除妨碍、消除危险、赔礼道歉、消除影响、恢复名誉。同时,还规定人格权请求权不受诉讼时效的限制,可以在任何时候都行使这种请求权,保护自己人格权的完满状态。人格权请求权与侵权请求权一道,构成完整的人格权保护方法,保护人格权。

可以说,我国《民法典》闪耀着一个大写的"人"字,体现出的是人文主义的立法思想。在世界民法典的历史发展过程中,以第二次世界大战结束为标志,民法性质有一个转变。第二次世界大战以前,各国民法典主要调整财产关系,调整人身关系的也主要是调整亲属之间的关系,例如婚姻家庭,对人格权比较忽视。第二次世界大战以后,在惨痛的教训面前,全世界对人格权有了截然不同的认识,人格权和人格尊严受到各国的普遍重视,在民法典中强调对人格尊严和人格权的保护。德国、日本这些战败国也都接受历史教训,在宪法和民法典中规定了对人格尊严的保护,通过立法让历史的悲剧不再重演。这样,民法的性质就发生了一个巨大的变化,从过去注重财产关系变成了注重人身关系,特别是保护好人格权。所以很多人认为,21世纪民法的突出特点就是人文主义,注重保护人格权。我国在制定《民法通则》时,就特别加强了对人格权的保护,并一直延续下来,经过30多年的经验积累,终于有了今天的《民法典》人格权编。

诞生于21世纪的中国《民法典》,就是通过这样的规定,将一个大写的"人"字,鲜明地写在自己的封面上,使我国的《民法典》成为最具有时代特征和人文主义精神的民法典。

二、人格权及其法律特征

(一) 具体人格权与一般人格权

人格权,是指民事主体专属享有,以人格利益为客体,为维护民事主体的独立人格所必备的固有的民事权利。简言之,将构成人格的不同人格利益要素用权利的方法予以法律保护的这些民事权利,就是人格权。

《民法典》对人格权没有从内涵的角度作定义,而是以列举具体人格权的方式作出界定,即具体人格权是包含生命权、身体权、健康权、姓名权、名称权、肖像权、名誉权、荣誉权和隐私权等权利的民事权利。

一般人格权,是指自然人享有的,概括人格独立、人格自由和人格尊严全部内容的一般人格利益,并由此产生和规定具体人格权,并对具体人格权不能保护的其他人格利益进行保护的抽象人格权。一般人格权的核心内容是人格尊严(而不是人身自由),具体内容是基于人格尊严而产生的其他人格利益。通常认为,一般人格权有创造功能(创造新的人格权)、解释功能(解释具体人格权的内容)和补充功能(保护具体人格权不能保护的人格利益),但是实际上发挥作用最重要的功能是补充功能,即在具体的人格权之外,基于人格尊严所产生的其他人格利益都予以保护,当这些人格利益受到侵害时,由一般人格权予以保护。

(二) 人格权保护

人格权法律保护的原则,是《民法典》第3条规定的民事权利依法保护原则的组成部分,任何民事权利及合法利益都受法律保护,人格权当然也不例外。问题是,人格权是所有的民事权利中最重要的民事权利,是第一位的、关于自己的人格的民事权利,当然更应当加强法律保护。自20世纪40年代之后,人格权保护的原则就被世界各国所确认。我国《民法典》专门规定人格权编,加强对人格权的保护,以维护人的尊严,任何组织或者个人都不得侵害。

(三) 人格权的固有性

人格权是固有权。人格权的固有性特征,是说自然人生而具有的权利,而不是后天依据何种原因而取得的权利。人格权和身份权都是基于出生的事实产生,但是人格权是人基于出生而获得的固有权利,身份权却是人基于出生的事实而取得的权利。人格权由于具有固有性特征,因而是专属权、必备权,与权利主体不可须臾分离,终身为权利主体所享有。人格权一旦与权利主体分离,人将不成其为人,将丧失了做人的资格。

正因为人格权是固有权、专属权、必备权,因而在任何民事活动中,权利主体都不得放弃、转让、继承人格权,不能通过这些行为将人格权与权利主体分离。对此,必须分清,有些人格利益是可以许可他人使用的,例如肖像、姓名、隐私、个人信息等,但是不能把这些人格权予以放弃、转让或者继承。

(四)人格权的公开权

依照《民法典》第993条规定,自然人基于人格权的某些客体享有公开权。公开权也被称为商品化权、人格利益商业利用权、商事人格权等,是指民事主体(包括自然人、法人、非法人组织)对其具有一定声誉或吸引力的人格标识利益进行商品化利用并享有利益的抽象人格权。

在人格利益中,有些特殊的人格利益能够引起他人的关注和兴趣,当将这种人格利益用于市场经济中时,将会产生财产利益。公开权的主旨,就是权利人可以将自己享有的这种人格利益许可他人使用,并获得相应的收益。因此,公开权的核心价值是某些人格利益的市场价值,基本方法是许可他人使用,所得收益归权利人所有,使用人可以分享。

公开权所保护的人格利益包括自然人的肖像、形象、姓名、声音等,法人或非法人组织的名称等以及以上"可指示性要素"综合而成的整体形象。

(五)人格权请求权

依照《民法典》第995条规定,对于人格权的法律保护,除了可以适用侵权请求权的方法进行保护,还可以适用人格权请求权的方法进行保护。

人格权请求权,是人格权本身包含的保护自己的请求权。这正像人体之内包含着保护自己防御疾病的抵抗力一样,人格权请求权就是人格权自己所包含的保护自己的救济权利。而保护人格权的外部力量,则是侵权请求权,是用外部的请求权保护人格权,就像感冒采取吃药、打针的方法进行治疗一样。

人格权请求权对保护人格权的最大价值,就在于弥补侵权请求权保护人格权的不足,因而使人格权的法律保护系统更为完善和完备。其弥补效果体现在以下几个方面:第一,人格权请求权的行使不以过错为构成要件,只要人格权受到侵害就可以行使,有利于保护权利人的权利完满状态。第二,人格权请求权对权利保护不受诉讼时效的限制,保护力度大,有利于对人格权的长期保护。第三,人格权请求权也是请求权体系中的重要内容之一,缺乏其存在,请求权体系将不完整。第四,侵权损害赔偿请求权的局限性,要求人格权请求权予以弥补,更好地保护受害人的利益。损害赔偿作为救济损害的基本责任方式不是万能的。

在对人格权的保护中,侵权请求权保护的目的主要集中在要求加害人履行损害赔偿之上,其目的是为了填补权利人无法通过行使人格权请求权来恢复的损失,是以金钱的方式填补被损害的权利。而人格权请求权保护的目的,主要集中在对侵害人格权的防范和预防,以及对受损害的权利恢复。人格权请求权与侵权请求权是两种不同的权利保护方法,是从两种不同的角度对权利损害予以不同的救济,两者可以独立适用,也可以结合适用。

人格权请求权的具体方法,应当是除损害赔偿方法之外的救济人格权被侵害的方式,如停止侵害、排除妨碍、消除危险、赔礼道歉、消除影响、恢复名誉等请求权。损害赔偿是侵权法救济损害的一般方法,不属于人格权请求权的内容。

正是由于人格权请求权是人格权本身包含的救济权利,因此,人格权请求权不受诉讼时效的限制。

三、生命权、身体权、健康权

(一)生命权

生命权,是自然人享有的维持其生命存在,保证其生命安全和生命尊严为基本内容的具体人格权。《民法典》规定,生命权的基本内容,一是维护生命安全,二是维护生命尊严。

维护生命安全,是权利人保持其生命,防止他人危害其生命的权利内容。可以依据维护生命安全的权利,防止他人对自己生命的非法侵害,在环境对生命构成的危险尚未发生时,可以要求改变生命危险环境,保护生命安全。

维护生命尊严,是维护人格尊严的组成部分。人格尊严主要维护的是自然人在主体资格存续期间的尊严,当然也包括生的尊严和死的尊严,而生的尊严和死的尊严就是生命尊严,其中最重要的是维护死的尊严,包括选择尊严死、生前预嘱和临终关怀等内容。当自然人的生命濒临终结,不可治愈,且采取延命措施会有巨大的痛苦时,权利人有权采取生前预嘱等方式,选择尊严死,实行临终关怀,被施予减轻痛苦的医疗措施。

生命权的义务主体是任何组织或者个人,即"任何组织或者个人不得侵害他人的生命权"。生命权是绝对权,一个自然人是生命权的权利主体,其他任何自然人、法人或者其他组织都是该生命权的义务主体,都负有不得侵害生命权权利主体的生命的义务。

(二) 身体权

原《民法通则》规定的是生命健康权,没有明确规定身体权,因此身体权是否为人格权,曾经受到怀疑,直至最高人民法院通过司法解释规定了身体权,身体权是人格权才有了定论。

身体权,是自然人享有的维护其身体组成部分完整,并支配其肢体、器官和身体组织的具体人格权。

身体权的客体是身体。身体是自然人的生理组织的整体,包括两个部分:第一,主体部分,即头颅、躯干、肢体的总体构成,包括肢体、器官和其他组织;第二,附属部分,即毛发、指(趾)甲等附着于身体的其他人体组织。移植的器官或者其他组织与受移植人成为一体的,成为受移植人身体的组成部分。镶装、配置的人工制作的身体残缺部分的替代物,不能自由拆卸的,构成身体的组成部分,例如种植牙是身体的组成部分;能够自由拆卸的,不认为是身体的组成部分,不受身体权的保护。

身体权的内容是:(1)维护身体的完整性,任何人不得破坏自然人的身体完整性。(2)支配自己身体的组成部分,包括对肢体、器官、身体其他组成部分的支配权,其前提是不得妨碍自己的生命和健康。

身体权的义务主体是权利人以外的其他自然人、法人和非法人组织。《民法典》中"任何组织或者个人不得侵害他人的身体权"是对义务主体负有义务的规定。

自然人捐献自己的身体组成部分或者遗体,是行使身体权的行为,受《民法典》第130条规定的自我决定权的约束,须自主决定。捐献自己人体组成部分的行为,是有利于他人的高尚行为,在不影响或者不严重影响自己健康的情况下,依照权利人自己的意志进行。捐献行为不得有偿进行,但是并不妨碍受益人给予一定的补偿或者营养费,以弥补权利人健康受到的损害。捐献的对象是身体的组成部分,也可以是自己死亡后的遗体,但是不得捐献能够影响生命或者严重损害健康的人体组成部分。

对于捐献自己身体组成部分的行为,任何组织和个人都不得强迫、欺骗、利诱自然人进行上述的人体组成部分的捐献。实施强迫、欺骗或者利诱的方法使自然人违背其真实意志而实施捐献行为的,构成侵害身体权的侵权行为,应当依照《民法典》侵权责任编的规定,承担侵权责任。

自然人在生前未表示不同意捐献的,该自然人死亡后,其配偶、成年子女、父母可以代表其共同作出捐献的决定。决定捐献应当采用书面形式。

任何人体细胞、人体组织、人体器官以及遗体,都是人的身体组成部分,或者是人的身体的变异物,都不可以作为交易的对象。出于救助他人的高尚目的,自然人可以将自己的身体组成部分或者遗体捐献给他人或者公益组织,但这不是买卖。进行人体细胞、人体组织、人体器官或者遗体的买卖行为,是违法行为。任何买卖人体细胞、人体组织、人体器官以及遗体的行为,都是无效的行为,都在被禁止之列。

买卖行为是转移标的物所有权并予以报酬的交易行为,买卖人体组成部分的行为也是这样,即明码实价地进行交易,甚至成为商业行为。捐献身体组成部分的行为是无偿行为,不是买卖行为。即使在捐献身体组成部分或者遗体时会有一定的补偿费用,但这也不是交易标的物的对价,捐献的身体组成部分也不是交易的标的物,而是对捐献者作出牺牲使身体受损的补偿,且通常是由医疗机构给付的。因此,两种行为的性质不同,一种是法律所严格禁止的,一种是法律所支持、保护的。

(三) 健康权

健康权,是指自然人以自己的机体生理机能正常运作和功能完善发挥,维持人体生命活动的利益为内容的具体人格权。健康权与身体权的区别是:健康权维护的是自然人的机体生理机能正常运作和功能完善发挥;身体权维护的是自然人身体组成部分的完整。简言之,健康权保护的是身体机能的完善性,身体权保护的是身体组成部分的完整性。

健康权的客体是健康。健康,是指维持人体生命活动的生理机能的正常运作和功能的完善发挥。这两个要素协调一致发挥作用,达到维持人体生命活动的最终目的。对规定身心健康是健康权的客体,尽管学界有不同看法,但《民法典》明确了心理健康也是健康权保护的内容。

健康权的义务主体是权利人之外的所有的自然人、法人和非法人组织。"任何组织或者个人不得侵害他人的健康权",规定的就是健康权的义务主体及主体负有的法定义务。

(四) 禁止性骚扰

《民法典》规定,违背他人意愿,以言语、行为等方式对他人实施性骚扰的,受害人有权依法请求行为人承担民事责任。机关、企业、学校等单位应当采取合理的预防、受理投诉、调查处置等措施,防止和制止利用职权、从属关系等实施性骚扰。这是对自然人享有性自主权和规制性骚扰行为的规定。《民法典》直接规定的是对性骚扰行为的规制办法,但是其中包含着性自主权,是规定性自主权的一个变通办法。

性自主权是自然人保持其性纯洁的良好品行,依照自己的意志支配其性利益的具体人格权。未成年人尚未性成熟,不能行使性自主权,自18周岁起,方可行使该权利,支配自己的性利益。性自主权不是身体权的组成部分,而是独立的具体人格权。

性骚扰行为,是行为人违背权利人的意志,与权利人强制进行性交之外的性行为,侵害权利人性自主权的行为。因此,对他人实施侵害性自主权的性骚扰行为,应当承担民事责任。

规制性骚扰行为有两种立法模式:一是权利保护主义,即以保护性自主权人的权利为主,追究性骚扰行为人的民事责任;二是职场保护主义,即对性骚扰行为的制裁,以制裁职场负责人未尽保护义务的违法行为为主,以保护权利人的性利益及性安全。我国采取以权利保护主义为主,职场保护主义为辅的对策,既追究实施性骚扰行为的行为人的责任,辅之以追究职场负责人未尽保护义务的责任。《民法典》第1010条第1款规定的是权利保护主义的规则,第2款暗含的是职场保护主义的规则,但只规定了机关、企业、学校等单位的职场责任,即在工作场所采取合理的预防、受理投诉、调查处置等措施,防止和制止对职场工作人员进行性骚扰。虽然没有直接规定责任条款,但是只要用人单位没有尽到上述义务,发生性骚扰行为,侵害了职工的性自主权,可以依照《民法典》第1198条关于违反安全保障义务的责任或者第1191条第1款关于用人单位的责任的规定,追究单位的民事责任。

四、姓名权和名称权

(一)姓名权

姓名,是以确定和代表个体自然人,并与其他自然人相区别的文字符号和标识。姓名权,是指自然人决定、使用和依照规定改变自己的姓名,并维护其姓名利益的具体人格权。

姓名权的内容包括:(1)决定权,又称命名权,即自然人对自己的姓名的决定权。由于人出生即要命名,而权利人无法自己行使这一权利,因而由其亲权人行使命名权。(2)使用权,姓名权人有权使用自己的姓名,用以区别自己与其他自然人的不同,确定自己的主体地位,实施民事法律行为。(3)变更权,自然人对自己的姓名可以进行变更,不过通常变更的是名,而不是姓,变更姓氏须有特别理由,且变更姓名时须向有关机关办理登记手续。(4)许可他人使用自己姓名的权利。由于姓名权具有专属性,准许他人使用须为正当,例如,委托代理、法定代理、意定代理对本人姓名的使用是正当的许可使用;未经本人同意,又没有行使他人姓名权的免责事由的,构成侵害姓名权的侵权行为。

自然人的姓氏,原则上应当随父姓或者母姓。这是因为,姓氏与名字不同,姓氏标示的是一个自然人的血缘传承,至于随父姓的血缘传承,还是随母姓的血缘传承,则可以选择。

自然人选择父姓、母姓之外的第三姓,须符合法定条件:(1)选取其他长辈直系血亲的姓氏,例如,祖父母、外祖父母的姓氏与父母姓氏不一致,而选择祖父母、外祖父母的姓氏。(2)因由法定扶养人以外的人扶养而选取扶养人姓氏,例如,长期被父母以外的人扶养但未形成收养关系,而随扶养人的姓氏。(3)有不违背公序良俗的其他正当理由,例如,本家族原姓氏为"萧",因错误简化为"肖",故恢复姓萧。自然人是少数民族的,其姓氏依据民族自治原则,遵从本民族的文化传统和风俗习惯。

《民法典》规定,具有一定社会知名度,被他人使用足以造成公众混淆的笔名、艺名、网名、译名、字号、姓名和名称的简称等,参照适用姓名权和名称权保护的有关规定。笔名,是写作者在发表作品时使用的标表作者人格特征的署名,例如鲁迅、二月河等。艺名,是艺术家在艺术领域使用的标表自己人格特征的署名,例如红线女、小白玉霜等。网名,是自然人以及其他主体在互联网等网络上使用的署名、昵称。字号,是法人、非法人组织的名号。姓名的简称,通常是只称谓姓或者只称谓名,或者其他简称例如字、号,而法人、非法人组织名称的简称比较普遍,例如北京大学简称"北大",南京大学简称"南大",西南政法大学简称"西政",西北政法大学简称"西法大"等,对此发生争议的并不少见。

上述这些对自然人、法人或者非法人组织的称谓,只有在具备法定条件时,才适用姓名权和名称权的保护方法进行同等保护:(1)具有一定知名度,即这些称谓必须达到一定的社会知名度,否则不予以保护,例如鲁迅、金庸这样的笔名具有相当的知名度,就应当适用姓名权的保护方法予以保护;(2)被他人使用足以造成公众混淆,例如,北方工业大学或者北京交通大学如果简称"北大",就会与北京大学相混淆。不遵守对这些自然人、法人或者非法人组织称谓的保护规则,进行干涉、盗用或者冒用,同样构成对姓名权、名称权的侵害,应当承担民事责任。

(二) 名称权

名称权,是指法人和非法人组织依法享有的决定、使用、变更或者依照法律规定许可他人使用自己名称,并排除任何组织和个人非法干涉、盗用或者冒用的具体人格权。

名称权的主体是法人和非法人组织,自然人享有的是姓名权,而不是名称权。除了法人和非法人组织,有些自然人组合也有名称,例如没有民事主体地位的合伙可以起字号。对于这些没有主体地位的自然人组合的名称权,比照适用名称权的规则进行保护。

名称权的具体内容是:(1)决定权,即决定自己的名称。法人、非法人组织在设立时,享有命名权,即对法人或者非法人组织决定名称,并依法进行登记,即享有名称权。(2)使用权,即使用自己的名称,法人、非法人组织取得名称就是为了使用,以标表自己的人格与其他主体的人格区别,进行民事活动,取得民事权利,履行民事义务。(3)变更权,即变更自己的名称,法人、非法人组织认为确有必要时,可以改变自己的名称,须依照法律规定进行变更登记。(4)全部转让和部分转让权,名称权与其他人格权的最大不同,是其他人格权都不能转让或者不能全部转让,而名称权不仅可以部分转让,而且还可以全部转让。这里说的转让,是全部转让;许可他人使用自己的名称,是部分转让。名称权全部转让的,一般须将营业一并转让,例如将自己的饭店盘给他人,名称和营业须一并转让,这叫作名称权转让的绝对转让主义。

五、肖像权

肖像权,是指自然人以在自己的肖像上所体现的人格利益为内容,享有的制作、使用、公开以及许可他人使用自己肖像的具体人格权。

《民法典》第1018条第2款明确将肖像的概念界定为"通过影像、雕塑、绘画等方式在一定载体上所反映的特定自然人可以被识别的外部形象"。这个界定是比较准确的。肖像的要素是:(1)表现方法是艺术手段,如影像、雕塑、绘画等。(2)须固定在一定载体之上,而不是镜中影、水中形。(3)可被识别,肖像具有人格标识的作用,可以通过固定在载体上的形象区分本人与他人人格特征,不具有可识别性的形象就不是肖像;(4)自然人的外部形象。这个要素有些宽泛,因为通常界定肖像是"以面部形象为主的形象",这里使用外部形象,并不专指肖像,而且也包含了"形象权"的概念,例如,可供识别的自然人的手、脚、背的外部形象被侵害,算不算侵权呢?曾经讨论过的"半张脸"是否为肖像呢?在这个条文里,这些问题就能够得到答案。

肖像权的内容包括:(1)制作权,即权利人可以依照自己的意愿,通过多种艺术表现形式制作自己的肖像,例如自拍。(2)使用权,即权利人对于自己的肖像,依照自己的意愿决定如何使用,例如自我欣赏。(3)公开权,即权利人有权依照自己的意愿决定自己的肖像是否可以公开,怎样进行公开。(4)许可他人使用权,即权利人可以与他人协商,签订肖像许可使用合同,准许他人使用自己的肖像。这实际上是对肖像权使用权的部分转让,只要符合法律的规定,不违反法律规定和公序良俗,都是正当的行为,是行使《民法典》第993条规定的公开权的合法行为。

肖像权的许可使用,通过许可使用合同来进行。肖像许可使用合同,是肖像权人行使公开权,与被授权使用人签订的对肖像使用范围、方式、期限、报酬等内容进行约定的合同。对此,双方当事人应当遵守约定,行使约定的权利和履行约定的义务,以实现各自的利益。双方当事人如果对这些约定发生争议,应当依照民法典合同编规定的合同解释原则进行解释。由于肖像许可使用合同是支配人格利益的合同,因此,在解释时,对争议应当作出有利于肖像权人的解释,以保护肖像权人的合法权益。例如使用方式约定不够明确,双方发生争议,为保护肖像权人的合法权益,可以采用肖像权人的理解作为解释的基础。

并不是所有的人格利益都能成为公开权的客体,因此《民法典》规定,依照法律规定或者根据其性质不得许可的除外。当依照法律规定某种人格利益不得许可他人使用时,权利人不得许可他人使用;当根据权利性质不得许可他人使用的,权利人也不得许可他人使用,例如生命、健康、名誉、人身自由等都不得或者不能许可他人使用。

肖像权可以合理使用,即不经过肖像权人的同意,直接使用肖像权人的肖像,不构成侵害肖像权。合理使用肖像权,限于以下情形:

(1)为个人学习、艺术欣赏、课堂教学或者科学研究,在必要范围内使用肖像权人已经公开的肖像。首先,合理使用的方式是个人学习、艺术欣赏、课堂教学、科学研究。其次,合理使用的范围是必要范围,即在上述方式的可控范围内,不得超出该范围。最后,使用的是肖像权人已经公开的肖像,而不是没有公开的肖像,更不是自己制作的他人肖像。

(2)为实施新闻报道,不可避免地制作、使用、公开肖像权人的肖像。这种合理使用称为"新闻性",当一个人的肖像出现在新闻事件里时,肖像权人不得主张肖像权。

（3）为依法履行职责,国家机关在必要范围内制作、使用、公开肖像权人的肖像。最典型的方式是对逃犯制作、使用、公开其肖像,对其进行刑事通缉。

（4）为展示特定公共环境,不可避免地制作、使用、公开肖像权人的肖像。例如为了拍照天安门城楼而不可避免地将路人拍摄在画面之中,对此,权利人不得主张肖像权。

（5）为维护公共利益或者肖像权人合法权益,制作、使用、公开肖像权人的肖像的其他行为。例如在寻人启事中使用走失者的肖像,是为了肖像权人的合法权益而合法使用。

六、名誉权和荣誉权

（一）名誉权

名誉权,是指自然人和法人、非法人组织其自身属性和价值所获得的社会评价,享有的保有和维护的具体人格权。名誉权的基本内容是对名誉利益的保有和维护的权利。

名誉是名誉权的客体,《民法典》第1024条第2款对名誉概念作了界定。应当区别的是,名誉分为主观名誉和客观名誉,作为名誉权客体的名誉是客观名誉,即独立于权利主体之外的"对民事主体的品德、声望、才能、信用等的社会评价",既不是权利人的自我评价,也不是权利人的自我感觉,而是社会对权利人的客观评价。主观名誉也叫名誉感,是主体对自己品德、声望、才能、信用等的自我评价和感受,名誉权对此不予以保护,其只保护主体的客观名誉不为他人的非法行为侵害而降低。

名誉权的义务主体是权利主体之外的其他任何自然人、法人、非法人组织,即"任何组织或者个人",负有的义务是不可侵义务,即"不得以侮辱、诽谤等方式侵害他人的名誉权"。名誉权的义务主体违反这一不可侵义务,造成权利人损害的,应当承担民事责任。

正当的新闻报道和舆论监督等行为,具有社会正当性,是合法行为,也是履行媒体新闻批评职责的正当行为。媒体在新闻报道和舆论监督等正当的新闻行为中,即使发生了对他人名誉造成影响的后果,也不构成侵害名誉权,不承担民事责任。例如批评食品企业卫生条件不好督促其改进,对其名誉有一定的影响,但是不构成侵害名誉权,而是正当的舆论监督行为。

在新闻报道和舆论监督等新闻行为中,如果存在《民法典》第1025条规定的情形,则构成侵害名誉权。具体情形包括以下三种:

(1)行为人捏造事实、歪曲事实。这种情形是故意利用新闻报道、舆论监督而侵害他人名誉权的行为。捏造事实是无中生有,歪曲事实是不顾真相而进行歪曲。这些都是故意所为,性质恶劣,构成侵害名誉权。

(2)对他人提供的严重失实内容未尽到合理核实义务。这种情形是新闻失实,是因未尽合理核实义务而使新闻失实,是过失所为。其实不只是对他人提供的严重失实内容未尽核实义务,即使媒体自己采制的新闻,未尽必要注意而使新闻失实的,同样也构成侵害名誉权的行为。

(3)使用侮辱性言辞等贬损他人名誉。在新闻报道、舆论监督中,虽然没有上述两种情形,但是在其中有使用侮辱言辞等过度贬损他人名誉,而对其人格有损害的,也构成侵害名誉权的行为。

作出上述这些侵害名誉权行为的行为人应当承担民事责任。

文学、艺术作品是否侵害名誉权,应当依照《民法典》第1027条来确定:(1)以真人真事或者特定人为描述对象的作品。任何人发表的文学、艺术作品,凡是以真人真事或者特定人为描述对象的,由于其描述对象的确定性,因而只要在作品的内容中含有侮辱、诽谤等内容,对被描述的对象名誉权有损害的,就构成侵害名誉权,受害人享有名誉权请求权,可以请求作者承担侵害名誉权的民事责任。对此,关键之处是确定作品是否描述真人真事或者特定人。如果使用的是真实姓名,容易确定,这就是特定人。如果没有使用真实姓名,其判断标准是,基本的人格特征、基本生活工作经历是否相一致,如果具有上述一致性,可以认定为描述的就是真人真事。(2)不以特定人为描述对象的作品。行为人发表的文学、艺术作品不是以特定人为描述对象,仅是其中的情节与该特定人的情况相似的,不符合主要人格特征和主要生活工作经历的一致性原则,就不属于描述的是真人真事,不认为是对该特定人的名誉权侵害,不承担民事责任。

(二)荣誉权

对荣誉权,很多人都认为它不是一项人格权,因为它不具有人格权的基本特征。不过,我国自1986年《民法通则》就规定了荣誉权,尽管适用较少,但是毕竟还是有保护的必要,且国外民法也有保护的立法例。故人格权编还是将其规定为具体人格权。

荣誉,是指特定民事主体由于在社会生产、社会活动中有突出表现或者突出贡献,政府、单位、团体等组织所给予的积极、肯定性的正式评价。在荣誉利益中,不仅包括精神利益,而且包括财产利益,例如给予特定民事主体以荣誉,不仅包括精神嘉奖,还包括物质奖励。

荣誉权,是指民事主体对其获得的荣誉及其利益所享有的保持、支配、维护的具体人格权。对于荣誉利益的精神利益,权利人的权利内容主要是保持和维护的权利;对于荣誉利益的财产利益,权利人对该财产利益与其他物的权利一样,享有支配权。

荣誉权的义务主体是权利人之外的所有自然人、法人和非法人组织,任何组织或者个人都负有不得非法剥夺他人的荣誉称号,不得诋毁、贬损他人的荣誉的法定义务。违反这种不可侵的法定义务,构成侵害荣誉权的行为,应当承担民事责任。

荣誉权人获得的荣誉称号应当记载而没有记载或者记载错误的,民事主体可以要求记载或者更正。这是荣誉权人对所获得的荣誉享有的保持和维护的权利的体现。

七、隐私权和个人信息保护

(一)隐私权

《民法典》第1032条规定隐私权和隐私的概念。在对隐私概念的界定中,除规定隐私为不愿为他人知晓的私密空间、私密活动、私密信息的内容外,特别增加规定了"私人生活安宁"为隐私的内容,且为隐私内容之首。

隐私权的客体就是隐私。所谓隐私,一为私,二为隐,前者指纯粹是个人的,与公共利益、群体利益无关;后者指权利人有权将其保持不公开的状态,而他人不得察知。因此,《民法典》对隐私作出了定义,即隐私是自然人的私人生活安宁和不愿为他人知晓的私密空间、私密活动、私密信息。自然人的这些隐私利益,一方面须与公共利益、群体利益无关;另一方面是当事人不愿他人侵入或者他人不便侵入、当事人不愿他人干涉或者他人不便干涉、当事人不愿他人知道或他人不便知道。

隐私概念包含的私人生活安宁,是隐私的主要部分。以往通常认为,隐私的主要部分是私密空间、私密活动和私密信息,私人生活安宁在其次。《民法典》规定隐私，是将私人生活安宁作为隐私的主要部分，特别加以保护，放在隐私内容的最前边。

私人安宁生活，是指自然人享有的维持其私生活的安定、安稳、宁静，并排除他人不法侵扰、妨碍，免受他人精神伤害的私生活状态。保护私人生活安宁的价值基础，在于自然人的伦理性，是自然人对其安稳、宁静等自我满足的生活状态的精神性追求，是人文主义在现代社会的重要体现。

私人生活安宁的特征是：首先，私人生活安宁的主体是作为私人存在的自然人。隐私权是自然人的人格权，其主体当然是自然人，而不是法人或者非法人组织。即使是自然人，也不是在所有的场合都是私人生活安宁的利益主体，只有作为私人存在的自然人，才是私人生活安宁的利益主体。如果自然人作为公共活动主体，从事公开的社会活动，就不能要求在公开的社会活动中保持自己的生活安宁。其次，私人生活安宁的客体是自然人的私生活，即与公共活动、社交活动、政治活动等无关，只关乎自己的私人生活的利益。私人生活一经公开，准许他人查知、介入，就不再是私生活，而是公开的生活，不属于私人生活的范围。再次，私人生活安宁的诉求是保持私生活的安全、安定、安稳、宁静。安全，是要求私人生活有保障，而不是担惊受怕；安定，说的是私人生活按照确定的方法运行；安稳，说的是私人生活的稳定性，不会大起大落；宁静，是要求私人生活独处的平静。保障了私人生活的安全、安定、安稳、宁静，就使私人生活安宁得到了保证。最后，私人生活安宁的消极职能在于排除他人的侵扰和干预。私人生活安宁不具有积极的权利要求，而是表现为对保持私人生活安宁的消极职能，即对他人私人生活安宁的侵扰、干预的排除。当隐私权义务人侵扰、干预他人私人生活，妨碍或者破坏了私人生活的安宁，权利人就有权采取公力救济或者私力救济的方式，保护自己的生活安宁，排除他人的非法侵扰和干预，保持自己的私人生活安宁。

私人生活安宁的属性不是权利，而是利益。《民法典》对私人生活安宁的规定，并未确认其为权利，而是作为利益设置在隐私权所保护的隐私范围之内。虽然私人生活安宁在隐私范围内具有主要的地位，但是其本身并不就是隐私权，也不是私人生活安宁权，而是与私密空间、私密活动和私密信息一道，构成隐私的全部，作为隐私权的客体。

除了私人生活安宁外，隐私主要有三个内容：一是私密空间，也称私人空间，分为具体的私密空间和抽象的私密空间。具体的私密空间，是个人的私密范围，如身体的阴私部位、个人居所、旅客行李、学生的书包、口袋、通信等，均为私密空间。抽象的私密空间是指思想空间，专指个人的日记。隐私权保护这些空间不被非法侵入。二是私密活动,即一切个人私密的、与公共利益无关的活动,如日常生活、社会交往、夫妻的两性生活等,即使婚外恋和婚外性活动,原则上也属于私密活动,只有违反法律,涉及公共利益的,才不受隐私权保护,但是也应考虑当事人和相关人员的人格尊严,不得向社会公布。这些要求,并不排除对当事人进行批评教育,甚至对构成犯罪的,还应依法追究刑事责任。三是私密信息,即个人的隐私情报资料、资讯,包括所有的个人情况、资料,诸如身高、体重、女性三围、病史病历、身体缺陷、健康状况、生活经历、财产状况、社会关系、家庭情况、婚恋情况、学习成绩、缺点、爱好、心理活动、未来计划、政治倾向、宗教信仰等。隐私权保护其私密性,他人不得刺探、非法获知以及公布,使第三人知悉。

一个自然人享有隐私权,其他任何民事主体都负有不可侵的法定义务,因而,隐私权的义务主体是除隐私权利人以外的其他所有的自然人、法人和非法人组织。这些义务主体负有的是对自然人的隐私不可侵义务,即不得以刺探、侵扰、泄露、公开、侵入等方式侵害他人的隐私权。违反这些不可侵义务,构成对隐私权的侵害,行为人应当承担民事责任。具体来说,任何组织或者个人作为隐私权的义务主体,都不得实施下列侵害隐私权的行为:(1)以电话、短信、即时通讯工具、电子邮件、传单等方式侵扰他人的生活安宁。生活安宁,是自然人享有的维持安稳宁静的私人生活状态,并排除他人不法侵扰,保持无形的精神需要的满足。短信、电话、即时通讯工具、电子邮件、传单等方式侵扰个人的生活安宁,通常称为骚扰电话、骚扰短信、骚扰电邮等,以上述方式侵害个人的生活安宁,构成侵害隐私权。(2)进入、拍摄、窥视他人的住宅、宾馆房间等私密空间。隐私权保护的私密空间,包括具体的私密空间和抽象的私密空间。前者如个人住宅、宾馆房间、旅客行李、学生书包、个人通信等,后者专指日记,即思想的私密空间。凡是对私密空间进行搜查、进入、窥视、拍摄等,都构成对隐私的侵害。(3)拍摄、窥视、窃听、公开他人的私密活动。私密活动是一切个人的、与公共利益无关的活动,如日常生活、社会交往、夫妻生活、婚外恋等。对此进行拍摄、录制、公开、窥视、窃听,都构成侵害私人活动。(4)拍摄、窥视他人身体的私密部位。身体的私密部位也属于隐私,是身体隐私,例如生殖器和性感部位。拍摄或者窥视他人身体私密部位,构成侵害隐私权。(5)处理他人的私密信息。私密信息是关于自然人个人的隐私信息,获取、删除、公开、买卖他人的私密信息,构成侵害隐私权。(6)以其他方式侵害他人的隐私权。这是兜底条款,凡是侵害私密信息、私密活动、私密空间、身体隐私、生活安宁等的行为,都构成侵害隐私权。

(二) 个人信息保护

个人信息的内涵,是指以电子或者其他方式记录的能够单独或者与其他信息结合识别特定自然人的各种信息。其中:(1)电子信息的记录方式是电子方式或者其他记录方式;(2)能够单独或者与其他信息结合发挥作用;(3)个人信息的表现形式是信息,即音讯、消息、通讯系统传输和处理的对象,泛指人类社会传播的一切内容;(4)个人信息的基本作用是识别特定自然人的人格特征,因而个人信息的基本属性是个人身份信息,而不是个人私密信息。从学术的角度上界定个人信息,即个人信息是对客观世界中特定自然人的身份状况和变化的反映,是特定自然人在与他人和客观事物之间活动的联系的表征,表现的是特定自然人的身份属性和人格特征的实质内容。

个人信息的外延包括:自然人的姓名、出生日期、身份证件号码、生物识别信息、住址、电话号码、电子邮箱、健康信息、行踪信息等。这些都是个人信息的组成部分。

对于个人信息中的私密信息,既有个人信息的属性,又有隐私的属性,因此应当同时适用个人信息保护和隐私权保护的有关规定。

处理个人信息,包括对个人身份信息的收集、存储、使用、加工、传输、提供、公开等。处理自然人个人信息的原则是:(1)合法,即必须依照法律规定处理,不得非法进行;(2)正当,即处理自然人个人信息应当具有正当性目的,不得非法收集、处理;(3)必要,即使合法、正当处理自然人的个人信息,也不得超出必要范围。适用上述原则,应当坚持不得过度收集和处理。

处理自然人个人信息应当符合下列条件:(1)征得该自然人或者其监护人同意,但是法律、行政法规另有规定的除外。其中征得自然人监护人的同意,是指处理无民事行为能力人或者限制民事行为能力人的个人信息,须征得其监护人的同意,例如未成年人或者丧失或部分丧失民事行为能力的成年人,未经其监护人同意的处理,构成侵害个人信息行为。(2)公开处理信息的规则。收集、处理自然人个人信息,须将收集、处理的规则予以公开,以判明是否符合收集、处理的规则。(3)明示处理信息的目的、方式和范围,并且符合明示的收集、处理信息的目的、方式,在其明示的范围进行收集、处理。(4)不违反法律、行政法规的规定和双方的约定。违反法律、行政法规的规定和双方的约定的处理,都构成侵害个人信息。

个人信息权的内容主要包括:(1)个人信息权人享有查阅、抄录和复制的权利。自然人可以向信息控制者依法查阅、抄录或者复制其个人信息。这是因为,自己是个人信息的权利人,其信息就是自己的身份信息,即使被控制者收集、处理,该信息的归属权不变,仍然为权利人所拥有。(2)发现信息错误的,有提出异议并要求更正的权利。权利人在查阅、抄录和复制自己的个人信息时,发现个人信息有错误的,有权提出异议,并要求及时采取更正等必要措施。信息控制者负有更正的义务。(3)自然人发现信息处理者违反法律、行政法规的规定或者双方的约定处理其个人信息的,有权要求信息处理者及时删除其个人信息。这里还应当包括对被收集的、已经过时的、对自己可能造成不好影响的个人信息的删除权,以保护自己的合法权益。

第十一章 婚姻家庭编

《民法典》的婚姻家庭编,就是我国的亲属法。《民法典》婚姻家庭编通过调整因婚姻家庭产生的法律关系,确定特定亲属之间的法律地位和权利义务关系。因亲属关系产生的民事权利就是身份权,包括配偶之间的配偶权、未成年子女与父母之间的亲权以及配偶和未成年子女与父母之外的其他近亲属的亲属权。

一、一般规则

(一)婚姻家庭法的地位

《民法典》婚姻家庭编调整的范围,是在婚姻家庭中产生的民事法律关系,规定的是亲属身份关系的发生、变更和消灭,以及配偶、父母子女和其他一定范围内的亲属之间的身份地位和权利义务关系。

《民法典》的婚姻家庭编,在习惯上称为亲属法,有形式上和实质上的区分。形式上的亲属法,是指《民法典》的婚姻家庭编;实质上的亲属法,是指凡是一切规定亲属身份关系的发生、变更和消灭,规定配偶、父母子女以及其他一定范围内的亲属之间的身份地位、权利义务的法律规范的总和。亲属法的特征是:首先,亲属法是规范亲属之间身份关系的法律;其次,亲属法是具有习俗性和伦理性的法律;再次,亲属法是具有亲属团体性的法律;最后,亲属法是强行法、普通法。

婚姻家庭法调整的民事法律关系的属性是:第一,婚姻家庭法调整的亲属法律关系是民事法律关系。亲属法律关系是作为亲属的民事主体之间的权利义务关系,具有民事法律关系的一切特征。第二,婚姻家庭法调整的亲属身份关系是人身法律关系。民法分为人法和财产法,亲属身份关系属于人身关系,因而亲属身份关系属于人法的范畴。第三,婚姻家庭法调整的亲属法律关系是身份法律关系,而不是人格法律关系,是不同的亲属之间形成的权利义务关系,属于人法中的亲属身份法律关系。

(二) 我国婚姻家庭制度的基本原则

1. 婚姻自由原则

婚姻自由是指自然人依照法律规定,结婚或者离婚不受拘束、不受控制、不受非法干预的权利是自然人的一项基本权利。婚姻自由原则是近现代婚姻家庭立法努力推进的一项基本原则,以人格的独立、平等、自由、尊严为基础,是亲属法的基本原则。婚姻自由的具体内容包括:(1)依法行使婚姻权利。婚姻家庭法规定婚姻自由,是在亲属法中保障自然人依法行使婚姻自主权的自由权。行使婚姻自主权是自由的,但是要依法进行,按照法律的规定确定婚姻行为。(2)不受拘束、不受控制、不受非法干预,即行为人在不受拘束、不受控制和不受非法干预的状态下,自主决定婚姻行为。(3)婚姻自由包括结婚自由和离婚自由两个部分。

2. 一夫一妻原则

一夫一妻是指一男一女结为夫妻的婚姻制度,也是我国亲属法规定婚姻关系的一项基本原则。其含义是:(1)任何人,无论居于何种社会地位,拥有多少钱财,都不得同时有两个或以上的配偶;(2)任何人在结婚后、配偶死亡或者离婚之前,都不得再行结婚;(3)一切公开的、隐蔽的一夫多妻或者一妻多夫的两性关系,都是非法的。

3. 男女平等原则

两性平等、男女平权,是现代社会的一项基本人权,表现为在亲属身份关系中,无论男女,都享有一样的权利,负担一样的义务。其基本含义是:(1)在婚姻关系中的男女平等;(2)家庭成员的地位平等;(3)所有的近亲属之间的地位平等。

4. 保护妇女、儿童和老人的合法权益原则

这项原则是社会公德的要求,婚姻家庭法特别强调对妇女、儿童和老人合法权益的保护,将其作为亲属法的基本原则,以更好地保护亲属中的弱势群体,防止他们的合法权益受到侵害。

(三) 婚姻家庭法中的禁止性规则

1. 法律禁止包办、买卖婚姻和其他干涉婚姻自由的行为

这些违反婚姻自由性质的行为,是侵害了婚姻自主权的行为,应当承担侵权责

任,受害人可以请求侵权人承担民事责任,以保护自己的权利。借婚姻索取财物,也属于侵害婚姻自由原则的行为,也在禁止之列。

2. 法律禁止重婚,禁止有配偶者与他人同居

这些都是在维护一夫一妻原则。法律为保障一夫一妻制的实现,对于重婚、有配偶者姘居、卖淫等行为予以法律制裁。对于重婚行为,法律认为构成犯罪的,应当追究刑事责任。

3. 法律禁止家庭暴力,禁止家庭成员间的虐待和遗弃

家庭暴力是发生在家庭成员之间的造成身体、精神、性或者财产上损害的行为。家庭暴力行为都是针对特定的人实施的行为,后果都是使受害人的权利受到侵害,包括人身利益、财产利益或者精神利益受到损害或者损失。对家庭暴力的行为人责令其承担侵权责任,赔偿受害人的人身损害、财产损害以及精神损害,是保护受害人的最重要方法。应当重视侵权责任对于救济家庭暴力受害人的权利损害、惩罚家庭暴力违法行为的基本功能。

二、亲属、近亲属、家庭成员

(一) 亲属

亲属,是指因婚姻、血缘和法律拟制而产生的人与人之间的特定身份关系,以及具有这种特定身份关系的人相互之间的称谓。亲属的法律特征是:(1)亲属是以婚姻和血缘为基础产生的社会关系;(2)亲属是有固定身份和称谓的社会关系;(3)在一定范围内的亲属有法律上的权利义务关系。

在我国,亲属分为三个种类:(1)配偶是关系最为密切的亲属,是因男女双方结婚而发生的亲属,是血亲的源泉、姻亲的基础。配偶的亲属身份始于结婚,终于配偶一方死亡或离婚。(2)血亲是指有血缘联系的亲属,是亲属中的主要部分。血亲分为自然血亲和拟制血亲。自然血亲是指出于同一祖先、有血缘联系的亲属,如父母与子女、祖父母与孙子女、外祖父母与外孙子女、兄弟姐妹等。拟制血亲是指本无血缘联系或者没有直接的血缘联系,但法律确认与自然血亲有同等权利义务的亲属。拟制血亲一般因收养而产生,在养父母养子女之间产生父母子女的权利义务关系。血亲还分为直系血亲和旁系血亲,直系血亲是指有直接血缘关系的亲属,包括生育自己和自己所生育的上下各代的亲属。旁系血亲是指有间接血缘关系的亲属,即与自己同出一源的亲属。(3)姻亲是指以婚姻为中介而产生的亲

属,配偶一方与另一方的血亲之间为姻亲关系,如公婆与儿媳、岳父母与女婿等。我国的姻亲分为三类:一是血亲的配偶,是指己身的血亲包括直系血亲和旁系血亲的配偶。二是配偶的血亲,是指配偶的直系血亲和旁系血亲。三是配偶的血亲的配偶,是指自己配偶的血亲的夫或者妻。

(二) 近亲属

亲属之间存在亲疏远近的区别,国外通常用亲等表示。我国没有这样的制度,使用近亲属的概念,确认配偶、父母、子女、兄弟姐妹、祖父母、外祖父母、孙子女、外孙子女为近亲属,在他们之间发生权利义务关系。超出这个范围的亲属,不发生权利义务关系,不受婚姻家庭法的调整。我国近亲属的概念,相当于"三代以内的血亲"。

(三) 家庭成员

《民法典》没有规定家制,即尽管有家庭的概念,但却没有对家庭概念作出界定,仅规定了家庭成员的概念。配偶、父母、子女和其他共同生活的近亲属,是家庭成员,属于家庭的组成部分。

三、结婚

(一) 结婚的必备要件

婚姻,是指男女双方以共同生活为目的,以产生配偶之间的权利义务为内容的两性结合。婚姻是最重要的身份关系,创设婚姻的行为是结婚的身份行为。结婚是男女双方依照法律规定的条件和程序缔结配偶关系,并由此产生相应的民事权利、义务和责任的身份法律行为。按照我国法律规定,结婚须得到法律的确认,即结婚行为再加上婚姻登记,就可以确立婚姻关系,双方产生配偶权。

结婚的必备要件,也称结婚的积极要件,是当事人结婚时必须具备的法定条件。结婚须具备结婚合意、符合法定婚龄和不违反一夫一妻制这三个必备要件。

结婚的双方当事人必须具有结婚合意,即结婚合意是结婚的必备要件之一。这是因为,结婚是婚姻当事人双方的法律行为,双方自愿是婚姻结合的基础。结婚合意是结婚的首要条件,是保障结婚自由的前提,是结婚自主权在亲属法中的体现。结婚合意要求当事人双方确立夫妻关系的意思表示真实、一致。法律要求男女双方完全自愿,具体表现为:(1)双方自愿而不是单方自愿;(2)双方本人自愿而不是父母或者第三者自愿;(3)完全自愿而不是勉强同意。法律禁止当事人的父母或者第三人对婚姻进行包办、强迫或者执意干预,排斥当事人非自愿的被迫同意。

法定婚龄是法律规定的准许结婚的最低年龄,是民事主体具有婚姻行为能力的年龄起点。《民法典》规定,结婚年龄,男不得早于22周岁,女不得早于20周岁。当事人须具有婚姻行为能力,即达到法定婚龄,才可以结婚。

确定法定婚龄所要考虑的是婚姻的自然因素和社会因素。自然因素是人的生理条件和心理条件发展的因素,社会因素是指政治、经济、文化、人口状况、道德、宗教、民族习惯等方面的因素。确定法定婚龄必须符合上述因素。我国的法定婚龄较高,更多考虑的是我国的社会因素,为的是提高人的生活质量。在我国适当放宽计划生育政策的情况下,普遍要求放宽法定婚龄的过高限制,很多人都建议男女都为18周岁比较妥当。最后立法机关经综合考虑,还是坚持了现在的规定,只是不再规定"鼓励晚婚晚育"的内容。

(二) 禁婚亲

禁婚亲是禁止结婚的血亲,是指法律规定的禁止结婚的亲属范围。

禁止一定范围内的亲属结婚,在原始社会就存在,称为结婚禁忌,是人类在群婚制中逐渐发现两性近亲结合的危害,因而禁止一定范围内的亲属的两性结合。进入个体婚时期,人类有意识地通过立法禁止近亲结婚,考虑的是优生学的原因和伦理道德以及身份上和继承上的原因。现代亲属法尽管对禁止结婚的亲属范围有所区别,但是确定禁婚亲的制度则是相同的。

在我国,禁婚亲是指直系血亲和三代以内的旁系血亲。具体的禁婚亲包括:(1)依照世代计算法规定,凡是出自同一祖父母、外祖父母的血亲,都是禁婚亲;(2)三代以内的旁系血亲,一是兄弟姐妹;二是伯、叔、姑与侄、侄女、舅、姨与甥、甥女;三是堂兄弟姐妹和表兄弟姐妹。

拟制血亲是否属于禁婚亲,各国规定不同,我国婚姻家庭法没有明文规定。在实务中的做法是,直系的拟制血亲之间不准结婚;旁系的拟制血亲关系未经解除,禁止结婚;拟制的旁系血亲关系已经解除的,则准许结婚。

(三) 结婚的程序

婚姻是社会制度,所以男女的结合必须经过社会的承认,才能正式成立婚姻关系。结婚的程序是结婚的形式要件,是法律规定的缔结婚姻关系必须履行的法律手续。

在我国,结婚实行登记制,要求结婚的男女双方必须亲自到婚姻登记机关进行结婚登记。符合《民法典》规定的,予以登记,发给结婚证。可见,结婚登记是我国婚姻成立的唯一形式要件,是结婚的法定程序。其意义在于,只有在履行了法律规定的结婚程序,即进行结婚登记之后,婚姻才具有法律上的效力,才能得到国家和社会的承认。同时,加强对结婚登记制度的管理,对保障婚姻自由、一夫一妻、男女平等婚姻制度的实施,保护婚姻当事人的合法权益,也具有重要意义。

结婚的具体程序的要求包括:(1)要求结婚的男女双方应当亲自到婚姻登记机关申请结婚登记。(2)符合《民法典》规定的,婚姻登记机关予以登记,发给结婚证。男女双方完成结婚登记,即确立婚姻关系,双方当事人成为配偶,相互之间产生配偶权。(3)未办理结婚登记的男女如果要得到法律的承认,即使在一起同居甚至形成事实婚姻关系,也应当进行补办登记。

(四)无效婚姻

无效婚姻,是指男女因违反法律规定的结婚要件而不具有法律效力的两性违法结合。无效婚姻是违反婚姻成立要件的违法婚姻,不具有婚姻的法律效力。结婚是确立夫妻关系的法律行为,必须符合法律规定的各项条件,只有具备法定实质要件和通过法定程序确立的男女结合,方为合法婚姻,才发生婚姻的法律效力。无效婚姻不符合这样的要件,属于无效的婚姻关系。

婚姻无效的法定事由包括:(1)重婚。一夫一妻是基本原则,任何人不得有两个或两个以上的配偶,有配偶者在前婚未终止之前不得结婚,否则即构成重婚,后婚当然无效。重婚包括法律上的重婚和事实上的重婚,两者都构成婚姻无效的法定事由。(2)当事人为禁婚亲。直系血亲和三代以内的旁系血亲禁止结婚,凡属上述范围内的亲属,无论是全血缘还是半血缘,无论是自然血亲还是拟制血亲,都不得结婚。(3)未到法定婚龄。当事人未到法定婚龄而登记的,一方申请宣告婚姻无效,应当依法获准。(4)以伪造、变造、冒用证件等方式骗取结婚登记的,当然属于无效婚姻。

(五)可撤销婚姻

可撤销婚姻,亦称可撤销婚,是指已经成立的婚姻关系因欠缺婚姻合意,受胁迫的一方当事人可向婚姻登记机关或者人民法院申请撤销的违法两性结合。可撤销婚姻是婚姻的基础合意没有达成,在结婚的法律强制性规定方面却没有违反而构成的违法两性结合。可撤销婚姻的法理基础,在于尊重当事人的意思基础,确定相对无效的状态,赋予当事人撤销婚姻关系的权利或者维持婚姻关系的权利,让其根据自己的意愿自由选择。该制度有利于保护婚姻当事人的利益,有利于维护婚姻家庭的稳定,而不至于将更多的违法婚姻推入绝对无效的范围,造成社会的不稳定,损害妇女、儿童的权利。

胁迫是可撤销婚姻的法定事由。婚姻胁迫是指行为人以给另一方当事人或者其近亲属以生命、健康、身体、名誉、财产等方面造成损害为要挟,迫使另一方当事人违背自己的真实意愿而结婚的行为。构成婚姻胁迫,须具备以下要件:(1)行为人为婚姻当事人或者第三人。至于受胁迫者,则既可以是婚姻关系当事人,也可以是婚姻关系当事人的近亲属。(2)行为人须有胁迫的故意,即通过自己的威胁而使另一方当事人产生恐惧心理,并基于这种心理而被迫同意结婚。(3)行为人须实施胁迫行为,使受胁迫人产生恐惧心理。(4)受胁迫人同意结婚与胁迫行为之间须有因果关系。

撤销婚姻的请求权受除斥期间的约束,除斥期间为一年,申请人应当自胁迫行为终止之日起一年内提出撤销婚姻的请求。被非法限制人身自由的当事人请求撤销婚姻的,则应当自恢复人身自由之日起一年内提出。超过除斥期间的,撤销权消灭,受胁迫者不得再提出撤销婚姻的请求。

在缔结婚姻关系时,如果一方患有重大疾病,虽然不属于禁止结婚的疾病,但是对对方当事人负有告知义务,应当在结婚登记前如实告知另一方,对方当事人同意的,当然可以缔结婚姻关系。患病一方当事人如果不尽告知义务,或者不如实告知的,即不告知或者虚假告知,则另一方当事人享有撤销权,可以向婚姻登记机关或者人民法院行使该撤销权,请求撤销该婚姻关系。

因重大疾病未告知而提出撤销婚姻请求的撤销权,受除斥期间的限制。除斥期间为一年,从权利人知道或者应当知道撤销事由之日起开始计算。超过除斥期间的,撤销权消灭,当事人不得再提出撤销婚姻的请求。

四、家庭关系

(一)夫妻关系

1. 夫妻平等

《民法典》规定,夫妻在婚姻家庭中地位平等。夫妻双方都有各自使用自己姓名的权利。夫妻双方都有参加生产、工作、学习和社会活动的自由,一方不得对另一方加以限制或者干涉。夫妻双方平等享有对未成年子女抚养、教育和保护的权利,共同承担对未成年子女抚养、教育和保护的义务。夫妻有相互扶养的义务。夫妻有相互继承遗产的权利。

2. 日常事务代理权

日常事务代理权,亦称家事代理权,是指配偶一方在与第三人就家庭日常事务为一定法律行为时,享有代理对方行使权利的权利。日常事务代理权行使的法律后果是,配偶一方代表家庭所为的行为,另一方配偶须承担后果责任,配偶双方对其行为应当承担连带责任。日常家事代理权与表见代理相似,适用表见代理的法理,其目的在于保护无过失第三人的利益,保障交易的动态安全。

日常家事代理权的性质,为法定代理权之一种,非有法定的原因不得加以限制。日常家事的范围,包括夫妻、家庭共同生活中的一切必要事项,诸如购物、保健、衣食、娱乐、医疗、雇工、接受馈赠等。一般认为,家庭对外经营活动不包括在内。

日常家事代理权的行使,应以配偶双方的名义为之。配偶一方以自己的名义为之者,仍为有效,行为的后果仍及于配偶二人。如为夫妻共同财产制,夫妻共同承担行为的后果,取得权利或承担义务;夫妻有其他约定的,从其约定。对于配偶一方超越日常事务代理权的范围,或者滥用该代理权,另一方可以因违背其意思表示而予以撤销,但行为的相对人如为善意无过失者,则不得撤销,因为法律保护善意第三人的合法权益。

日常家事代理权的行使规则是:(1)代理的事务限于家庭日常事务。诸如一家的食物、衣服等食品、用品的购买,保健、娱乐、医疗,子女的教养,保姆、家庭教师的聘用,亲友的馈赠,报纸杂志的订阅等。对于这类事务,夫妻间均有代理权,一方不得以不知情而推卸共同的责任。(2)紧迫情形处理的代理权推定。日常家事代理权的范围可以适当扩张,即推定有代理权。对于夫妻一方在紧迫情形下,如果为婚姻共同生活的利益考虑,某业务不容延缓,并且他方配偶因疾病、缺席或者类似原因,无法表示同意时,推定夫妻一方对超出日常事务代理权范围的其他事务有代理权。(3)其他事务的共同决定。超出上述范围的婚姻家庭事务,应当由夫妻双方共同决定,一方不得擅自决定。(4)第三人无法辨别配偶一方是否有代理权的责任。如果配偶中任何一方实施的行为为个人行为,该行为无法使第三人辨别是否已经超越日常事务代理权的,则另一方配偶应当承担连带责任。夫妻一方滥用日常事务代理权的,另一方可以对其代理权加以限制。为了保障交易的安全,该种限制不得对抗善意第三人。

3. 夫妻财产制

夫妻共同财产，是指夫妻在婚姻关系存续期间，一方或双方取得的财产，依法由夫妻双方共同享有所有权的共有关系。它不是单指某种财产，而是指一种夫妻财产制度，以及在该种财产制度下财产所有人的权利义务关系。

夫妻共同财产的法律特征是：(1)夫妻共同财产的发生以夫妻关系缔结为前提；(2)夫妻共同财产的权利主体是夫妻二人；(3)夫妻共同财产的来源为夫妻双方或一方的婚后所得；(4)夫妻共同财产的性质为共同所有。

只要是夫妻双方在夫妻关系存续期间所得的财产，即成为夫妻共同财产。夫妻共同财产包括：(1)工资、奖金和其他劳务报酬。工资、奖金和其他劳务报酬，均为劳动所得，指夫或妻一方或者双方从事一切劳动包括脑力劳动、体力劳动所获得的工资报酬和奖金报酬等。(2)生产、经营、投资的收益。凡属于夫妻关系存续期间一方或双方经营承包、租赁企业、私营企业、个体工商业、合伙、投资等，其所获收益，均为夫妻共同财产。(3)知识产权的收益。夫妻共同取得的知识产权，如共同写作的书籍、论文，共同发明的专利等，归夫妻共同享有，其所得经济利益，属于夫妻共同财产。一方取得的知识产权，权利本身属于个人所有，依该权利已经取得的经济利益为夫妻共同财产；在夫妻关系存续期间尚未取得的经济利益即预期利益，不属于夫妻共同财产。(4)继承或受赠的财产。共同受赠、继承的财产，为夫妻共同财产。一方继承、受赠的财产作为夫妻共同财产，符合婚后所得共同制的原则，但是，按照《民法典》第1063条第(3)项规定，遗嘱或赠与合同中确定只归夫或妻一方的财产除外。(5)其他应当归夫妻共同所有的财产。例如一方或双方取得的债权，一方或者双方获得的资助、捐助等，均为夫妻共同财产。

夫妻个人财产，是归属于配偶一方自己的财产，属于个人财产，不认为是夫妻共同财产。夫妻的个人财产受法律保护。夫妻个人财产的范围为：(1)婚前个人财产。婚前个人所有的货币及一般的生产资料、生活资料归个人所有，不属于夫妻共同财产。(2)一方因受到人身损害获得的赔偿或者补偿。一方因受人身伤害而获得的医疗费、残疾人生活补助费等赔偿或者补偿，是因其受到人身损害而得到的赔偿金或者补偿费。该种财产具有人身性质，是用于保障受害人生活的基本费用，须归个人所有，不能作为夫妻共同财产。(3)遗嘱或赠与合同中确定只归夫或妻一方所有的财产。赠与人或被继承人明确以赠给、继承给个人为条件，所赠与或者所继承的物品具有鲜明的个人属性，也体现了财产所有人支配财产的真实意志，完全是个人所有权应有的内容。这些财产都属于夫妻个人财产。(4)一方专用的生活物品。个人衣物、书籍、资料等,都是极具个人属性的财产,为个人财产。在现实的离婚纠纷中争夺这些财产的也不在少数。在生活物品中,应当注意贵重物品和其他奢侈品应除外,因为这些物品中有些价值极大,完全归一方所有不公平。

(5)其他应当归一方所有的财产。包括:第一,婚前个人财产增值部分。婚前个人财产在婚后增值,应当分为两个部分:一是经过夫妻共同管理、经营部分的增值,为夫妻共同财产;自然增值和未经共同管理、经营部分的增值,为个人财产。第二,复员、转业军人的复员费、转业费、医疗补助费和回乡生产补助费,归个人所有。第三,夫妻一方的人身保险金。人寿保险金、伤害保险金等人身保险金具有人身性质,只能作为个人财产。第四,其他个人财产。如与个人身份密切相关的奖品、奖金,国家资助优秀科学工作者的科研津贴,一方创作的手稿、文稿、艺术品设计图、草图等,为个人所有。

夫妻约定财产制,是指夫妻以协议形式约定婚姻关系存续期间所得财产所有关系的夫妻财产制度,是夫妻法定财产制的对称。立法者将夫妻法定财产制确定为基本的夫妻财产制,将约定财产制作为特殊的、补充的财产制。约定财产制有排斥法定财产制的效力,只要缔结夫妻财产协议的男女双方协商成立,在他们之间就不再适用法定财产制。

夫妻财产约定的要件是:(1)婚姻关系当事人须有订约能力;(2)订立夫妻财产协议须具备形式要件。

夫妻财产约定的效力是,对双方具有约束力,第三人知道该约定的,可以对抗该第三人。具体效力为:(1)对内效力,是指该协议对婚姻关系当事人的拘束力。其最基本的效力,就在于夫妻财产协议成立并生效,即在配偶间及其继承人间发生夫妻财产约定的物权效力,婚姻关系当事人受此物权效力的约束。在夫妻财产协议中,无论约定分别财产制还是个别财产归一方所有的财产制,乃至就使用权、收益权、处分权的约定,都依其约定发生物权效力。如进行变更或撤销,必须经婚姻当事人双方同意,一方不得依自己的意思表示进行变更或撤销。(2)对外效力,是指夫妻对婚姻财产的约定可否对抗第三人。承认其对外效力,即可依约定而对抗第三人;不承认其对外效力,则不能依约定而对抗第三人。原则是,第三人知道该约定的,即发生对抗第三人的效力;第三人不知道该约定的,就不发生对抗第三人的效力。第三人不知道该约定的,不发生对抗效力,应当以双方当事人的财产清偿债务。

夫妻双方可以约定婚姻关系存续期间所得的财产以及婚前财产归各自所有、共同所有或者部分各自所有、部分共同所有。约定应当采用书面形式,即书面协议。夫妻对婚姻关系存续期间所得的财产以及婚前财产的约定，对双方具有约束力。

夫妻共同财产是夫妻共同所有的财产。在共同所有关系发生的原因没有消灭前，共同所有财产不能分割，目的在于保持共有关系的基础及其稳定性，保护共有人的合法权益。不过，《民法典》物权编第303条规定，"共有人有重大理由需要分割的，可以请求分割"。其中有重大理由可以对共同所有财产进行分割，就包括了夫妻共同财产的部分分割的情形。这就是，在坚持夫妻共同财产不能分割的原则。在婚姻关系存续期间夫妻一方请求分割共同财产原则上不予支持的基础上，将特别情形作为例外，准许在婚姻关系存续期间分割夫妻共同财产，以保护婚姻当事人的合法权益。

按照《民法典》规定，以下情形属于重大理由，夫妻一方可以请求人民法院分割共同财产：（1）一方有隐藏、转移、变卖、毁损、挥霍夫妻共同财产或者伪造夫妻共同债务等严重损害夫妻共同财产利益行为。这里概括了六种情形，即隐藏、转移、变卖、毁损、挥霍以及伪造夫妻共同债务，具备其中之一，夫妻一方就可以请求进行分割，而不是这些条件都具备才可以请求分割。（2）一方负有法定扶养义务的人患重大疾病需要医治，另一方不同意支付相关医疗费用。例如，妻子的父母患重大疾病需要医治，丈夫不同意支付医疗费用的。符合这种情形的，一方当事人可以请求分割共同财产，用自己分割得到的财产支付费用。夫妻共同财产经过分割之后，分割出来的财产成为个人财产，主张分割的一方对分割所得的部分财产，享有所有权，可以依照自己的意志处分该财产。

4. 夫妻共同债务

夫妻共同债务，是以夫妻共同财产作为一般财产担保，在夫妻共同财产的基础上设定的债务，包括夫妻在婚姻关系存续期间为解决共同生活所需的衣、食、住、行、医等所负之债，以及为抚育子女、赡养老人，夫妻双方同意而资助亲朋所负债务。

夫妻共同债务与夫妻个人债务相对应。《民法典》规定，夫妻双方共同签名或者夫妻一方事后追认等共同意思表示所负的债务，以及夫妻一方在婚姻关系存续期间以个人名义为家庭日常生活需要所负的债务，属于夫妻共同债务。具体包括：（1）夫妻双方共同签名或者夫妻一方事后追认等共同意思表示所负的债务。法律准许夫妻双方对财产的所有关系进行约定，也包括对债务的负担进行约定，双方约定归个人负担的债务，为个人债务。约定个人债务，可以与财产所有的约定一并约定，也可以单独就个人债务进行约定。举债时没有夫妻的共同约定，但是举债之后对方配偶追认是夫妻共同债务的,当然也是夫妻共同债务。(2)夫妻一方在婚姻关系存续期间以个人名义为家庭日常生活需要所负的债务。包括为保持配偶或其子女的生活发生的债务,为了履行配偶双方或一方的生活保持义务产生的债务,其他根据配偶一方或债权人的请求确认为具有此等性质的债务,例如为购置家庭生活用品、修缮房屋、支付家庭生活开支、夫妻一方或双方乃至子女治疗疾病、生产经营,以及其他生活必需而负的债务。为抚育子女、赡养老人,夫妻双方同意而资助亲朋所负的债务,亦为夫妻共同债务。夫妻一方在婚姻关系存续期间以个人名义超出家庭日常生活需要所负的债务,不属于夫妻共同债务。例如,一方未经对方同意擅自资助与其没有扶养义务的亲朋所负的债务;一方未经对方同意独自筹资从事经营活动,其收入确未用于共同生活所负的债务,以及因个人实施违法行为所欠债务,婚前一方所欠债务,婚后一方为满足个人欲望确系与共同生活无关而负的债务等。为保护债权人的合法权益,《民法典》特别规定,债权人能够证明该债务用于夫妻共同生活、共同生产经营或者基于夫妻双方共同意思表示的除外。

离婚时夫妻共同债务清偿的方法是:(1)夫妻共同债务应由夫妻共同清偿,即以共同财产清偿。方法包括两种:一是从夫妻共同财产中先清偿夫妻共同债务,然后再对剩余的夫妻共同财产进行分割,即先清偿、后分割的方法;二是先分割、后清偿的方法,即先分割共同财产和共同债务,然后各自以分得的财产清偿各自分得的债务。(2)共同财产不足清偿或者财产归各自所有的,由双方协议,按照协议约定的方法进行清偿。(3)双方协议不成的,由人民法院依法判决。

(二)父母子女关系和其他近亲属关系

父母对未成年子女的抚养义务是法定义务。抚养,是指父母对未成年子女的健康成长提供必要物质条件,包括哺育、喂养、抚育,提供生活、教育和活动的费用等。父母对未成年子女的抚养义务是无条件的义务,不能以任何借口而免除。从子女出生起直到能够独立生活止,都必须承担,即使父母离婚后也不能免除。抚养义务是亲权的主要内容,权利主体是未成年子女,义务主体是亲权人。亲权的抚养义务须以直接养育为原则,即让未成年子女与亲权人共同生活,直接进行养育。对于因事脱离亲权人的未成年子女,如参军、就学、与无亲权的父母一方暂居等,亲权人应当支付现金或实物,进行间接养育。未成年子女作为权利人,有权要求父母履行抚养义务。亲权人拒绝履行抚养义务,权利人依法享有抚养费给付请求权。

成年子女对父母的赡养义务,是亲属权的重要内容。赡养义务是法定义务,是成年子女必须履行的义务,特别是对缺乏劳动能力或者生活困难的父母,成年子女必须承担赡养义务。成年子女不履行赡养义务的,缺乏劳动能力或者生活困难的父母,有要求成年子女给付赡养费的权利,可以向法院起诉,请求判令强制成年子女赡养父母。

父母对未成年子女的保护和教育义务,通常称为管教权,是父母对未成年子女负有的必要保护和教育的义务,同时它也是权利。它是基于教养、保护的人身照顾权,特别是基于教育权而产生的权利。父母行使管教权的目的,是保护和教育子女。未成年子女不听从管教,犯有劣迹时,亲权人在必要范围内可以采取适当措施,教育子女改恶从善。

行使管教权,必须在适当的范围内,以适当的方法为之,以不损伤未成年子女的身心健康为原则。行使管教权的具体方法,可以由亲权人亲自管教,也可以送交行政机关予以行政处罚。严格禁止亲权的滥用,如果采取伤害身体、破坏健康、危害生命的方法为之,则构成刑事犯罪,应依法追究父母的刑事责任。

父母未尽对未成年子女的保护教育义务,致使未成年子女侵害他人合法权益造成损害的,应当承担赔偿责任。这种赔偿义务的承担原则,应当依照《民法典》第1188条的规定进行。未成年人造成他人损害的,其父母承担替代责任。父母已经尽了监护责任的,即父母对于未成年子女造成他人损害无过失的,也不能免除父母的民事责任,但可以适当减轻其赔偿责任。未成年子女如果有财产,赔偿费用应当从本人财产中支付,不足部分,仍由其父母承担。

子女尊重父母婚姻权利的义务,是亲属权的内容。对父母离婚、再婚以及婚后的生活,子女负有尊重义务,不得干涉。其理由是,父母享有婚姻自由权利,包括离婚自由和再婚自由,任何人不得强制和干涉,子女同样如此。子女干涉父母的婚姻权利,也构成侵权行为。

亲属身份权包括成年子女对父母的赡养义务。如果父母选择离婚和再婚,并不是成年子女拒绝履行对父母赡养义务的理由。父母离婚甚至再婚,子女对父母的赡养义务都不会因父母的婚姻关系变化而改变,更不能终止赡养义务。

父母和子女都享有相互继承遗产的权利。不仅如此,《民法典》第1127条还规定,父母和子女都是第一顺序法定继承权,是最有保障的第一顺位法定继承人,在法定继承中,能够最先获得继承。

非婚生子女享有与婚生子女同等的权利,任何组织、个人不得加以危害和歧视。非婚生子女,是指没有婚姻关系的男女所生的子女。确认非婚生子女与母亲的关系,基于"母卵与子宫一体"原则,采用罗马法"谁分娩谁为母亲"的规则,依生理上的出生分娩事实发生法律上的母子(女)关系。非婚生子女与父亲的关系无法以分娩的事实作出确认,因而确定父亲的身份要比证明母亲的身份复杂得多。确认非婚生子女的生父,应当采纳认领主义,并以血缘关系的存在作为认领的基础。

在奴隶社会和封建社会以及资本主义社会的早期,非婚生子女受到歧视。在当代,非婚生子女与婚生子女享有同等的法律地位。这是维护儿童合法权益的基本要求。作为子女,无法选择自己的出身和身份,如果因为是非婚生子女而受到歧视,就等于认同人是生而不平等的,这与现代人权观念完全不相符。当代亲属法研究非婚生子女不是着眼于对非婚生子女权利的限制,而是要根除对非婚生子女的歧视,保障他们享有正常的法律地位,享有同等的人格,其合法权利不受任何侵犯。对于非婚生子女,不对其直接抚养的生父或者生母,应当负担未成年子女或者不能独立生活的成年子女的抚养费,尽到其亲权和亲属权上的法定义务。

继父母与继子女间,不得虐待或者歧视。继子女是指丈夫对妻子与妻子的前夫所生子女或妻子对丈夫与丈夫的前妻所生子女的称谓,也就是配偶一方称他方与其前配偶所生的子女为继子女。继父母是指子女对母亲或父亲的后婚配偶的称谓,即继父和继母。

继父母子女关系是指因父母一方死亡、他方带子女再行结婚,或者因父母离婚,抚养子女的一方或双方再行结婚,在继父母与继子女间形成的亲属身份关系。

在继父母与继子女关系中,首要的义务是相互之间不得虐待或者歧视,特别是继父母不得对继子女虐待和歧视。违反这一义务,造成对方损害的,构成侵权行为,严重的甚至构成犯罪行为,行为人应当承担刑事责任。

按照继父母和继子女之间是否形成抚养关系为标准,继父母子女关系分为三种类型:第一,拟制直系血亲关系的继父母子女关系。除了需要具备继父母结婚这一法律事实,还需要具备继父母和继子女之间相互有抚养的事实行为发生。在这种情况下,继父母与继子女关系在法律上的后果与养父母子女的关系基本相同。第二,直系姻亲关系的继父母子女关系。这种继父母子女关系是由继父母结婚的事实决定的,即只需要具有继父母结婚这一法律事实,此时的继父母和继子女之间的关系即告形成。这种继父母子女关系属于直系姻亲,属于配偶方的血亲,不构成双血亲关系,不产生相互之间的权利义务关系。第三,不完全收养的继父母子女关系。根据事实情况,规定不完全收养的继父母子女关系,即继父母对继子女的抚养是时断时续的,或者是时间中断的,或者是临时性的,都发生不完全收养的继父母子女关系。在第一种类型下的继父母子女关系,其相互之间的权利义务关系,适用婚生子女与父母之间权利义务关系的规定。

祖父母、外祖父母与孙子女、外孙子女相互扶养义务,是亲属权的具体内容。

由于祖父母、外祖父母与孙子女、外孙子女之间具有直系血亲关系,其血缘关系较近,因而在相互之间负有扶养义务。

《民法典》中对祖父母、外祖父母与孙子女、外孙子女之间的抚养义务的规定有所克制,只规定有负担能力的祖父母、外祖父母,对于父母已经死亡或者父母无力抚养的未成年孙子女、外孙子女,有抚养的义务。同样,有负担能力的孙子女、外孙子女,对于子女已经死亡或者子女无力赡养的祖父母、外祖父母,有赡养的义务。如果一方当事人负担能力不够,或者没有负担能力,对于承担的抚养或者赡养义务可以适当克减,甚至免除。

有负担能力的兄、姐,对于父母已经死亡或者父母无力抚养的未成年弟、妹,有扶养的义务。兄弟姐妹是血缘关系最近的旁系血亲,相互之间负有扶养义务。在一方需要扶养时,他方应当尽到扶养义务。《民法典》规定的兄弟姐妹之间的扶养义务也比较克制,只规定有负担能力的兄、姐,对于父母已经死亡或者父母无力抚养的未成年弟、妹,有扶养义务。由兄、姐扶养长大的有负担能力的弟、妹,对于缺乏劳动能力又缺乏生活来源的兄、姐,有扶养义务。

五、离婚

离婚,也称为婚姻解除,是指夫妻双方在其生存期间依照法律规定解除婚姻关系的身份法律行为。离婚的意义在于夫妻双方在其生存期间通过法律行为消灭既存的婚姻关系。离婚的法律特征是:(1)离婚以有效的婚姻关系存在为前提;(2)离婚须是在夫妻双方生存期间才能进行;(3)离婚须依照法定程序进行;(4)离婚将产生婚姻关系消灭的法律后果。

(一)登记离婚

登记离婚,也称两愿离婚、协议离婚、自愿离婚,是指婚姻关系因双方当事人的合意,并经过登记程序而解除。我国登记离婚的特征是:(1)登记离婚的基础是合意离婚,而不是片意离婚;(2)登记离婚的性质是直接协议离婚,即直接依据当事人的离婚协议,在履行必要的程序后,即产生离婚的法律后果;(3)登记离婚也适用于片意离婚经过调解达成离婚协议的离婚;(4)登记离婚须进行登记方发生法律效力,解除婚姻关系。

登记离婚的条件是登记离婚的实质性要件。这些条件是:(1)登记离婚的男女双方必须具有合法的夫妻身份。(2)离婚当事人必须是完全民事行为能力人。

(3)双方当事人必须达成真实的、意思表示一致的离婚合意。(4)对离婚后子女抚养已经作出适当处理。(5)对夫妻共同财产作出适当处理。符合这些条件要求的,双方应当订立书面离婚协议,亲自到婚姻登记机关申请登记离婚。

离婚协议,是婚姻关系当事人表明离婚意愿和具体内容的文书。离婚协议中应当载明双方自愿离婚的意思表示,以及对子女抚养、财产及债务处理等事项协商一致的意见。

登记离婚的程序是:(1)申请。当事人申请自愿离婚的,必须双方亲自到一方当事人户口所在地的婚姻登记机关申请离婚登记。申请时应当出具下列证件和证明材料:户口簿、身份证、本人的结婚证、双方当事人共同签署的离婚协议书。(2)审查。婚姻登记机关应当对当事人出具的证件和有关材料进行严格审查。审查过程,实际上也是对当事人进行引导、调解和说服教育的过程,使当事人尽可能地慎重考虑,挽救那些还有可能和好的夫妻。审查过程中,最主要的是对当事人出具的证件、证明材料进行审查,并询问相关情况。审查双方当事人对于离婚是否达成一致意见,有无欺诈、胁迫、弄虚作假等违法现象,对子女安排和财产分割是否合理等。当事人应当提供真实情况,不得隐瞒或者欺骗。(3)登记。婚姻登记机关经过审查后,对当事人确属自愿离婚,并且已经对子女抚养、财产、债务等问题达成一致处理意见的,经过30日冷静期后,当事人申请发给离婚证的,婚姻登记机关应当准予离婚登记,发给离婚证,正式解除双方当事人之间的婚姻关系,其登记的其他事项也同时发生法律效力。

(二)离婚冷静期

从总体上说,我国的离婚率是偏高的,原因之一是对登记离婚的限制比较少,宽松的离婚政策给草率离婚创造了机会,"闪婚""闪离"现象比较严重,这对维护家庭稳定、保护子女利益不利。在编纂《民法典》过程中,很多人建议规定离婚冷静期,立法最终采纳了这个意见。

我国《民法典》规定的离婚冷静期的原则是:(1)双方自愿离婚,到婚姻登记机关申请离婚,符合离婚条件的,暂时不发给离婚证,不马上解除婚姻关系。(2)离婚冷静期是30日,自婚姻登记机关收到离婚登记申请之日起30日内,任何一方不愿意离婚的,都可以向婚姻登记机关撤回离婚登记申请。(3)冷静期届满后,在30日内,双方应当亲自到婚姻登记机关申请发给离婚证,婚姻登记机关应当发给离婚证,即解除婚姻关系。(4)在后一个30日内,当事人未到婚姻登记机关申请发给离婚证的,视为撤回离婚登记申请,不发生离婚的后果。

(三)诉讼离婚

诉讼离婚也叫裁判离婚,是指夫妻一方当事人基于法定离婚原因,向人民法院提起离婚诉讼,人民法院依法通过调解或判决而解除当事人之间的婚姻关系的离婚方式。诉讼离婚的特点是:(1)诉讼离婚是对双方有争议的离婚案件进行裁判,确认双方解除婚姻关系。(2)诉讼离婚是典型的合并之诉。离婚诉讼不仅仅对离婚进行审理,还要对由于离婚而引起的其他法律后果进行审理,例如子女抚养、财产分割、经济扶助、子女探望,甚至离婚损害赔偿问题等。(3)诉讼离婚实行调解先置程序。法官在审理离婚案件时,须先依照职权进行调解,在审理中更多地实行职权主义,这样才能够适应离婚诉讼的特殊性。

离婚诉讼的适用范围包括:(1)夫妻一方要求离婚,另一方不同意离婚的;(2)夫妻双方都愿意离婚但在子女抚养、财产分割等问题上不能达成协议的;(3)夫妻双方都愿意离婚,并对子女抚养、财产分割等达成协议,但未依法办理结婚登记手续而以夫妻名义共同生活且为法律所承认的事实婚姻,而请求解除事实婚姻关系的。

诉讼离婚的一般程序是:(1)起诉和答辩。(2)调解。离婚案件未经调解,法院不能直接作出离婚判决。(3)判决。对于调解无效的离婚案件,人民法院应当依法判决。

离婚法定事由分为基本事由和具体事由。判决离婚的基本事由是夫妻感情确已破裂,其含义是:夫妻之间感情已不复存在,已经不能期待夫妻双方有和好的可能。离婚的具体事由是:(1)重婚或有配偶者与他人同居,即有配偶者与婚外异性不以夫妻名义,持续、稳定地共同居住。(2)实施家庭暴力或者虐待、遗弃家庭成员的。其中,虐待是指经常以打骂、冻饿、禁闭、有病不予治疗、强迫过度劳动、限制人身自由、凌辱人格等方法,对共同生活的家庭成员进行肉体上、精神上的摧残和折磨的行为。遗弃是指负有扶养义务的家庭成员拒不履行扶养义务的行为。(3)有赌博、吸毒等恶习屡教不改的。(4)因感情不和分居满二年的。分居是指夫妻双方拒绝在一起共同生活,互不履行夫妻义务的行为,在主观上,夫妻一方或双方确有分居的愿望,拒绝在一起共同生活;在客观上,夫妻共同生活完全废止,分开生活。按照法律规定,这种状态已满二年的,构成离婚法定事由。(5)其他导致夫妻感情破裂的情形。

另外还有两种可以判决离婚的情形:一是一方被宣告失踪,另一方提起离婚诉讼的,应当准予离婚;二是经人民法院判决不准离婚后,双方分居满一年后,一方再次提起离婚诉讼的,应当准予离婚。

(四) 对于离婚的限制

现役军人的配偶要求离婚,应当征得军人同意,但是军人一方有重大过错的除外。

女方在怀孕期间、分娩后一年内或者终止妊娠后6个月内,男方不得提出离婚;但是,女方提出离婚或者人民法院认为确有必要受理男方离婚请求的除外。

(五) 离婚后的子女关系

离婚的直接法律后果之一,是父母亲权的部分变更,而不是亲权消灭。亲权内容的部分变更,是指直接抚养人由原来的双方变更为单方,监护人也由原来的双方变更为单方。亲权的整体不因离婚而改变,仍然是由父母双方共同享有,只是没有直接抚养未成年子女的一方当事人行使亲权时受到一定的限制。

离婚导致夫妻之间婚姻关系的解除,带来的问题是未成年子女无法再继续与父母共同生活,因此须解决随哪一方生活的问题。未成年子女随哪一方共同生活,谁就是直接抚养人,谁就是亲权人(监护人)。即使如此,父母对未成年子女仍有抚养、教育和保护的义务,享有亲权,不得以不直接抚养为由而拒绝支付抚养费。

离婚后子女抚养的原则是:(1)不满两周岁即哺乳期内的子女,以由哺乳的母亲抚养为原则。哺乳期为两年。(2)在下列情形下,子女应当由父方抚养:第一,母方有久治不愈的传染性疾病或者其他严重疾病,子女不宜与母亲共同生活的。第二,母方有抚养条件但不尽抚养义务,而父方要求子女随其生活的;如果父方没有要求,就应当让母方抚养,因为抚养子女也是母亲的义务。第三,因其他原因,子女确实无法随母方生活的。例如,如果父母双方协议确定不满两周岁的子女随父方生活,对子女健康成长无不利影响的,也可以由父方抚养。(3)两周岁以上的未成年子女的抚养和优先抚养条件。对两周岁以上的未成年子女的直接抚养,原则上是协商解决,发生争议的,人民法院根据最有利于子女的原则和双方的具体情况判决。

离婚后,一方直接抚养未成年子女,另一方应当负担部分或者全部抚养费。要根据子女的实际需要、父母双方的负担能力,以及当地实际生活水平,确定具体的抚养费数额。具体的方法是:(1)有固定收入的,抚养费一般可按其月总收入的20%~30%的比例给付。负担两个以上子女的抚养费的,比例可以适当提高,但一般不得超过月总收入的50%。(2)无固定收入的,抚养费的数额可依据当年收入或同行业平均收入,参照上述比例确定。无固定收入的,如农民,可以按年收入的比例确定,每年支付一次;个体工商业者、摊贩等,既可以按年收入确定,也可以按同行业平均收入,按比例计算确定月给付数额。有特殊情况的,可适当提高或降低上述比例。

子女抚养费的给付期限,由双方当事人协议,协议不成的,由人民法院判决确定。子女抚养费给付的期限一般至子女18周岁时止。如果子女满16周岁不满18周岁,能够以其劳动收入作为主要生活来源,就视为完全民事行为能力人,当子女能以自己的劳动收入维持当地一般生活水平时,父母也可以停止给付抚养费。

当事人对抚养费给付协议或者法院对抚养费的判决,都不妨碍子女在必要时向父母任何一方提出超过协议或者判决原定数额的合理要求。只要是合理的要求,都应当予以支持。

《民法典》规定,离婚后,不直接抚养子女的父或者母,有探望子女的权利,另一方有协助的义务。探望权,是指夫妻离婚后,不直接抚养子女的父或母一方有权对子女进行探望的权利。直接抚养子女的一方有协助非直接抚养的一方行使探望权的义务。探望权的性质是亲权的内容。

规定探望权的意义在于,保证夫妻离婚后非直接抚养一方能够定期与子女团聚,有利于弥合家庭解体给父母子女之间造成的感情伤害,有利于未成年子女的健康成长。探望权不仅可以满足父或母对子女的关心、抚养和教育的情感需要,保持和子女的往来,及时、充分地了解子女的生活、学习情况,更好地对子女进行抚养教育,还可以增加子女和非直接抚养方的沟通与交流,减轻子女的家庭破碎感,有利于子女的健康成长。

探望权是与直接抚养权相对应的身份权利。父母离婚后,如果子女由一方直接抚养,抚养方就成为子女亲权的主要担当人即监护人,取得直接抚养权,非直接抚养方的亲权则受到一定限制,因而非直接抚养子女的父或母一方享有对子女的探望权。探望权是法定权利。直接抚养权一确定,对方的探望权也同时成立,非直接抚养一方的父或母即取得探望权。探望权的主体是非直接抚养一方的父或母,直接抚养一方的父或母是探望权的义务主体,应该履行协助探望权人实现探望权的义务。

由于探望权是法定权利,与直接抚养权同时成立,因此不存在确权问题。行使探望权,涉及直接抚养一方和子女的利益,确定探望的时间、方式,由当事人协议;协议不成的,由人民法院判决。探望权人按照协议或法院判决实施探望时,如果子女对约定或判决的探望时间不同意的,探望权人不得强行探望。

探望权中止,是指探望权人具有探望权中止的法定事由时,由法院判决探望权人在一定时间内中止行使探望权的制度。探望权中止的事由是:行使探望权不利于子女的身心健康,包括子女的身体、精神、道德或感情的健康。探望权人不负担子女抚养费或未按期给付抚养费,不是中止探望权的条件,不能作为中止探望权的法律依据。

探望权中止的事由消失后,被中止的探望权予以恢复。探望权的恢复,可以由当事人协商,也可以由法院判决。当事人协商不成的,当探望权中止的原因消灭以后,法院应当判决恢复探望权。

(六)离婚财产分割

离婚时,夫妻双方应当对其享有权利的共同财产进行处理。处理的方法是:(1)由双方协议处理,达成协议的,写在离婚协议中,经过婚姻登记机关确认后生效。(2)协议不成的,由人民法院根据财产的具体情况,按照照顾子女、女方或无过错方权益的原则判决,而不是平均分配。(3)保护土地承包经营权的个人权益。由于农村承包土地是以家庭为单位进行的,夫妻离婚后,不会因为离婚而再给其分配承包地。因此,夫或者妻在家庭土地承包经营中享有的权益等,在分割共同财产时应当依法予以保护,不能使从家庭关系中分离出去的一方受到损害。

分割夫妻共同财产,首先是在离婚时进行分割。在分割夫妻共同财产时,发现存在夫妻一方隐藏、转移、变卖、毁损、挥霍夫妻共同财产,或者伪造夫妻共同债务企图侵占另一方财产情形的,对隐藏、转移、变卖、毁损、挥霍夫妻共同财产或者伪造夫妻共同债务的一方,可以少分或者不分。

如果是在离婚并实际分割了夫妻共同财产后,发现了上述情形的,另一方当事人产生再次分割夫妻共同财产的请求权。再次分割夫妻共同财产请求权,是指夫妻在离婚中,因出现法定事由,一方享有可以再次请求分割夫妻共同财产的权利。在离婚后,另一方发现有上述行为的,可以向人民法院提起诉讼,请求再次分割夫妻共同财产,人民法院应当受理,并且按照查清的事实,对属于夫妻共同财产的部分进行再次分割。

夫妻一方因抚育子女、照料老年人、协助另一方工作等负担较多义务的,离婚时有权向另一方请求补偿,另一方应当予以补偿。具体办法由双方协议;协议不成的,由人民法院判决。

离婚时,如果一方生活困难,有负担能力的另一方应当予以适当帮助。适当帮助与补偿不同,补偿义务通常是一次性义务,而适当帮助则是共同财产分割后,当一方还有生活困难时,发生的经济帮助义务。确定适当经济帮助义务的条件是:(1)要求获得适当经济帮助的一方确有生活困难,即依靠个人财产和离婚时分得的财产无法维持当地的基本生活水平,或者没有住房。(2)提供经济帮助的一方应当有经济负担能力。经济负担能力不仅指实际生活水平,也包括住房条件等。(3)接受帮助的一方没有再婚,也没有与他人同居。如果受助方已经再婚,或者已经与他人同居确立了准婚姻关系,适当经济帮助义务消灭。提供适当经济帮助的办法,应当由双方当事人协议;协议不成时,由人民法院判决。确定适当经济帮助义务,应当考虑受助方的具体情况和实际需要,也要考虑帮助方的实际经济负担能力。如果受助方的年龄较轻且有劳动能力,只是存在暂时性困难的,多采取一次性支付帮助费用的做法;如果受助方年老体弱,失去劳动能力,又没有生活来源的,一般要给予长期的妥善安排,确定定期金给付义务。

(七) 离婚过错损害赔偿

离婚过错损害赔偿,是指夫妻一方因为过错实施法律规定的违法行为,妨害婚姻关系和家庭关系,导致夫妻离婚的,过错方应当承担的侵权损害赔偿责任。

离婚过错损害赔偿的法律特征是:(1)是由于离婚而发生的损害赔偿;(2)是基于过错而发生的损害赔偿;(3)是侵害对方的权利而造成婚姻关系损害的损害赔偿;(4)是发生在婚姻领域的侵权损害赔偿。

离婚过错损害赔偿责任构成须具备的要件是:

(1)离婚过错损害赔偿责任的违法行为有:重婚;与他人同居;实施家庭暴力;虐待、遗弃家庭成员;有其他重大过错。实施上述违法行为的主体是有过错的配偶方。这些行为侵害了他方的权利,行为人违反了这些权利中的法定义务,构成违法性。

(2)离婚过错损害赔偿责任的损害事实,包括重婚、与他人同居,侵害对方配偶的配偶权,实施家庭暴力、虐待、遗弃,侵害配偶的身体权、健康权,受害人受到的损害包括人身损害和精神损害。

(3)离婚过错损害赔偿责任的因果关系表现为:违法行为(重婚、与他人同居、实施家庭暴力、虐待或者遗弃家庭成员)造成配偶权、身体权或者健康权、亲权及亲属权等的损害;配偶权、身体权或者健康权、亲权及亲属权的损害导致婚姻关系破裂。

(4)离婚过错损害赔偿责任的过错,包括故意或者过失。《民法典》增加了"有其他重大过错"违法行为的规定,扩大了离婚过错损害赔偿责任的适用范围,增加了适用的弹性,有利于救济受到损害一方的合法权益,是一个正确的决策。

离婚过错损害赔偿的责任方式包括两种,即人身损害赔偿和精神损害赔偿。

六、收养

(一)收养的概念与法律特征

收养,是指自然人领养他人的子女为自己的子女,依法创设拟制血亲的亲子关系的身份法律行为。依收养身份法律行为创设的收养关系,就是拟制血亲的亲子关系,是基于收养行为的法律效力而发生的身份法律关系。这种拟制血亲的亲子关系,与自然血亲具有同样内容的权利义务关系。

在收养的身份法律行为中,当事人分别是收养人、被收养人和送养人。收养人为养父或养母,被收养人为养子或养女,送养人是抚养被收养人的生父母或者其他人。

收养行为的特征是:(1)收养是身份法律行为,是要式行为;(2)收养行为人应是具有特定法律身份的人;(3)收养行为是产生法律拟制血亲关系的行为;(4)收养行为消灭养子女的自然血缘关系,但自然血缘关系仍然存在。

收养的基本原则是:(1)最有利于被收养的未成年人的抚养、成长原则;(2)保证被收养人和收养人的合法权益原则;(3)平等自愿原则;(4)不得违背公序良俗原则。

(二)被收养人、收养人的条件

《民法典》第1093条规定,下列未成年人可以被收养:(1)丧失父母的孤儿。孤儿,是指其父母死亡或者人民法院宣告其父母死亡的未成年人。(2)查找不到生父母的未成年人。(3)生父母有特殊困难无力抚养的未成年子女。具体判断生父母有特殊困难,应当根据当事人的具体情况认定。

收养人应当同时具备以下条件:(1)无子女或者只有一名子女。无子女者,包括未婚者无子女和已婚者无子女,以及因丧失生育能力而不可能有子女等情形。子女,包括婚生子女、非婚生子女及拟制血亲的子女。只有一名子女的父母,可以再收养一名子女。(2)有抚养、教育和保护被收养人的能力。不仅要考虑收养人的经济负担能力,还要考虑收养人在思想品德等方面是否有抚养、教育、保护被收养人的能力。其标准,应当不低于对监护人监护能力的要求。(3)未患有医学上认为不应当收养子女的疾病。医学上认为不应当收养子女的疾病,是指患有危害养子女健康的传染性疾病,以及危害养子女人身安全的精神性疾病。(4)无不利于被收养人健康成长的违法犯罪记录。例如有性侵、伤害、虐待、遗弃等犯罪或者违法行为记录的人,不得收养子女。(5)年满30周岁。不到30周岁,原则上不得收养子女。

收养三代以内旁系同辈血亲的子女,称为"过继",多是本家族内的近亲属照顾无子女近亲属的一种举措,不必限制过多。因此,可以不受《民法典》第1093条第(3)项即被送养人是"生父母有特殊困难无力抚养的子女"、第1094条第(3)项关于送养人为"有特殊困难无力抚养子女的生父母"和第1102条关于"无配偶者收养异性子女的,收养人与被收养人的年龄应当相差四十周岁以上"规定的限制。

华侨收养三代以内旁系同辈血亲的子女,不仅不受上述三个规定的限制,而且还可以不受《民法典》第1098条第(1)项关于收养人"无子女或者只有一名子女"规定的限制。

继父或者继母可以收养继子女为养子女。其条件是,须经继子女生父母的同意。继父或者继母经过继子女的生父母同意,可以收养继子女为养子女,并可以不受《民法典》第1093条第(3)项、第1094条第(3)项、第1098条和第1100条第1款规定的限制,即收养的条件适当放宽:(1)生父母无特殊困难、有抚养能力的子女有被收养人的资格,也可以被送养;(2)无特殊困难、有抚养能力的生父母有送养人的资格,可以送养自己的子女;(3)不受无子女、有抚养教育养子女的能力、疾病以及年满30周岁的被收养人条件的限制;(4)不受只能收养两名子女的限制。

(三)收养的形式要件与法律效力

1. 收养的形式要件

收养关系成立的形式要件,是指收养关系成立所需要的程序性的必要条件。收养登记是收养的形式要件,必须具备。收养协议和收养公证是出于当事人的意愿和要求而进行的程序,不具有强制的意义。收养关系成立后,公安部门应当依照国家有关规定为被收养人办理户口登记。

2. 收养的法律效力

收养的法律效力,是指法律赋予收养行为发生的强制性法律后果。这种法律后果表现为收养的拟制效力和解销效力:(1)收养的拟制效力,亦称为收养的积极效力,是指依法创设新的亲属身份关系及其权利义务的效力。收养的拟制效力不仅及于养父母和养子女以及养子女所出的晚辈直系血亲,同时及于养父母的血亲:第一,对养父母与养子女的拟制效力,主要体现在自收养关系成立之日起,养父母与养子女之间发生父母子女之间的权利义务关系。第二,对养子女与养父母的近亲属的拟制效力。养子女与养父母的近亲属之间的权利义务关系,是养亲子关系在法律上的延伸。收养对养子女与养父母的近亲属的拟制效力,表现为养子女与养父母的近亲属以及养父母与养子女的近亲属之间发生的拟制效力,取得亲属的身份,发生权利义务关系。具体是:养子女与养父母的父母间,取得祖孙的身份,发生祖孙的权利义务;养子女与养父母的子女间,取得兄弟姐妹的身份,发生兄弟姐妹的权利义务;养父母对于养子女所出的晚辈直系血亲,也取得祖孙的身份,发生祖孙的权利义务关系。(2)收养的解销效力,亦称收养的消极效力,是指收养依法消灭原有的亲属身份关系及其权利义务的效力。收养的解销效力是养子女与生父母之间的权利义务完全消灭。第一,对养子女与生父母的解销效力。收养关系生效,养子女与生父母之间的身份消灭,他们之间的权利义务同时消灭。第二,对养子女与生父母以外的其他近亲属的解销效力。收养关系生效,养子女与生父母以外的其他近亲属间的身份消灭,他们之间的权利义务关系也消灭。养子女与生父母的父母不再存在祖孙间的权利义务关系,与生父母的子女间不再存在兄弟姐妹间的权利义务关系。这种解销效力,消灭的仅仅是法律意义上的父母子女关系,而不是自然意义上的父母子女关系。养子女与生父母之间基于出生而具有的直接血缘联系是客观存在的,不能通过法律手段加以改变。法律关于禁婚亲的规定仍然适用于养子女与生父母及其近亲属。

养子女可以随养父或者养母的姓氏,经当事人协商一致的,也可以保留原姓氏。

(四)亲友抚养

丧失父母的孤儿和生父母无力抚养的子女,如果是未成年人,需要有人抚养,否则难以继续生存和成长。如果这些未成年人的生父母的亲属、朋友愿意对其进行抚养的,对于这些未成年人的健康成长十分有利,对国家的后备劳动力的培养也十分有利,是值得嘉许的行为。因此,《民法典》规定,孤儿或者生父母无力抚养的子女,可以由生父母的亲属、朋友抚养。这种抚养不是收养,与收养有本质的区别,即抚养不产生父母子女的权利义务关系,故抚养人与被抚养人的关系不适用《民法典》关于收养的规定。

(五)祖父母或外祖父母的优先抚养权

配偶一方死亡,另一方主张送养其未成年子女的,死亡一方的父母即被送养人的祖父母或者外祖父母享有优先抚养权。该优先抚养权具有对抗送养人和收养人收养合意的效力,祖父母或者外祖父母一经行使优先抚养权,收养人和送养人的收养合意即不再生效,被送养人由其祖父母或者外祖父母抚养。

第十二章　继承编

遗产继承涉及每一个人身后的遗产处理问题,也涉及对继承人的继承权的保障问题,同时还涉及对被继承人的债权人的权益保障问题。在这样一个复杂的继承法律关系中,怎样才能够更好地保障被继承人分配遗产的意志得到实现,继承人的继承权得到法律的保障,被继承人的债权人的权益也得到保障,就是《民法典》继承编所要解决的问题。1985年制定的《继承法》也有解决这些问题的相关规定,但是规则比较简单。经过改革开放,社会发生了重大变化,财富结构也发生了重大变化,需要更加完善遗产继承的规则。在市场经济条件下,对继承制度也提出更高的要求。编纂《民法典》有了这个机会,能够使我国的继承制度更加完善,使当事人的合法权益得到有效的保障。

一、继承

(一)继承的概念和本质

继承,是指自然人死亡时,其遗留的个人合法财产归死者生前在法定范围内指定的或者法定的亲属依法承受的法律制度。

在继承中,生前所有的财产因其死亡而移转给他人的死者为被继承人,被继承人死亡时遗留的个人合法财产为遗产,依法承受被继承人遗产的法定范围内的人为继承人。

继承的本质也称为继承的根据,是指继承人基于何种原因承受被继承人的遗产。现代法上的继承根据有两个:一是继承人生活保障。继承即因家族共同生活体内的成员死亡,为避免其他成员的生活陷入困境,而使与其共同生活并有关系的特定生存人,承继该死亡人的遗产。二是社会交易安全保护。被继承人死亡后,如果其债务亦归于消灭,则无从保护被继承人的债权人,不能保护交易安全。故被继承人所遗留的债权、债务,均为继承的标的,由继承人继承,这样才能够保证社会交易安全。

(二)继承权的概念

继承权,是指自然人依法承受死者个人所遗留的合法财产的权利。

在继承中,遗留财产的死者称为被继承人;死者的财产称为遗产;取得遗产的人称为继承人;继承人继承遗产的权利称为继承权。调整财产继承关系的法律规范的总和,称为继承法。继承法是民法的重要组成部分。

(三)我国继承制度的基本原则

1. 保护自然人合法财产继承权原则

保护自然人合法财产继承权主要包含两方面的意思:一是法律保护自然人依法继承遗产的权利,任何人不得干涉;二是自然人的继承权受到他人非法侵害时,有权依照法律的规定请求人民法院给予保护。

2. 继承权男女平等原则

这项主要表现在:妇女与男子享有平等的继承权;同一继承顺序中的男女继承人继承遗产的份额一般应当均等;代位继承权男女平等;遗嘱处分遗产的权利、遗嘱继承权、受遗赠权男女平等。

3. 养老育幼、互谅互让原则

在法定继承中,规定对生活有特殊困难的缺乏劳动能力的继承人,分配遗产时,应当予以照顾。在遗嘱继承中,要求遗嘱应给缺乏劳动能力又没有生活来源的继承人保留必要的遗产份额。遗产分割时,应当保留胎儿的应继份额。对继承人以外的依靠被继承人扶养的缺乏劳动能力又没有生活来源的人,可以分给他们适当的遗产。

4. 权利义务相一致原则

丧偶儿媳对公婆、丧偶女婿对岳父母尽了主要赡养义务的,作为第一顺序继承人继承。对被继承人尽了主要扶养义务的继承人,分配遗产时,可以多分;继承人在接受遗产的同时,必须在所继承的遗产实际价值的限度内,对被继承人依法应当缴纳的税款和债务负担清偿责任。

(四) 遗产范围

遗产是指自然人死亡时遗留的个人合法财产。它是财产继承权的客体。

依照《民法典》第1122条的规定,遗产是自然人死亡时遗留的个人合法财产,但是依照法律规定或者根据其性质不得继承的除外。不得继承的财产一是依照法律规定不能继承的,如国有资源的使用权,自然人可以依法取得和享有,但不得作为遗产继承,继承人要从事被继承人原来从事的事业,须取得国有资源使用权的,应当重新申请并经主管部门核准,不能基于继承权而当然取得。二是根据其性质不得继承的财产,如与自然人人身不可分离的具有抚恤、救济性质的财产权利,如抚恤金、补助金、残疾补助金、救济金、最低生活保障金等,专属于自然人个人,不能作为遗产由其继承人继承。

(五) 继承人丧失继承权及事由

1. 继承权丧失及其事由

继承权丧失,是指继承人因发生法律规定的事由失去继承被继承人遗产的资格,故继承权的丧失又叫继承权的剥夺。依照《民法典》第1125条第1款的规定,继承人有下列行为之一的,丧失继承权:一是故意杀害被继承人;二是为争夺遗产而杀害其他继承人;三是遗弃被继承人,或者虐待被继承人情节严重;四是伪造、篡改、隐匿或者销毁遗嘱,情节严重;五是以欺诈、胁迫手段迫使或者妨碍被继承人设立、变更或者撤回遗嘱,情节严重。

丧失继承权的后果是,继承人不得继承被继承人的遗产。

2. 被继承人的宽宥权

以法定继承权的丧失为前提,宽宥特指被继承人在情感上对继承人的故意或过失行为的谅解和宽恕,表达被继承人对继承人继承身份或资格的再次认可,恢复其已丧失的继承权。在继承人丧失继承权后,只要被继承人对继承人予以宽宥,就应当恢复继承人已丧失的继承权即继承人有《民法典》第1125条第1款第(3)项至第(5)项行为,确有悔改表现,被继承人表示宽恕或者事后在遗嘱中将其列为继承人的,该继承人不丧失继承权。

3. 受遗赠人丧失受遗赠权及事由

受遗赠人有《民法典》第1125条第1款规定五种行为之一的,丧失受遗赠权。

二、法定继承

(一) 法定继承的概念和特征

法定继承是指由法律直接规定继承的范围、继承顺序以及遗产分配原则的一种继承方式。由于这种继承只是在被继承人没有遗嘱时才发生法律效力,故又称无遗嘱继承。

法定继承的主要内容,是规定哪些人可以作为死者法定继承人,各法定继承人应按照什么样的继承顺序来继承被继承人的遗产,以及同一顺序中各法定继承人应根据什么原则分配、分割被继承人的遗产等。

法定继承的特征是:第一,法定继承以一定的人身关系为前提,即确定法定继承人的范围、继承顺序和遗产份额的根据,是继承人与被继承人之间存在血缘关系、婚姻关系或者收养关系。第二,法定继承中对法定继承人范围、法定继承人顺序、继承份额以及遗产分配原则等,《民法典》有具体规定,属于强制性法律规范,除法律另有规定外,其他任何组织和个人均无权予以改变。

(二) 法定继承的适用范围

根据《民法典》第1123条、第1154条的规定,法定继承具体适用于如下情况:

(1) 在法定继承、遗嘱继承和遗赠扶养协议三种制度中,遗赠扶养协议最为优先,其次是遗嘱继承或者遗赠,最后是法定继承。被继承人生前没有订立遗赠扶养协议,也没有订立遗嘱的,按照法定继承办理。

(2) 被继承人生前虽然立有遗嘱,但在下列情况中,遗产的有关部分要按法定继承方式继承:一是遗嘱继承人放弃继承或者受遗赠人放弃受遗赠的;二是遗嘱继承人丧失继承权、受遗赠人丧失受遗赠权的;三是遗嘱继承人、受遗赠人先于遗嘱人死亡的;四是遗嘱无效部分所涉及的遗产;五是遗嘱未处分的遗产。

(三) 法定继承人的范围

法定继承人的范围是指依法享有继承权,列入继承顺序的人的范围。《民法典》从实际情况出发,根据婚姻关系、血缘关系以及由此而形成的扶养关系,确定配偶、子女、父母、兄弟姐妹、祖父母、外祖父母六种人作为法定继承人。

此外,还有两种人也可依法取得遗产:一是丧偶儿媳和丧偶女婿。丧偶儿媳和公婆之间、丧偶女婿与岳父母之间属姻亲关系,本无继承权。但是,如果他们尽了主要赡养义务的,可以成为第一顺序继承人。二是酌分遗产请求权人。对继承人以外的依靠被继承人扶养的人,或者继承人以外的对被继承人扶养较多的人,可以分给适当的遗产。

(四)我国法定继承人的继承顺序

继承顺序是指法律规定的各法定继承人继承遗产的先后次序。只有在没有前一顺序继承人或者前一顺序继承人都放弃或丧失继承权的情况下,才由后一顺序继承人继承。

我国《民法典》第1127条将继承顺序规定为两个:

第一顺序:配偶、子女、父母。丧偶儿媳对公婆、丧偶女婿对岳父母尽了主要赡养义务的,作为第一顺序继承人。

第二顺序:兄弟姐妹、祖父母、外祖父母。

(五)代位继承和转继承

1. 代位继承

代位继承,是指被继承人的继承人先于被继承人死亡时,由被继承人的继承人的晚辈直系血亲代替先亡的被继承人的继承人,继承被继承人遗产的法定继承制度。《民法典》第1128条规定了两种代位继承,一是被继承人的子女的直系晚辈血亲的代位继承,二是被继承人的兄弟姐妹的子女的代位继承。在代位继承中,被继承人的子女或者兄弟姐妹为被代位继承人,承继应继份的被继承人的子女的直系晚辈血亲或者被继承人的兄弟姐妹的子女为代位继承人。

应继份,是指各继承人对遗产上一切权利义务可以继承的成数或比例。

2. 转继承

转继承是指继承人在继承开始后、遗产分割之前死亡,其应继承的遗产份额转给他的合法继承人继承的制度。《民法典》第1152条规定:"继承开始后,继承人于遗产分割前死亡,并没有放弃继承的,该继承人应当继承的遗产转给其继承人,但是遗嘱另有安排的除外。"转继承实际是继承遗产权利的转移。

(六)遗产分配原则

当被继承人死亡,同一顺序法定继承人为两人以上时,发生遗产分配问题。遗产分配应遵守以下原则：第一，同一顺序继承人的继承份额，一般应当均等。第二，对生活有特殊困难又缺乏劳动能力的继承人，分配遗产时，应当给予照顾。第三，对被继承人尽了主要扶养义务或者与被继承人共同生活的继承人，在分配遗产时，可以多分。第四，有扶养能力和扶养条件的继承人，不尽扶养义务的，分配遗产时，应当不分或少分。第五，法定继承人在分配遗产时，要本着互谅互让、和睦团结的精神，协商处理遗产问题。

三、遗嘱继承

(一) 遗嘱继承的概念

遗嘱继承是指继承人按照被继承人生前所立的合法有效的遗嘱进行继承的制度。在遗嘱继承中，订立遗嘱的人为遗嘱人，遗嘱指定的继承遗产的人为遗嘱继承人。由于在遗嘱中遗嘱人可以指定继承人及继承遗产的种类、数额等，故遗嘱继承又称为"指定继承"。《民法典》第1133条第1款、第2款规定："自然人可以依照本法规定立遗嘱处分个人财产，并可以指定遗嘱执行人。""自然人可以立遗嘱将个人财产指定由法定继承人中的一人或者数人继承。"这是我国关于遗嘱继承的法律依据。

(二) 遗嘱继承的法律特征

(1) 遗嘱是被继承人的一种单方法律行为。由于遗嘱直接表示了被继承人的最终意愿，所以遗嘱继承在适用上优先于法定继承。

(2) 遗嘱继承的开始，必须具备被继承人生前立有有效遗嘱和立遗嘱人死亡两个法律事实要件。

(3) 遗嘱继承人和法定继承人的范围相同，但遗嘱继承不受法定继承顺序和应继份额的限制。

(三) 遗嘱

遗嘱继承是根据遗嘱人的个人意志所立的意愿执行的。因此，遗嘱是否有效，有效的遗嘱应具备哪些条件，就成为遗嘱继承首先要解决的问题。遗嘱的有效条件分为形式要件和实质要件。只有这两个要件都具备的遗嘱，才是有效的遗嘱。

遗嘱的形式，是指遗嘱人依法进行意思表示，处分遗产的方式。我国《民法典》

规定,遗嘱形式包括自书遗嘱、代书遗嘱、打印遗嘱、录音录像遗嘱、口头遗嘱、公证遗嘱六种。现实生活中还有密封遗嘱。

(1)自书遗嘱,是指由立遗嘱人亲笔书写并签名的遗嘱。自书遗嘱必须符合下列要求:第一,由遗嘱人亲笔书写遗嘱全文;第二,由遗嘱人亲笔签名并注明年、月、日。

(2)代书遗嘱,是指立遗嘱人不能书写或者书写确有困难时,由无利害关系人或者律师代为书写的遗嘱。代书遗嘱必须符合下列要求:第一,由遗嘱人指定两个以上见证人在场见证;第二,由见证人中一人根据遗嘱人授意写成书面遗嘱,注明年、月、日,由代书人向遗嘱人宣读,经遗嘱人认定无误后,由代书人、其他见证人和遗嘱人共同签名。

(3)打印遗嘱,是指遗嘱人通过电脑制作,用打印机打印出来的遗嘱。形成打印遗嘱,应当有两个以上见证人在场见证。遗嘱人和见证人应当在遗嘱每一页签名,注明年、月、日。

(4)录音、录像遗嘱,是指立遗嘱人通过录音和录像进行意思表示,处分自己遗产的形式。录音、录像遗嘱须有两个以上的见证人在场见证,方能具有法律效力。

(5)口头遗嘱,是指遗嘱人在生命处于危急的情况下,用口头表示遗嘱内容的形式。口头遗嘱必须符合下列条件:一是遗嘱人只有在危急情况下才能采用口头遗嘱的形式;二是应当有两个以上见证人在场见证;三是危急情况解除后,遗嘱人能够采用其他遗嘱形式设立遗嘱的,原先所立口头遗嘱无效。

(6)公证遗嘱,是指由遗嘱人亲自申请,经公证机关证明的遗嘱。对于公证遗嘱,遗嘱人必须亲自到公证机关或者请公证人员到场办理遗嘱公证,不得委托他人代理。同时,遗嘱人应在自己所立的遗嘱上签名,并注明年、月、日。

(四)遗嘱的变更、撤回和执行

遗嘱是立遗嘱人关于处分个人遗产的民事法律行为,它可以根据立遗嘱人的真实意思订立,也可以根据其真实意思变更和撤回。

(1)遗嘱的变更,是指遗嘱人依法改变原先所立遗嘱的部分内容。遗嘱人变更自书遗嘱、代书遗嘱、打印遗嘱、录音录像遗嘱、口头遗嘱的部分内容,可以另立遗嘱进行。变更公证遗嘱,须经公证程序进行变更,否则不发生变更的效力。

(2)遗嘱的撤回,是指遗嘱人取消原先所立遗嘱的全部内容。遗嘱人既可用声明原遗嘱无效的方式撤回原遗嘱,也可用立新遗嘱的方式撤回原遗嘱。遗嘱人立有数份遗嘱,内容相抵触的,以最后的遗嘱确定的内容为准。遗嘱人以不同形式立有数份内容相抵触的遗嘱的,以最后所立的遗嘱为准。遗嘱人生前的行为与遗嘱的意思表示相反,而使遗嘱处分的财产在继承开始前灭失、部分灭失或所有权转移、部分转移的,遗嘱视为被撤销或部分被撤回。

(3)遗嘱的执行,是指遗嘱执行人按照遗嘱人生前的愿望,实现遗嘱内容的行为。遗嘱一般由遗嘱中指定的遗嘱执行人执行。如果遗嘱人没有指定执行人,则依法由各继承人以平等的地位参与遗嘱的执行。遗嘱执行人应当按遗嘱的内容处理遗嘱人的遗产。遗嘱执行人必须具有执行能力。遗嘱继承人如果不同意遗嘱执行人对遗产的处理意见,可以提出异议,也可以向人民法院提起诉讼,要求取消遗嘱执行人。

(五)遗赠

遗赠是指遗嘱人用遗嘱的方式将其个人财产的一部分或全部,于死后赠给国家、集体和法定继承人以外的人的一种法律制度。立遗嘱将其财产进行遗赠的人,称为遗赠人;接受遗赠的人,称为受遗赠人。

遗赠是在遗赠人死亡后生效的单方法律行为,设立遗嘱时无须征得受遗赠人的同意,同时受遗赠人也可以接受或不接受遗赠。如果受遗赠人先于遗赠人死亡,则遗赠无效。

遗赠分为两种形式:一种是概括遗赠,是指以遗产的全部或者一部分作为遗赠标的的遗赠,这种遗赠的受遗赠人的权利义务与遗嘱继承人相同。另一种是特定遗赠,是指以某项特定的财产作为标的的遗赠,这种遗赠的效力只及于遗嘱指定的财产。

(六)遗赠扶养协议

遗赠扶养协议是指自然人与继承人以外的个人或者组织订立的有关扶养人或集体所有制组织承担该自然人生养死葬的义务、享有受遗赠的权利的协议。遗赠扶养协议制度是我国民法确立的一项法律制度。

遗赠扶养协议的执行期限一般较长,在这期间如因一方反悔而使协议解除,即发生两种法律后果:一是扶养人无正当理由不履行协议规定的义务,导致协议解除的,其不能享受获得遗赠的权利,其已支付的供养费用,一般也不予补偿。二是受扶养人无正当理由不履行协议,致使协议解除的,则应适当偿还扶养人已支付的供养费用。

四、遗产的处理

(一)继承开始

继承从被继承人死亡时开始。被继承人死亡的时间,就是继承开始的时间,即继承发生效力的时间。

继承开始的时间,在法律上的意义是:第一,继承开始的时间是继承权从期待权变为既得权的时间界线。第二,继承开始的时间是具体确定遗产内容的时间界线。第三,继承开始的时间是确定继承人范围的时间界线。第四,继承开始的时间是确定遗嘱是否有执行效力的时间界线。第五,继承开始的时间是确定保护继承权诉讼时效期间的起算点。继承权的诉讼时效期间为 20 年,从继承开始的时间起,计算诉讼时效。

(二)死亡时间推定

相互有继承关系的数人在同一事件中死亡,难以确定死亡时间的,推定没有其他继承人的人先死亡。都有其他继承人,辈分不同的,推定长辈先死亡;辈分相同的,推定同时死亡,相互不发生继承。

(三)继承权的接受和放弃

接受继承,是指继承人同意接受被继承人的遗产。接受遗产的意思表示的方式,可以明示,也可以默示。接受继承是单方法律行为,不需要其他人有相应的意思表示即发生法律效力。

继承权的放弃,是指继承人表示不接受被继承人的遗产。放弃继承遗产的意思表示的方式,只能是明示,并且要在遗产分割之前作出。遗产分割后表示放弃的权利不是继承权,而是所有权。

受遗赠的接受和放弃,与继承的接受和放弃的方式不同。继承开始后,继承人放弃继承的,应当在遗产处理前,作出放弃继承的表示;没有表示的,视为接受继承。受遗赠人应当在知道遗赠后两个月内,作出接受或者放弃受遗赠的表示,到期没有表示的,视为放弃受遗赠。

(四)遗产分割和被继承人债务的清偿

遗产管理人是继承开始后,受委托管理遗产的人。通常由遗嘱执行人作为遗产管理人;没有遗嘱执行人的,继承人应当及时推选遗产管理人。

对遗产管理人的确定有争议的,利害关系人可以向人民法院申请指定遗产管理人。

遗产管理人的职责是:(1)清理遗产并制作遗产清单;(2)向继承人报告遗产情况;(3)采取必要措施防止遗产毁损、灭失;(4)处理被继承人的债权债务;(5)按照遗嘱或者依照法律规定分割遗产;(6)实施与管理遗产有关的其他必要行为。

遗产管理人应当依法履行职责,因故意或者重大过失造成继承人、受遗赠人、债权人损害的,应当承担民事责任。

遗产管理人可以进行有偿服务,依照法律规定或者按照约定获得报酬。遗产管理人的报酬应当在遗产中支付,并享有优先权。

(五)遗产分割

遗产分割是指将各继承人应继承的份额从遗产中分出的行为。分割遗产时应注意以下几点:

(1)先析产后继承。夫妻在婚姻关系存续期间所得的财产为夫妻共有财产,除有约定的以外,夫妻一方死亡,继承开始后,应当先将夫妻共有财产的一半分出为其配偶所有,其余的部分作为被继承人的遗产,实行遗产分割。被继承人的财产在家庭共有财产之中的,遗产分割时,应当先将他人的财产分出。

(2)保留胎儿的应继份。遗产分割时,应当保留胎儿的继承份额。胎儿出生后是死体的,保留的份额按法定继承办理。

(3)不损害遗产的效用。遗产分割应当有利于生产和生活需要,不损害遗产的效用。不宜分割的遗产,可以采取折价、适当补偿或者共有等方法处理。

(六)被继承人的债务的清偿

1. 限定清偿原则

继承遗产实行限定清偿原则,即继承人清偿被继承人依法应当缴纳的税款和债务,但是缴纳税款和清偿债务以所得遗产实际价值为限。超过遗产实际价值部分,继承人自愿偿还的,不在此限。继承人放弃继承,对被继承人依法应当缴纳的税款和清偿的债务,可以不负清偿责任。执行遗赠,不得妨碍清偿遗赠人依法应当缴纳的税款和债务。

2. 清偿债务应当注意的问题

(1)应当把被继承人的债务与家庭的共同债务区分开,不能把家庭共同债务作为被继承人的个人债务。

(2)遗产不足以清偿债务时,也应为缺乏劳动能力又无生活来源的继承人保留适当的遗产份额。

(3)遗产已被分割而未清偿债务时,先由法定继承人用其所得遗产清偿债务;不足清偿时,剩余的债务由遗嘱继承人和受遗赠人用所得遗产按比例偿还。

(七)无人继承与无人受遗赠的遗产

无人继承又无人受遗赠的遗产,也叫继承人旷缺,是指被继承人死亡时,没有法定继承人,又无遗嘱继承人和受遗赠人,或者其全部继承人表示放弃继承,受遗赠人表示不接受遗赠,死者的遗产即属无人继承又无人受遗赠的遗产。

由于无人继承又无人受遗赠,被继承人所余留的遗产无人承受,因此应当归国家所有,用于公益事业;如果死者生前是集体所有制组织成员的,则归所在集体所有制组织所有。

第十三章　侵权责任编

《民法典》侵权责任编是专门调整侵权责任法律关系的规范。侵权行为发生后,在侵权人和被侵权人之间就发生侵权责任法律关系,被侵权人是侵权责任法律关系的请求权人,是权利主体,侵权人是责任主体,负担满足被侵权人侵权责任请求权的责任。《民法典》侵权责任编保护的范围,一是所有的民事权利都受侵权责任编保护。《民法典》总则编第五章规定的民事权利,即人格权、身份权、物权、债权、知识产权、继承权和股权及其他投资性权利,都在侵权责任编的保护之中。二是民事利益即法益,包括一般人格权保护的其他人格利益、胎儿的人格利益、死者的人格利益、其他身份利益和其他财产利益,这些利益也都由侵权责任编予以保护。

一、侵权责任的归责原则

(一)过错责任原则

过错责任原则是侵权责任的一般归责原则,它有三个功能:

第一,确定对一般侵权行为适用过错责任原则调整,以行为人存在过错为基本要求,无过错者无责任。

第二,一般侵权行为,即《民法典》侵权责任编第三章至第十章中没有具体规定的侵权行为,都适用过错责任原则确定侵权责任。

第三,过错责任原则的规定包含请求权,请求权人可以直接依照《民法典》第1165条第1款的规定起诉,法官依此作出判决。

(二)过错推定原则

过错推定原则从本质上说,仍然是过错责任原则,只是过错的要件实行推定而不是认定,因而在其他构成要件证明成立的情况下,法官可以直接推定行为人有过错。行为人认为自己没有过错的,应当自己举证证明,能够证明者免除责任;不能证明或者证明不足者,责任成立。承担过错推定的侵权责任,须依据适用过错推定原则的具体规定作为请求权基础。

适用过错责任的一般侵权行为和过错推定责任适用的部分特殊侵权行为,其构成要件都是:(1)违法行为;(2)损害事实;(3)因果关系;(4)过错。适用过错责任原则的过错要件需被侵权人证明,适用过错推定原则的特殊侵权责任的过错要件实行推定;违法行为、损害事实、因果关系的要件均由被侵权人负责证明。

(三)无过错责任原则

无过错责任原则,是在法律有特别规定的情况下,不问行为人致人损害时是否有过错,都要共承担侵权责任的归责原则。

在通常情况下,侵权法认为有过错才有责任,无过错则无责任。但是,在工业革命之后,由于高度危险活动的广泛发展,在很多情况下如果强调无过错则无责任,将会使很多受害人无法得到侵权赔偿的救济,因而创设这一归责原则,在法律规定的情况下,使行为人没有过错而造成损害的被侵权人能够得到赔偿救济。

适用无过错责任原则救济被侵权人,需要有法律的特别规定。在侵权责任编,规定了产品责任、环境污染责任和生态破坏责任、高度危险责任、饲养动物损害责任适用无过错责任原则。这些具体规定是无过错责任原则调整的侵权法律关系的请求权基础。

适用无过错责任原则的侵权责任构成要件是:(1)违法行为;(2)损害事实;(3)因果关系。同时具备这三个要件,则构成侵权责任。行为人如果能够证明损害是受害人自己故意造成的,则免除侵权责任。

二、多数人侵权行为与责任

(一)共同侵权行为与连带责任

1. 共同侵权行为的概念

共同侵权行为,是指二人以上基于主观的或者客观的意思联络,共同实施侵权行为造成他人损害,行为人应当承担连带赔偿责任的多数人侵权行为。构成共同侵权行为,应当承担连带赔偿责任。

构成共同侵权责任的要件是:(1)行为人为二人以上;(2)行为人之间存在关联共同,或者是主观的关联共同即意思联络,或者是客观的关连共同;(3)造成了被侵权人的损害,且该损害不可分割;(4)每一个行为人的行为对损害的发生都有因果关系。具备上述构成要件,共同侵权行为人应当承担连带责任。

认定共同侵权行为有主观说和客观说的区别。主观说要求共同侵权行为人在主观上有共同故意或者共同过失;客观说认为共同侵权行为人没有主观上的意思联络,但具有客观的关联共同的也能构成共同侵权。立法者的意见是有限的客观说,即共同故意构成共同侵权,共同过失也构成共同侵权,没有共同故意也没有共同过失也可以构成共同侵权。采用关联共同说更为客观和准确,即共同行为人具有主观上的关联共同即共同故意,或者客观上的关联共同即行为人的行为指向特定对象、每一个人的行为都是损害发生的共同原因、造成同一个损害结果,且该损害为不可分的,都构成共同侵权责任。

2. 连带责任

构成共同侵权责任,共同侵权行为人应当承担连带责任,应当适用《民法典》第178条规定的原则:(1)被侵权人可以向任何一个行为人请求承担中间性的全部赔偿责任。(2)最终责任由每一个共同行为人依据过错程度和行为的原因力,按比例分担责任份额。(3)承担超过自己责任份额的行为人,有权向没有承担责任或者承担责任不足份额的行为人行使追偿权,实现最终责任。

(二)共同危险行为

共同危险行为是指二人或者二人以上共同实施有侵害他人危险的行为,造成损害结果,但不能确定其中谁为加害人的多数人侵权行为。能够确定具体加害人的,不属于共同危险行为,由具体加害人承担责任。

共同危险行为是广义的共同侵权行为,其特征是:(1)行为由数人实施,不是一个人实施;(2)共同实施的行为具有侵害他人的危险性;(3)具有危险性的共同行为造成了损害结果,是致人损害的原因;(4)损害结果不是全体共同危险行为人的行为所致,但不能确定具体加害人。

符合上述要求的,构成共同危险行为,应当由全体共同危险行为人对被侵权人承担连带责任。这种连带责任承担,应当依照《民法典》第178条规定的规则进行。其中每一个共同加害人的份额分担,基本上实行平均分担,只有在适用"市场份额"

的场合,才按照市场份额的比例承担最终责任。例如,某一种产品致人损害,不能确知谁为加害人的,只能按照每一个企业同期生产的产品比例确定责任份额。

(三) 分别侵权行为

1. 叠加的分别侵权行为

分别侵权行为,是指二人以上分别实施侵权行为,不存在关联共同,却造成了同一个损害结果,不构成共同侵权行为的多数人侵权行为。叠加的分别侵权行为,是每一个侵权人单独实施侵权行为,造成同一个损害结果时,每一个行为人的行为的原因力都为100%,即每一个行为都是造成损害的全部原因,因此形成了"100%+100%=100%"的情形。

确定叠加的分别侵权行为的责任原则是:

(1) 既然每一个分别侵权行为人的行为都是损害发生的100%的原因力,赔偿责任又是一个,那么只能承担连带责任,每一个侵权人都应当对被侵权人的损害承担责任。

(2) 具体的赔偿份额,按照行为人的人数确定平均比例,例如是二人分别侵权的,则为每人50%。

(3) 承担责任超出自己份额的分别侵权行为人,有权向未承担责任或者承担责任份额不足的分别侵权行为人追偿。

2. 典型的分别侵权行为

典型的分别侵权行为,是指行为人分别实施侵权行为,造成了同一个损害结果,所不同的是,每一个行为人实施的行为的原因力相加,才造成同一个损害结果,即"50%+50%=100%"。如果每一个行为人的行为的原因力相加,不是这样的形式,就不属于典型的分别侵权行为。

典型的分别侵权行为的责任分担规则,不是连带责任,而是按份责任,即每一个行为人只对自己实施的行为造成的损害部分承担赔偿责任,而不是对整个损害承担全部责任,典型的特点是"各负其责"。

既然是按份责任,就必须确定每一个分别侵权行为人责任份额的大小。《民法典》规定了两个办法:

(1) 能够确定责任大小的,各自承担相应的责任。能够确定责任大小,就是按照每一个人的过错程度和行为的原因力,确定应当承担的份额。

(2) 难以确定责任大小的,平均承担赔偿责任,即按照人数比例分别承担平均份额的赔偿责任。

3. 半叠加的分别侵权行为

在叠加的分别侵权行为和典型的分别侵权行为之间,还存在半叠加的分别侵权行为,即"100%+50%=100%"的情形,应当按照单向连带责任规则即混合责任规则承担责任。对此,《民法典》没有规定具体规则,可以对原因力比例重合的部分承担连带责任,不重合的部分,由行为人自己承担。如"100%+50%=100%"的情形,对重合的50%由双方承担连带责任,对不重合的50%,由具有100%原因力的行为人自己承担。

(四)免除责任和减轻责任的主要事由

1. 与有过失

与有过失,我国侵权法曾将其称为混合过错,因其表述不准确而被废弃。与有过失,是指对于同一损害的发生或者扩大,不仅侵权人有过失及原因力,被侵权人也有过失及原因力,是双方当事人的过失行为造成了同一个损害结果的情形。

与有过失的后果是过失相抵。所谓相抵,是行为人各自对自己的行为造成的后果负责。其中主要比较的是各自的过失程度,其次是比较原因力的大小;如果在无过错责任原则下,无法比较过失,则直接比较行为原因力的大小。根据过失程度和原因力大小的比较确定比例之后,确定侵权人应当承担的责任比例,其他因被侵权人自己的原因造成的损害部分,须被侵权人自己负担。

根据过失相抵的比较结果,承担责任的后果是:

(1)过失程度和原因力相同者,承担同等责任(50%)。

(2)侵权人的过失程度和行为原因力大于被侵权人的,侵权人承担主要责任(51%以上)。

(3)侵权人的过失程度和行为原因力小于被侵权人的,侵权人承担次要责任(49%以下)。

2. 自甘风险

自甘风险也叫危险的自愿承担,是来自英美法的免责事由,原《侵权责任法》没有规定这一免责事由。《民法典》第1176条规定,自愿参加具有一定风险的文体活动,因其他参加者的行为受到损害的,受害人不得请求其他参加者承担侵权责任;但是,其他参加者对损害的发生有故意或者重大过失的除外。这是我国第一次确认自甘风险为免责事由。

自甘风险的构成要件是:(1)组织者组织的文体活动有一定的风险,例如蹦极;

(2)受害人对活动的危险性有认识,但是自愿参加;(3)受害人因其他参加者的行为遭受损害;(4)组织者没有故意或者过失。具备这些构成要件的,即免除组织者的侵权责任,其他参加者也不承担侵权责任。例如参加足球比赛受到其他参加者的损害。

《民法典》第1176条第2款规定的活动组织者的责任适用《民法典》第1198条至第1201条的规定,即自甘风险的危险活动的组织者,如果有故意或者重大过失,构成违反安全保障义务的侵权责任的,或者在学校组织的未成年学生参加的文体活动中,造成未成年学生人身伤害的,分为两种情况处理:

(1)组织者因故意或者过失,未尽到安全保障义务造成受害人损害的,应当承担赔偿责任。

(2)组织者因故意或者过失,致使第三人造成受害人损害的,承担相应的补偿责任,承担责任后可以向第三人追偿。

3. 自助行为

《民法典》第1177条规定的是自助行为。自助行为,是指权利人为了保护自己的权利,在情势紧迫而又不能获得国家机关及时救助的情况下,对他人的财产或者自由在必要范围内采取扣留、拘束或者其他相应措施,是为法律或社会公德所认可的行为。自助行为的性质属于自力救济。《民法典》第1177条没有明文规定可以对他人人身自由施加拘束的内容,但是,在"等"字中包含了这个意思。例如,去饭店吃饭未带钱,店主不让其离开,等待他人送钱来结账的拘束自由行为,也应当属于自助行为,并不是侵害人身自由权的侵权行为。

实施自助行为的要件是:(1)行为人的合法权益受到侵害;(2)情况紧迫且不能及时获得国家机关保护;(3)对侵权人实施扣留财产或者适当拘束人身自由的行为;(4)扣留财产或者限制人身自由须在必要范围内。

行为人实施了自助行为,在其合法权益得到保障后,应解除相应措施;如果仍需继续采取上述措施的,应当立即请求有关国家机关依法处理。

行为人如果对受害人采取自助行为的措施不适当,造成受害人损害的,应当承担侵权责任,赔偿损失。

三、损害赔偿

(一)人身损害赔偿

人身损害赔偿是对侵害生命权、身体权、健康权造成的损害的赔偿。人身损害分为一般伤害、造成残疾和造成死亡三种类型的损害。

侵权行为造成他人人身的一般伤害,应当赔偿医疗费、护理费、交通费、营养费、住院伙食补助等为治疗和康复支出的合理费用,以及因误工减少的收入。医疗费是治疗人身伤害的治疗费、医药费、检查费等费用;护理费是对受到伤害的受害人进行护理的费用;交通费是受害人就医、转院治疗等产生的本人及护理人员的交通费用;营养费是受害人在治疗和康复期间需要补充营养的费用;误工损失是受害人因伤残耽误工作所减少的收入。对于其他因治疗和康复支出的合理费用,也在赔偿范围之内。

对受害人因伤害造成残疾的,除了赔偿上述费用,还应当赔偿辅助器具费和残疾赔偿金。辅助器具费是伤残者身体功能丧失应予配置的辅助器具的购置费和维护费。残疾赔偿金是对受到伤害造成残疾丧失劳动能力而失去的工资收入的赔偿,我国不采取实际赔偿的方法,而一般采用"赔偿20年损失"的一次性赔偿方法。

受害人因伤害造成死亡的,还应当赔偿丧葬费和死亡赔偿金。丧葬费是对死者丧葬所应支付的财产损失,应当按照最高人民法院司法解释的规定予以赔偿。死亡赔偿金采取一次性"赔偿20年损失"的固定标准计算。

上述人身损害赔偿项目的实际计算方法,最高人民法院《关于审理人身损害赔偿案件适用法律若干问题的解释》都有具体规定,应当按照司法解释的规定确定具体的赔偿数额。

(二)侵害人身权益造成财产损失的损害赔偿

《民法典》第1182条规定,侵害他人人身权益造成财产损失的,按照被侵权人因此受到的损失或者侵权人因此获得的利益赔偿;被侵权人因此受到的损失以及侵权人因此获得的利益难以确定,被侵权人和侵权人就赔偿数额协商不一致,向人民法院提起诉讼的,由人民法院根据实际情况确定赔偿数额。本条是对侵害他人人身权益造成财产损失的赔偿规则的规定。《民法典》第993条规定了公开权,即民事主体可以许可他人使用自己的姓名、名称、肖像等,但是依照法律规定或者根据其性质不得许可的除外。《民法典》第1182条规定了侵害公开权造成财产损失的赔偿规则。这些被侵害的人格利益都是精神性人格利益,应用在商品社会中产生的财产利益应当归属于权利人本人。他人未经权利人同意而将权利人的姓名、名称、肖像、隐私、个人信息等人格利益予以公开,就侵害了权利人的人格权,使权利人本人的人格利益包括财产利益受到损害,因此,侵权人应当承担赔偿责任,赔偿权利人受到的损害。侵害公开权造成财产利益损失的赔偿方法是:(1)被侵权人因此受到实际财产损失的,按照被侵权人实际受到的损失或者侵权人因此获得的利益,承担赔偿责任,选择权在被侵权人。(2)被侵权人因此受到的损失以及侵权人因此获得的利益难以确定的,由被侵权人和侵权人就赔偿数额进行协商,按照协商一致的方法确定赔偿责任。(3)被侵权人和侵权人就赔偿数额协商不一致,向人民法院提起诉讼的,由人民法院根据实际情况确定赔偿数额。

(三)精神损害赔偿

应当承担精神损害赔偿责任的侵权行为,是侵害自然人人身权益的侵权行为。侵权行为侵害了自然人的人身权益造成严重精神损害的,行为人应当承担精神损害赔偿责任:(1)侵害物质性人格权,即生命权、身体权、健康权的,应当赔偿精神损害抚慰金。(2)侵害姓名权、肖像权、声音权、名誉权、隐私权、个人信息权造成精神损害的,应当赔偿精神损害赔偿金。(3)侵害身份权即配偶权、亲权、亲属权造成精神损害的,应当承担精神损害赔偿责任。(4)侵害自然人的人身利益,包括一般人格利益、胎儿的人格利益、死者的人格利益以及亲属之间的身份利益的,侵权人也应当承担精神损害赔偿责任,补偿其精神损害。

对于造成的财产损失,一般不以承担精神损害赔偿责任的方法进行救济,但是,如果是因故意或者重大过失侵害自然人具有人身意义的特定物造成严重精神损害的,由于该特定物中包含人身利益(包括人格利益和身份利益因素),对该特定物的损害会造成被侵权人的严重精神损害,被侵权人有权请求精神损害赔偿,侵权人应当对因特定物的财产损害而造成的被侵权人的精神损害承担赔偿责任。

对于精神损害赔偿,还应当适用《民法典》人格权编第996条的规定,即因当事人一方的违约行为,损害对方人格权并造成严重精神损害,受损害方选择请求其承担违约责任的,不影响受损害方请求精神损害赔偿,即因违约造成对方当事人严重精神损害的,违约方也应当承担精神损害赔偿责任,当事人可以在违约诉讼中直接请求精神损害赔偿。

(四)财产损害赔偿

侵害他人财产,实际上是侵害他人财产权,包括对物权、债权、知识产权、继承权、股权及其他投资性权利的侵害造成的财产损失,财产损害赔偿是对侵害这些财产权造成财产损失的赔偿责任。《民法典》第1184条对财产损害赔偿责任的计算规则规定了"按照损失发生时的市场价格"为主要计算方法,但这样显然不利于保护受害人。好在还规定了"其他合理方式计算"这样的弹性规定作为补充,具有很大的伸缩性,可以进行选择,以适应财产损害赔偿计算方法的复杂性。

对侵害用益物权、担保物权以及债权、知识产权、继承权、股权等投资性权利的财产损失,不能用损失发生时的市场价格的方法计算,而是应当按照具体的计算方法计算。例如,关于知识产权损害的计算方法都有具体规定,而第三人侵害债权的财产损害主要是债权期待利益的损害等。

其他计算方法也包括"可预期利益损失"规则。例如,1999 年 6 月 21 日凌晨,一辆轿车撞坏沈阳市故宫博物院门前"下马碑",肇事司机即火锅城的员工,嗣后死亡。沈阳市故宫博物院向法院起诉,请求赔偿 2 700 万元的财产损失,沈阳市中级人民法院判决火锅城负责维修费用,并赔偿损失 100 万元。该案中的 2 700 万元的损失完全超出了侵权人的预期,法院适用可预期损失规则确定赔偿责任,是实事求是的做法。

(五) 故意侵害知识产权的惩罚性赔偿

在我国以往的立法中,没有对侵害知识产权承担惩罚性赔偿责任的规定,有的法院有过尝试。2018 年 3 月 5 日,李克强总理代表国务院向第十三届全国人民代表大会第一次会议作政府工作报告,建议要强化知识产权保护,实行侵权惩罚性赔偿制度。2020 年颁布的《民法典》作了这一规定,确定侵害知识产权的侵权人应承担惩罚性赔偿责任。

侵害知识产权惩罚性赔偿责任的构成要件是:(1)故意侵害知识产权。过失侵害知识产权不适用惩罚性赔偿责任;(2)侵害知识产权的情节严重。符合这两个要件的,被侵权人有权请求相应的惩罚性赔偿。

侵害知识产权惩罚性赔偿责任的计算方法,可以借鉴《电子商务法》第 42 条第 3 款规定的方法,而不是借鉴《消费者权益保护法》规定的两倍方法,也不是借鉴《食品安全法》规定的三倍方法。因为侵害知识产权造成的损害是财产损害,而不是《消费者权益保护法》和《食品安全法》中规定的适用惩罚性赔偿责任那样都以明知而向消费者提供商品或者服务造成死亡或者健康严重损害的情形。知识产权侵害中的惩罚性赔偿确定一倍的惩罚性赔偿责任比较适当。

四、责任主体的特殊规定

(一) 监护人责任

监护人责任,是指无民事行为能力人或者限制民事行为能力人造成他人损害,由其监护人承担的侵权责任。《民法典》第1188条第1款规定,无民事行为能力人、限制民事行为能力人造成他人损害的,由监护人承担侵权责任。监护人尽到监护职责的,可以减轻其侵权责任。本款规定的规则与《民法典》第1068条关于"未成年子女造成他人损害的,父母应当依法承担民事责任"的规定部分重合,其中的"依法",就是指本款规定。

监护人承担民事责任的规则是:

(1)替代责任。无民事行为能力人或者限制民事行为能力人造成他人损害,应当由他们的监护人承担侵权责任。

(2)实行过错推定。无民事行为能力人或者限制民事行为能力人造成他人损害,推定其监护人有监护过失,被侵权人无须提供监护人未尽监护责任的过失的证明。

(3)如果监护人能够证明自己没有监护过失,则公平分担损失,根据双方经济状况,对监护人的赔偿责任适当减轻。

履行赔偿责任的规则是:

(1)造成他人损害的无民事行为能力人或者限制民事行为能力人自己有财产的,从他们自己的财产中支付赔偿金。例如,被监护人是成年人,自己有收入或者有积蓄等。

(2)用被监护人的财产支付赔偿金有不足的,监护人承担补充责任,即不足部分由监护人补充赔偿。

(3)造成他人损害的无民事行为能力人或者限制民事行为能力人没有财产的,不适用前两项规则,由监护人承担全部侵权责任。

无民事行为能力人、限制民事行为能力人造成他人损害,监护人将监护职责委托给他人的,由监护人承担侵权责任;受托人有过错的,承担相应的责任。

(二)暂时丧失心智人的责任

暂时丧失心智,是指完全民事行为能力人因自己的身体原因或者其他原因对自己的行为暂时没有意识或者失去控制。完全民事行为能力人在暂时丧失心智的情况下造成他人损害的,侵权责任承担的规则是:

(1)暂时丧失心智之人对自己的行为暂时没有意识或者失去控制状态的出现,如果是该人存在过错所致,属于过错责任原则调整的范围,有过错则有责任,进而承担侵权责任。

(2)如果暂时丧失心智之人对自己的行为暂时没有意识或者失去控制状态的

出现没有过错，即由于其身体的客观原因，而不是主观上有过错的原因，本不应承担责任，但要适用公平分担损失规则，即根据行为人的经状况对受害人适当补偿。

行为人因醉酒、滥用麻醉药品或者精神药品使自己的行为暂时没有意识或者失去控制造成他人损害的，就是对自己暂时丧失心智有过失，因而对造成的损害应当承担赔偿责任。

(三) 用人者责任

用人者责任是一种特殊侵权责任类型，是指用人单位的工作人员或者劳务派遣人员以及个人劳务关系中的提供劳务一方在工作过程中或者在提供劳务过程中造成他人损害，用人单位或者劳务派遣单位以及接受劳务一方应当承担赔偿责任的特殊侵权责任。用人者责任分为以下三种类型：

1. 用人单位责任

用人单位的工作人员因执行工作任务造成他人损害的，由用人单位承担侵权责任。用人单位赔偿之后，如果工作人员在造成他人损害过程中有过错，则可以向其追偿。

2. 劳务派遣责任

劳务派遣期间，被派遣的工作人员因执行工作任务造成他人损害的，由接受劳务派遣的用工单位承担侵权责任；如果劳务派遣单位对派遣工作人员有过错的，就自己的过错程度和原因力，承担相应的补充责任。

3. 个人劳务责任

个人之间形成劳务关系，提供劳务一方因劳务造成他人损害的，由接受劳务一方承担侵权责任。提供劳务一方因劳务使自己受到损害的，实行过错责任原则，根据双方各自的过错承担相应的责任。

(四) 定作人指示过失责任

定作人指示过失责任是大陆法系传统的特殊侵权行为，在英美法系侵权法中称为独立工人责任，二者规则基本相同。

加工、定作统称为定作，法律关系的主体主要是定作人和承揽人，定作人委托承揽人进行加工、定作，承揽人依照定作人的指示进行加工、定作。由于承揽人在接受定作之后是独立进行加工、定作，尽管是按照定作人的指示进行，但如果在完成承揽任务过程中，造成第三人损害或者自己损害的，定作人不承担赔偿责任，由承揽人承担责任,或者负担自己的损失,这是一般性规则。如果定作人对于定作、指示有过失,或者对承揽人的选任有过失的,则定作人承担相应的赔偿责任。

定作过失,是定作人确定的定作任务本身存在过失,这种定作有可能造成他人损害或者承揽人的损害,例如加工易燃、易爆物品。指示过失,是定作人下达的定作任务没有问题,而指示承揽人的定作方法存在过失,例如,不应该采用危险方法进行加工,却作出这样的错误指示。这两种过失,都构成定作人指示过失责任中所要求的过失。选任过失,是定作人选任承揽人有过失,例如承揽人没有符合承担特种加工活动的资质而被定作人选任。

定作人指示过失责任中造成他人损害的责任,是典型的定作人指示过失责任。造成承揽人自己损害的责任,是承揽人的工伤事故责任。这两种责任的基本规则相同。

(五)网络侵权责任

网络侵权责任的一般规则,包括网络用户在他人的网络上实施侵权行为的责任承担规则,以及网络服务提供者利用自己的网络实施侵权行为的责任承担规则。上述两种情形都适用过错责任原则确定侵权责任,网络用户或者网络服务提供者对自己实施的网络侵权行为负责,即自己责任。

《民法典》第1195条规定,网络用户利用网络服务实施侵权行为的,权利人有权通知网络服务提供者采取删除、屏蔽、断开链接等必要措施。通知应当包括构成侵权的初步证据及权利人的真实身份信息。网络服务提供者接到通知后,应当及时将该通知转送相关网络用户,并根据构成侵权的初步证据和服务类型采取必要措施;未及时采取必要措施的,对损害的扩大部分与该网络用户承担连带责任。权利人因错误通知造成网络用户或者网络服务提供者损害的,应当承担侵权责任。本条是对网络侵权责任避风港规则中的通知规则的规定。

网络侵权责任避风港规则中的通知规则比较复杂,即:

(1)权利人的通知权:网络用户利用他人的网络服务实施侵权行为的,原则上网络服务提供者不承担责任,因为其无法承担海量信息的审查义务。解决这种侵权纠纷的方法是"通知—取下"规则,即避风港规则中的通知规则:认为自己权益受到损害的权利人,有权通知网络服务提供者,对网络用户在该网站上发布的信息采取删除、屏蔽、断开链接等必要措施,消除侵权信息及其影响,这就是权利人的通知权。

(2)通知的主要内容:应当包括构成侵权的初步证据及权利人的真实身份信

息,没有这些必要内容的通知无效。

(3)网络服务提供者的义务:网络服务提供者接到权利人的通知后,应当采取两种措施,一是及时将该通知转送相关网络用户;二是根据构成侵权的初步证据和服务类型等实际情况,对侵权信息及时采取删除、屏蔽或者断开链接等必要措施。网络服务提供者履行了上述两项义务的,就进入"避风港",不承担侵权责任。

(4)网络服务提供者违反义务的责任:网络服务提供者未及时采取必要措施的,构成侵权责任,要对损害的扩大部分与该网络用户承担部分连带责任,即网络服务提供者只对扩大的损害部分承担连带责任。

(5)对错误行使通知权的所谓权利人进行惩罚的措施:因权利人错误行使通知权进行通知,依照该通知采取的必要措施造成了网络用户或者网络服务提供者损害的,错误通知的行为人应当对网络用户和网络服务提供者的损害承担侵权赔偿责任。

避风港规则有两个重要规则,一是通知规则,二是反通知规则,这样的规则配置,是为了保持网络表达自由的利益平衡。《民法典》第1196条规定了反通知规则。反通知规则的内容是:

(1)网络用户享有反通知权:当权利人行使对网络用户发布的信息采取必要措施的通知权,网络服务提供者将该通知转送网络用户,网络用户接到该通知后,即产生反通知权,可以向网络服务提供者提交自己不存在侵权行为的声明。提交该声明就是行使反通知权的行为。

(2)反通知的主要内容:提交的反通知声明,也应当包括不存在侵权行为的初步证据,不符合这样的要求的反通知声明不发生反通知的效果。

(3)网络用户行使反通知权发送声明,网络服务提供者在接到该反通知声明后,负有的义务:一是应当将该声明转送给发出通知的权利人;二是告知其可以向有关部门投诉或者向人民法院起诉,而不是一接到反通知声明就立即终止所采取的必要措施。

(4)反通知声明送达后的期限:网络服务提供者在转送反通知的声明到达权利人后的合理期限,为权利人对反通知作出反应的期限。时间的计算采到达主义,即在转送的反通知声明到达权利人后,权利人应当在该期限内通知网络服务提供者自己已经投诉或者起诉。

(5)权利人超出合理期限的后果:在收到反通知声明的合理期限内,权利人未通知网络服务提供者其已经投诉或者起诉的,网络服务提供者应当及时对网络用户发布的信息终止所采取的删除、屏蔽或者断开链接等必要措施,保护网络用户即反通知权利人的表达自由。

无论是权利人的通知权还是网络用户的反通知权,其义务主体都是网络服务提供者,其负有满足通知权人或者反通知权人权利要求的义务。网络用户和权利人不是对方的义务主体。

《民法典》第1197条规定了网络侵权的红旗原则。红旗原则,是指网络用户在网络服务提供者提供的网络上实施侵权行为,侵害他人的民事权益,非常明确(比喻为网络上的侵权行为红旗飘飘),网络服务提供者知道或者应当知道而不采取必要措施,即应承担侵权责任的规则。

适用红旗原则的要件是:(1)网络用户在网络服务提供者的网站上实施侵权行为;(2)该侵权行为的侵权性质明显,不必证明即可确认;(3)网络服务提供者知道或者应当知道网络用户在自己的网站上实施了这种侵权行为;(4)对侵权信息没有采取删除、屏蔽或者断开链接等必要措施。在第三个要件中,知道就是明知,应知就是根据实际情况可以确定网络服务提供者是应当知道的,例如网络服务提供者已经对该信息进行了编辑、加工、置顶、转发等,都是应知的证明。

适用红旗原则的后果是,明知或者应知网络用户在自己的网站上实施侵权行为的网络服务提供者,对该侵权信息没有采取必要措施的,须与实施侵权行为的网络用户一起,对被侵权人造成的损害承担连带赔偿责任。承担连带责任的规则适用《民法典》第178条的规定。

(六)违反安全保障义务侵权责任

违反安全保障义务侵权责任,是指经营者、管理者或者组织者对经营场所、公共场所、群众性活动场所未尽安全保障义务,造成他人损害的赔偿责任。

违反安全保障义务侵权责任有四种表现形式:(1)设施设备未尽安全保护义务;(2)服务管理未尽安全保障义务;(3)对儿童未尽安全保障义务;(4)对防范制止侵权行为未尽安全保障义务。前三种类型概括在《民法典》第1198条第1款中,责任形态是自己责任;第1198条第2款规定的是第四种违反安全保障义务的侵权责任类型,责任形态是相应的补充责任。

违反安全保障义务侵权责任三种类型的责任形态为自己责任,责任构成的要件是:(1)负有安全保障义务的场所,是宾馆、商场、银行、车站、体育场馆、娱乐场所等经营场所、公共场所或者群众性活动场所。(2)负有安全保障义务的义务主体,是这些场所的经营者、管理者或活动组织者。(3)经营者、管理者和组织者的安全保障义务来源,是《消费者权益保护法》第18条以及其他法律的相关规定或者当事人的约定。(4)经营者、管理者或者组织者未尽到法律规定或者约定的安全保障义务,造成消费者或者活动参与者在内的他人损害,未尽安全保障义务与他人损害之间有因果关系。

具备上述要件,经营者、管理者或者活动组织者须对受到损害的他人承担侵权责任。例如,未施工完毕的饭店即试营业,造成就餐者损害,为对设施设备未尽安全保障义务;饭店地面油腻致使消费者滑倒受伤,为对服务管理未尽安全保障义务;商店楼梯护栏间隙过宽,致使儿童钻出而坠落受伤,为对儿童未尽安全保障义务。这些违反安全保障义务的侵权责任,都由违反安全保障义务的经营者、管理者或者组织者自己承担。

防范、制止侵权行为未尽安全保障义务侵权责任的构成要件是:(1)负有安全保障义务的场所是经营场所、公共场所或者群众性活动场所。(2)这些场所的经营者、管理者或者活动的组织者负有防范、制止侵权行为侵害消费者和参与者的义务。(3)第三人实施侵权行为,致使这些场所的消费者、参与者受到损害。(4)经营者、管理者或者组织者未尽防范、制止侵权行为的安全保障义务,是造成损害的原因。

防范、制止侵权行为未尽安全保障义务承担责任的规则是:(1)实施侵权行为的第三人是直接责任人,对造成的受害人损害承担侵权责任。(2)经营者、管理者或者组织者未尽到防范、制止侵权行为的安全保障义务,使侵权行为得以发生的,就自己的过错和行为对损害发生的原因力,承担与其过错程度和原因力相应的补充责任。(3)经营者、管理者或者组织者承担补充责任后,由于第三人才是侵权行为的直接责任人,故可以向第三人追偿。例如,住店客人受到第三人侵权行为损害,饭店未尽防范、制止侵权行为的安全保障义务,即按照这样的规则承担补充责任。

(七)校园伤害事故责任

《民法典》第1199条至第1201条规定的是校园伤害事故的侵权责任规则,即无民事行为能力人或者限制民事行为能力人在校园受到人身损害的,幼儿园、学校或者其他教育机构应当承担责任的特殊侵权责任。

确定无民事行为能力人在校园受到伤害的侵权责任规则是:(1)幼儿园、学校或者其他教育机构中的无民事行为能力人,通常是指二年级以下的小学生和幼儿园的学生。(2)校方对无民事行为能力人负有教育、管理职责,而不是监护权的转移。(3)无民事行为能力人在校园中因第三人实施的行为之外的原因受到人身损害,例如校方管理不当行为。(4)校方未尽教育、管理职责是造成损害的原因。

无民事行为能力人在校园受到伤害的侵权责任,适用过错推定原则,能够证明无民事行为能力人在校园受到损害,直接推定校方存在未尽教育、管理职责的过失;实行举证责任倒置,校方可以举证证明自己已尽教育、管理职责,能够证明者,不承担侵权责任;不能证明者,推定成立,校方应当承担侵权赔偿责任。

确定限制民事行为能力人在校园受到伤害的侵权责任规则是:(1)学校或者其他教育机构中的限制民事行为能力人,通常是指三年级以上的小学生和中学生。(2)校方对限制民事行为能力人负有的也是教育、管理职责,不是监护权的转移。(3)限制民事行为能力人在校园中因第三人实施的行为之外的原因受到人身损害,例如校方管理不当行为。(4)校方未尽教育、管理职责是造成损害的原因。

限制民事行为能力人在学校受到人身损害,确定责任适用的是过错责任原则,受到人身损害的限制民事行为能力人主张校方承担赔偿责任,须证明上述所有的侵权责任构成要件,特别是校方对未尽教育、管理职责具有过失。这样的规定,体现了对无民事行为能力人和限制民事行为能力人保护的程度不同。不过,对限制民事行为能力人采用过错责任原则进行保护,确定校方的责任,其实就没有太大的必要了,因为既然适用过错责任原则,就是一般侵权责任,即使不作这一特别规定,依照过错责任原则的一般规定即《民法典》第1165条第1款的规定,也完全可以得出同样的法律适用结果。

无民事行为能力人或者限制民事行为能力人在校园受到第三人实施的侵权行为侵害,造成人身损害后果的,也属于第三人原因造成的损害,却不适用《民法典》第1175条关于"损害是因第三人造成的,第三人应当承担侵权责任"的规定,而是适用《民法典》第1201条规定的规则,即第三人在校园实施的侵权行为,造成了校园内的无民事行为能力人或者限制民事行为能力人人身损害的,由第三人承担侵权责任,赔偿受害人的损失;如果校方存在未尽管理职责的过失的,应当承担相应的补充责任。校方在承担了相应的补充责任之后,还可以就其损失向第三人请求追偿,其原因也是因为第三人才是真正的侵权人,对于损害的发生具有全部原因力,校方只是存在不作为的间接原因而已。

五、产品责任

产品责任,是指产品的生产者、销售者因其产品有缺陷,造成他人损害的,产品的生产者、销售者承担无过错责任的特殊侵权责任。

生产者承担产品责任，适用无过错责任原则。其构成要件是：(1)产品存在缺陷，产品缺陷一般是产品中存在的不合理危险。(2)被侵权人造成了人身损害或者财产损害。(3)被侵权人受到损害是因产品缺陷引起的，二者之间具有因果关系。符合上述三个要件要求的，即构成产品责任，生产者对其生产的缺陷产品造成的损害，应当承担赔偿责任。

产品缺陷有四种类型：

(1)设计缺陷，是在产品的设计中就存在不合理危险。

(2)制造缺陷，是在产品制造过程中，在产品中留下的不合理危险。

(3)警示说明缺陷，是在产品中存在合理危险，尽管可以流通、使用，但是对其存在的合理危险应当进行警示，说明怎样使用才能够避免危险发生，未经警示说明或者警示说明不充分，都构成警示说明缺陷。

(4)跟踪观察缺陷，是在产品生产完成后，当时的科学技术水平无法发现其是否存在缺陷，可以将产品投放市场流通，但生产者须承担跟踪观察义务，发现有缺陷时，应当及时进行警示说明或者召回，未履行警示说明或者召回义务，为跟踪观察缺陷。

这里还涉及产品自损是否可以一并起诉的问题。在传统的产品责任法中，产品责任的损害不包括产品自损，只包括人身损害和产品以外的财产损害，《产品质量法》第41条对此作了清楚的规定。在制定《侵权责任法》过程中，立法者考虑到，因同一个行为发生的损害，受害人不必分别起诉主张侵权责任和违约责任。因而将产品责任的损害只规定为"损害"，就是为了在该"损害"中包含产品自损。故在产品责任诉讼中，被侵权人也可以提出产品自损的损害赔偿责任请求，不过这是两个诉的合并。

产品责任的责任承担规则是不真正连带责任，具体来讲是：

(1)因产品存在缺陷造成他人损害的，被侵权人可以向产品的生产者请求赔偿，也可以向产品的销售者请求赔偿。这是不真正连带责任的中间责任规则，是无过错责任，被侵权人可以按照自己的意愿选择责任人承担赔偿责任。

(2)最终责任是由造成产品缺陷的生产者或者销售者承担。通常情况下，缺陷是由生产者造成的，生产者是最终责任人；如果是因销售者的过错使产品存在缺陷，销售者就是最终责任人，应当最终承担侵权责任，且为全部赔偿责任。

(3)通过行使追偿权实现最终责任的归属，即产品缺陷是由生产者造成的，销售者在赔偿后，有权向生产者追偿，使生产者承担最终责任；因销售者的过错使产品存在缺陷的，生产者在赔偿后，有权向销售者追偿，使销售者承担最终责任。

在典型的产品责任中,承担产品责任的不真正连带责任的主体是生产者和销售者。除此之外,在产品责任中要承担责任的责任主体还有第三人,即在产品责任中,除了生产者、销售者之外其他对产品存在缺陷有过错,造成受害人损害,而应当承担侵权责任的责任主体。《民法典》第1204条列举了运输者和仓储者,以此为例,凡是符合这样要求的责任主体,都是产品责任的第三人,例如原材料提供者等。

第三人承担产品责任的构成要件是:(1)争议的产品存在缺陷;(2)该产品缺陷不是生产者、销售者造成的,而是第三人造成的;(3)第三人使产品存在缺陷,在主观上有过失;(4)存在缺陷的产品是造成被侵权人损害的原因,具有因果关系。符合上述要件,即构成产品责任中的第三人责任。

产品责任的第三人责任的责任形态叫先付责任,是因为在不真正连带责任中,数个责任主体都是要承担中间责任的,被侵权人作为请求权人可以向任何一方请求承担全部赔偿责任。但是,第三人责任的规则特殊,即被侵权人须先向无过错的生产者、销售者要求赔偿,在他们承担了赔偿责任之后,再由他们向第三人追偿。

这种不适用不真正连带责任一般性规则而适用有先后顺序,且须由承担中间责任的主体先承担责任的规则,称为不真正连带责任的先付责任,是不真正连带责任的一种变形形态。

这一规则的优势在于有利于被侵权人的索赔,因为第三人藏在表面法律关系之后,被侵权人对其过失很难证明。规定先付责任,方便被侵权人请求权的行使,救济更加便捷。不过,该规则有一个风险,就是生产者、销售者都丧失赔偿能力时,按照《民法典》第1204条的规定,被侵权人不能直接向第三人请求赔偿。对此,可以直接依照《民法典》第1165条规定的过错责任原则,向第三人行使赔偿请求权。

因产品缺陷危及他人人身、财产安全的,被侵权人有权请求生产者、销售者承担停止侵害、排除妨碍、消除危险等侵权责任。产品投入流通后发现存在缺陷的,生产者、销售者应当及时采取停止销售、警示、召回等补救措施。未及时采取补救措施或者补救措施不力造成损害扩大的,对扩大的损害也应当承担侵权责任。

明知产品存在缺陷仍然生产、销售,或者没有按照规定采取补救措施,造成他人死亡或者健康严重损害的,被侵权人有权请求相应的惩罚性赔偿。

六、机动车交通事故责任

(一)机动车交通事故责任的一般规则

《民法典》在"机动车交通事故责任"一章中,没有规定机动车交通事故责任的一般规则,而是规定依照《道路交通安全法》关于机动车交通事故责任的基本规则。

《道路交通安全法》第 76 条规定的基本规则是:

(1)确定机动车交通事故责任,首先适用机动车交通事故强制保险规则解决;赔偿不足部分,适用《道路交通安全法》和《民法典》的相关规定。

(2)机动车交通事故责任的归责原则:第一,机动车与行人、非机动车驾驶人之间发生的交通事故,适用过错推定原则;第二,机动车之间发生交通事故的,适用过错责任原则。

(3)机动车交通事故责任适用过失相抵的规则:第一,机动车与行人或者非机动车驾驶人之间发生的交通事故,按照双方各自的过错程度和原因力确定责任比例,机动车一方承担的责任比例,在过失相抵确定的比例之上增加 10%;第二,机动车之间发生的交通事故,按照过失相抵规则确定。

(4)机动车一方完全没有过失,发生交通事故造成损害的全部原因是行人或者非机动车驾驶人过失所致,机动车一方承担不超过 10% 的赔偿责任,可以根据受害人一方的过失程度,在 5%~10% 之间确定合适的赔偿责任。

(5)受害人故意造成损害,例如,受害人故意碰撞机动车造成损害的,机动车一方免责。

(二)机动车交通事故责任的特殊规则

1. 租赁、借用机动车

因租赁、借用等情形机动车所有人、管理人与使用人不是同一人时,发生交通事故造成损害,属于该机动车一方责任的,由机动车使用人承担赔偿责任;机动车所有人、管理人对损害的发生有过错的,承担相应的赔偿责任。

2. 买卖机动车未过户

买卖机动车交通事故责任,是指买卖或者以其他方式转让机动车,已经交付,没有进行机动车交易过户登记,发生交通事故造成损害,在事实车主和登记车主之间如何承担责任的规则。这种规则,对在某些地区实行机动车限购而使机动车转让受限的情形也适用。

在以往的经验中,经常出现转让机动车的交易,但双方并未进行机动车转让登记,形成登记车主和事实车主相分离的情况。在制定《侵权责任法》的过程中,依照《物权法》的规定,确认机动车的登记属于行政管理登记而不是权属登记,机动车属于动产,其所有权转移以交付为标志,而非以登记为标志,故确定《民法典》第 1210

条规定的责任承担规则。

买卖机动车未过户交通事故责任的要件包括:(1)出卖人和买受人之间发生了机动车买卖或者其他方式转让权属的关系,已经交付了机动车和转让价金。(2)在交易机动车后,未在行政管理机关进行机动车转让登记,形成登记车主和事实车主分离的状态。(3)机动车发生交通事故,造成受害人的损害。(4)交通事故责任属于机动车一方责任。具备上述侵权责任构成要件的,责任由受让人即事实车主承担,而不是由出让人即登记车主承担。

3. 挂靠机动车

以挂靠形式从事道路运输经营活动的机动车运营,是比较普遍的现象,原因是从事机动车运营需要政府管理部门核准资质,而政府只给法人或者非法人组织办理运营资质,不给个人颁发运营资质,因而个人从事机动车运营活动,只能挂靠到有运营资质的单位,才能进行合法运营活动。

以挂靠形式进行机动车运营法律关系的特点是:(1)享有机动车所有权的个人没有运营资质,须挂靠到有运营资质的机动车运营单位,以该单位的名义进行运营活动。(2)被挂靠的运营单位同意其挂靠,将该个人作为自己的名义职工,将该机动车用自己的名义进行运营。(3)双方之间的关系通常有一定的利益交换,即挂靠的一方要按期交给被挂靠的一方约定的管理费,就此双方形成权利义务关系。现实中也有极少数完全免费挂靠的。(4)挂靠的机动车所有权人虽然是以被挂靠单位的名义运营,但实际上还是自己在运营,原则上并非受被挂靠单位的管控。

挂靠机动车发生交通事故造成他人损害,属于该机动车一方责任的,其责任分担的方式,是挂靠一方和被挂靠一方共同承担连带责任。被侵权人可以向挂靠一方或者被挂靠一方主张依照《民法典》第178条规定的连带责任规则承担连带责任。

4. 非法转让拼装车或者报废车

凡是以买卖或者其他方式转让拼装车或者已经达到报废标准的机动车,发生交通事故造成损害的,转让人和受让人承担连带赔偿责任,并且是绝对责任,不可以适用减轻或者免除责任的规定。

5. 盗抢机动车

盗窃、抢劫或者抢夺的机动车发生交通事故造成损害的,由盗窃人、抢劫人或者抢夺人承担赔偿责任。盗窃人、抢劫人或者抢夺人与机动车使用人并非同一人,发生交通事故后属于该机动车一方责任的,由盗窃人、抢劫人或者抢夺人与机动车使用人承担连带责任。

6. 交通肇事后逃逸

机动车驾驶人在发生交通事故后逃逸,该机动车参加强制保险的,由保险人在机动车强制保险责任限额范围内予以赔偿;机动车不明、该机动车未参加强制保险或者抢救费用超过机动车强制保险责任限额,需要支付被侵权人人身伤亡的抢救、丧葬等费用的,由道路交通事故社会救助基金先行垫付。道路交通事故社会救助基金垫付后,其管理机构有权向交通事故责任人追偿。

7. 好意同乘

《民法典》第1217条规定,非营运机动车发生交通事故造成无偿搭乘人损害,属于该机动车一方责任的,应当减轻其赔偿责任,但是机动车使用人有故意或者重大过失的除外。本条是对机动车交通事故好意同乘规则的规定。好意同乘,是指无偿搭乘他人的机动车,在运行中发生交通事故,造成无偿搭乘人的损害,属于该机动车一方责任的,减轻机动车一方赔偿责任的规则。

七、医疗损害责任

(一) 医疗损害责任的一般规则

医疗损害责任,是指患者在诊疗活动中受到损害,医疗机构或者其医务人员有过错,由医疗机构承担的替代赔偿责任。

医疗损害责任的一般规则是:

(1) 医疗损害责任适用过错责任原则,只有医疗机构或者其医务人员在诊疗活动中有过错的,才对在该医疗机构就医的患者所受损害承担医疗损害的赔偿责任,但法律另有规定的,适用无过错责任原则,例如《民法典》第1223条规定的医疗产品损害责任。

(2) 构成医疗损害责任的要件是:第一,患者与医疗机构有医疗服务合同关系,患者是在该医疗机构就医的自然人;第二,患者在诊疗活动中受到人身损害;第三,患者的人身损害与医疗机构或者其医务人员的诊疗活动有因果关系;第四,医疗机构或者其医务人员在诊疗活动中有过失。

(3) 承担责任的责任形态是替代责任,即具备上述四个要件,构成医疗损害责任,责任的承担主体是医疗机构而不是医务人员。

(4) 医疗机构承担赔偿责任之后,依照《民法典》第1191条第1款关于用人单位责任的规定,可以向有重大过失的医务人员进行追偿。

(二)医疗损害责任的类型

医疗损害责任分为四种类型:

1. 医疗伦理损害责任

医务人员违反告知义务,或者违反其他医务人员伦理道德,具有医疗伦理过失,造成患者损害的,医疗机构应当承担赔偿责任。

2. 医疗技术损害责任

医务人员在诊疗活动中未尽到与当时的医疗水平相应的诊疗义务,具有医疗技术过失,造成患者损害的,医疗机构应当承担赔偿责任。如果患者有损害,医务人员违反法律、行政法规、规章以及其他有关诊疗规范的规定,或者隐匿、拒绝提供与纠纷有关的病历资料,或者伪造、篡改、销毁病历资料的,推定其有医疗技术过失。

3. 医疗产品损害责任

因药品、消毒产品、医疗器械的缺陷,或者输入不合格的血液造成患者损害的,实行无过错责任原则,患者可以向生产者或者血液提供机构请求赔偿,也可以向医疗机构请求赔偿。患者向医疗机构请求赔偿的,医疗机构赔偿后,有权向负有责任的生产者或者血液提供机构追偿。

4. 医疗管理损害责任

医疗机构和医务人员违背医政管理规范和医政管理职责的要求,具有医疗管理过错,造成患者人身损害、财产损害的,受害患者或者其近亲属可以向医疗机构请求承担医疗损害赔偿责任。

(三)医疗损害责任的免责事由

如果患者有损害,但因下列情形之一的,医疗机构不承担赔偿责任:

(1)患者或者其近亲属不配合医疗机构进行符合诊疗规范的诊疗,但医疗机构及其医务人员也有过错的,应当承担相应的赔偿责任。

(2)医务人员在抢救生命垂危的患者等紧急情况下已经尽到合理诊疗义务。

(3)限于当时的医疗水平难以诊疗。

八、环境污染和生态破坏责任

原《侵权责任法》第八章只规定了环境污染责任,似乎没有明文规定生态损害责任。实际上,《侵权责任法》规定的环境污染责任中就已经包含了生态损害责任,只不过由于字面上没有显示出来,而被多数人解释为不包含生态损害责任。《民法典》对此进行了完善,明确将这种特殊侵权责任确定为"环境污染和生态破坏责任",《民法典》第1229条规定了环境污染和生态破坏责任的一般条款:因污染环境、破坏生态造成他人损害的,侵权人应当承担侵权责任。

环境污染和生态破坏责任适用无过错责任原则,这一规则《民法通则》第124条就确定了,《侵权责任法》第65条和《民法典》第1229条一直坚持这个立场。故构成环境污染和生态破坏责任无须具备过错要件。

构成环境污染和生态破坏责任的要件是:(1)行为人实施了环境污染或者生态破坏行为。(2)环境受到污染,生态受到破坏。生态是指一切生物的生存状态,以及它们之间和它与环境之间环环相扣的关系;环境通常是指人类生活的自然环境,按环境要素可分为大气环境、水环境、土壤环境、地质环境和生物环境等。生态和环境原本是分开的,因而使环境和生态的损害责任对立起来。《民法典》第1229条把生态和环境规定在一起,形成统一的概念,凡是造成生态环境损害的,都构成环境污染和生态破坏责任的要件。(3)行为人实施的行为与环境污染和生态破坏的损害结果之间有因果关系。

符合上述要件的行为,即构成环境污染和生态破坏责任,行为人对受到损害的被侵权人承担损害赔偿责任。

九、高度危险责任

高度危险责任,是指从事高度危险活动或者持有高度危险物,在相关的作业活动中造成他人损害,应当适用无过错责任原则承担侵权责任的特殊侵权责任。

高度危险责任适用无过错责任原则,在侵权责任构成中,无须具备过错要件。

构成高度危险责任的要件是:(1)行为人从事高度危险活动或者持有高度危险物。(2)从事的高度危险活动或者持有的高度危险物造成了他人的人身损害或者财产损害。(3)从事高度危险活动或者持有的高度危险物与他人受到损害之间具有因果关系。

高度危险责任的责任承担规则,是高度危险活动或者高度危险物致人损害后,高度危险活动和高度危险物的经营者承担侵权责任。

《民法典》规定的高度危险责任包括:民用核设施和核材料损害责任(第1237条);民用航空器损害责任(第1238条);占有、使用高度危险物损害责任(第1239条);高度危险活动损害责任(第1240条);遗失、抛弃高度危险物损害责任(第1241条);非法占有高度危险物损害责任(第1242条);未经许可进入高度危险活动区域、高度危险物存放区域损害责任(第1243条)。

十、饲养动物损害责任

《民法典》第1245条规定,饲养的动物造成他人损害的,动物饲养人或者管理人应当承担侵权责任;但是,能够证明损害是因被侵权人故意或者重大过失造成的,可以不承担责任或者减轻责任。饲养动物损害责任适用无过错责任原则。

饲养动物损害责任的构成要件是:(1)民事主体饲养了动物;(2)被侵权人受到了人身损害或者财产损害;(3)被侵权人人身损害或者财产损害与民事主体饲养的动物之间有因果关系。如果损害是由于被侵权人的故意或者重大过失所致,是动物饲养人或者管理人不承担责任或者减轻责任的事由。《民法典》第1245条关于"能够证明损害是因被侵权人故意或者重大过失造成的,可以不承担或者减轻责任"的规定,很多人提出免责和减责的界限不清晰。对此应当解读为,无论被侵权人是故意造成损害还是重大过失造成损害,都应当根据被侵权人的过错行为对损害发生具有的原因力确定,如果故意或者重大过失是损害发生的全部原因,则应当免除责任;如果故意或者重大过失是损害发生的部分原因,则应当减轻责任。

动物饲养人或者管理人违反管理规定未对动物采取安全措施造成他人损害,无须考察动物饲养人或者管理人的过错,直接按照无过错责任原则确定侵权责任。未对饲养动物采取安全措施损害责任的构成要件是:(1)动物饲养人在饲养动物过程中,违反法律、法规和管理规章的规定;(2)对应当按照规定采取安全措施的饲养动物,没有采取安全措施;(3)饲养的动物造成了被侵权人的人身损害或者财产损害。例如,在城市饲养大型犬,没有按照规定采取安全措施,造成他人损害,应当承担赔偿责任。

禁止饲养的烈性犬等危险动物造成他人损害的,是饲养动物损害责任中最严格的责任,不仅适用无过错责任原则,而且没有规定免责事由,因而被称为绝对责任条款。禁止饲养的动物,不仅包括烈性犬,还包括类似烈性犬等其他凶猛的危险动物。具体的范围是:(1)烈性犬,如藏獒等;(2)家畜、家禽中的其他危险动物;(3)禁止饲养的野生动物,属于危险动物,如野猪、狼、豺、虎、豹、狮等。凡是饲养禁止饲养的动物,造成损害的,应当按照无过错责任原则,由动物的饲养人或者管理人对被侵权人承担赔偿责任。由于《民法典》第1247条是绝对责任条款,即使受害人因故意或者重大过失引起损害的,也不能免除或者减轻饲养人或者管理人的赔偿责任。

动物园饲养的动物损害责任不适用无过错责任原则,而适用过错推定原则。动物园的动物造成他人损害,首先推定加害人具有过错,加害人主张自己无过错的,实行举证责任倒置,即必须证明自己已经尽到管理职责。能够证明已经尽到管理职责的,为无过错,免除侵权赔偿责任;不能证明者,为有过错,应当承担赔偿责任。

遗弃、逃逸动物,称为丧失占有的动物,是动物饲养人或者管理人将动物遗弃或者动物逃逸,而使动物饲养人或者管理人失去了对该动物的占有。例如,遗弃猫、狗而形成流浪猫、流浪狗。

遗弃、逃逸饲养动物损害责任适用无过错责任原则。动物的遗弃,包括遗失和抛弃。动物遗失,不是所有人放弃了自己的权利,而是暂时丧失了对该动物的占有,所有权关系没有变化,因而遗失的动物造成他人损害的,应当由动物的饲养人或者管理人承担侵权责任。动物被抛弃,是权利人对自己饲养动物的权利的事实处分,是对自己财产权的抛弃,被抛弃的动物与原权利人就没有关系了。被抛弃的动物造成他人损害的,原则上应当由其原饲养人或者管理人承担民事责任;如果被抛弃的动物已经被他人占有的,动物的占有人在事实上已经管领了该动物,是该动物的事实上的占有人,因此应当由其占有人承担民事责任。动物逃逸后,动物的所有权关系并没有变化,仍然由权利人所有。逃逸的动物造成他人损害的,应当由动物的所有人或者管理人承担侵权责任。驯养的野生动物被抛弃、遗失或者逃逸后,该动物有可能彻底脱离驯养人而回归自然,重新成为野生动物。由于初回野生状态的动物可能难以迅速适应新的生活,而接近人类,侵害他人的财产或人身,动物的原饲养人或管理人应承担赔偿责任。如果回复野生状态的动物适应了新的生活,动物的原饲养人或管理人不再对其所造成的侵害负赔偿责任。

因第三人的过错致使动物造成他人损害的,被侵权人可以向动物饲养人或者管理人请求赔偿,也可以向第三人请求赔偿。动物饲养人或者管理人赔偿后,有权向第三人追偿。

十一、建筑物和物件损害责任

(一)不动产倒塌、塌陷责任

不动产倒塌、塌陷损害责任分为两种类型:

1. **不动产建设缺陷、塌陷损害责任**

不动产建设缺陷、塌陷损害责任的具体规则是:(1)该损害责任适用过错推定原则,建筑物、构筑物或者其他设施倒塌、塌陷造成他人损害的,推定该建筑物、构筑物或者其他设施存在建设缺陷,由建设单位与施工单位对被侵权人的损害承担连带责任。(2)建设单位与施工单位能够证明自己的建筑物、构筑物或者其他设施不存在质量缺陷的,建设单位与施工单位就不承担赔偿责任。(3)建设单位与施工单位不能证明自己的建筑物、构筑物或者其他设施不存在建设缺陷,但是能够证明建设缺陷、塌陷是由其他责任人所致,例如勘察单位、设计单位、监理单位或者建筑材料供应单位造成的建设缺陷,则建设单位、施工单位在赔偿后,有权向其他责任人追偿。

2. **不动产管理缺陷损害责任**

建筑物、构筑物或者其他设施倒塌,造成他人损害的,不是因建设缺陷所致,而是因所有人、管理人、使用人或者第三人存在管理缺陷的原因所致,由所有人、管理人、使用人或者第三人承担侵权责任。确定赔偿责任主体的方法是,证明是谁造成的管理缺陷致使建筑物等倒塌,就向谁请求承担赔偿责任,而不适用不真正连带责任规则分担损失赔偿责任。

(二)不动产及其搁置物、悬挂物脱落、坠落损害责任

不动产及其搁置物、悬挂物损害责任,是建筑物、构筑物或者其他设施及其搁置物、悬挂物因设置或保管不善而脱落、坠落等,造成他人人身或财产损害,不动产或者物件的所有人、管理人或者使用人应当承担损害赔偿责任的物件损害责任。

不动产及其搁置物、悬挂物损害责任的构成要件是:(1)造成损害的物件是建筑物、构筑物或者其他设施及其搁置物、悬挂物。建筑物、构筑物或者其他设施是不动产,不动产上的搁置物、悬挂物是动产,依附在不动产上。搁置物都属于人工搁置;而悬挂物包括人工悬挂物和自然悬挂物,例如建筑物上的冰柱、积雪属于自然悬挂物。(2)不动产及其搁置物、悬挂物造成损害的方式是脱落、坠落等。(3)脱

落、坠落的不动产组成部分或者搁置物、悬挂物造成了他人的人身损害或者财产损害。(4)不动产及其搁置物、悬挂物的所有人、管理人或者使用人存在管理过失,采取过错推定的方式,由不动产的所有人、管理人或者使用人举证证明自己没有过失,不能证明或者证明不足的,即确认存在过失。

不动产及其搁置物、悬挂物损害责任的主体为所有人、管理人或者使用人。被侵权人可以选择所有人、管理人或者使用人承担赔偿责任。按照过错推定原则的要求,只要所有人、管理人或者使用人不能证明自己没有过错的,就应当承担侵权责任。

建筑物、构筑物或者其他设施及其搁置物或者悬挂物造成的损害,是由所有人、管理人或者使用人以外的其他第三人所致,不动产的所有人、管理人或者使用人在承担了赔偿责任后,有权向其他责任人追偿。

(三)从建筑物中抛掷、坠落物品致害而侵权人不明

与《侵权责任法》第87条规定相比,《民法典》第1254条的规定有了重大改变,其规定的基本规则是:

1. 禁止从建筑物中抛掷物品

这是一个禁止性规定,是对从建筑物中抛掷物品、坠落物品损害责任的基础性规定。从建筑物中抛掷物品,是非常危险的危害公共安全的行为,而且是非常不道德、违反公序良俗的,必须严格禁止。

2. 从建筑物中抛掷物品或者坠落物品造成损害由侵权人承担责任

任何人从建筑物中抛掷物品,或者从建筑物上坠落物品,造成他人损害的,都由侵权人承担责任,侵权人就是抛掷物品的行为人,或者坠落物品的建筑物的所有人、管理人或者使用人。

3. 经调查难以确定具体侵权人由可能加害的建筑物使用人给予补偿

经调查难以确定具体侵权人的,由可能加害的建筑物使用人给予补偿,这是《侵权责任法》第87条就已经确定的规则。从建筑物抛掷、坠落的物品致人损害侵权人不明,补偿责任的构成要件是:(1)行为人从建筑物中抛掷物品,或者建筑物有坠落物品;(2)抛掷的物品或者坠落的物品造成他人损害,主要是人身损害;(3)实施抛掷行为或者坠落物品的所有人不明,不能确定真正的加害人;(4)在特定建筑物的使用人中,有的不能证明自己不是侵权人。

具备上述四个要件,该建筑物的使用人是可能加害的建筑物使用人。责任承

担的方式,是由可能加害的建筑物使用人对受害人的损失给予补偿,而不是承担连带责任。补偿的责任范围,应当依照每一个人的经济状况适当确定。

能够证明自己不是加害人,即没有实施建筑物抛掷物品行为,也不是建筑物坠落物品的权利人的,不承担补偿责任。

4. 可能加害的建筑物使用人补偿后有权向侵权人追偿

由可能加害的建筑物使用人承担补偿责任,其中必定有无辜者,即没有加害的建筑物使用人。为公平起见,可能加害的建筑物使用人承担补偿责任后,确定侵权人的,可以向其进行追偿。

5. 建筑物管理人未采取安全保障措施依法承担责任

建筑物管理人,是建筑物的管理者,即物业管理企业或者物业管理人,他们对建筑物的安全负有安全保障义务。因此,《民法典》第1254条第2款规定,物业服务企业等建筑物管理人应当采取必要的安全保障措施,防止高空抛掷物品或者坠落物品造成损害的发生。未尽此安全保障义务,造成损害的,应当依照《民法典》第1198条的规定,承担违反安全保障义务的损害责任。

6. 公安机关应当依法及时调查,查清责任人

在加害人不明的高空抛物损害责任中,绝大多数其实都是能够查清的,但是由于高空抛物损害责任是规定在民法中的民事责任,因此案件发生后,公安机关并不进行立案侦查。正因为如此,才出现了大量的加害人不明的高空抛物损害问题,采用"连坐法",导致承担补偿责任的人怨声载道,抱怨法律的不公平。为避免大量出现加害人不明的高空抛物损害责任,《民法典》第1254条第3款规定"公安机关应当依法及时调查,查清责任人"。出现高空抛物损害案件,公安机关应当及时立案侦查,查清责任人,依法处置。只有动用侦查手段仍然查不清责任人的,才由可能加害的建筑物使用人给予补偿。

(四) 堆放物损害责任

堆放物损害责任的归责原则,适用过错推定原则。对堆放物损害责任实行过错推定,受害人在请求赔偿时无须举证证明堆放物的所有人或者管理人对致害有过错,而是从损害事实中推定所有人或者管理人有过错。所有人或者管理人主张自己无过错的,应当举证证明,不能证明或者证明不足则推定成立。

堆放物损害责任的构成要件是:(1)须有堆放物的致害行为,即堆放物倒塌、滚落、滑落。(2)须有受害人受到损害的事实,即造成受害人人身伤害或者财产损失。

(3)堆放物滚落、滑落或者倒塌与受害人损害事实之间有因果关系。倒塌、滚落、滑落等物理力并未直接作用于他人,而是引发其他现象致他人受损害的,亦为有因果关系。(4)须堆放物的所有人或管理人有过错,例如堆放或管理不当,使用方法不当,均为过失方式。

堆放物损害责任的赔偿权利主体是被侵权人,其可以直接向责任主体索赔。赔偿责任主体是堆放人,堆放物是由谁堆放的,谁就是损害赔偿责任主体。

堆放人能够证明自己无过错的,不构成侵权责任。堆放物的损害完全是由受害人自己的过错造成的,免除堆放人的损害赔偿责任;损害是由双方过错行为造成的,则依过失相抵规则处理。

(五)障碍通行物损害责任

障碍通行物损害责任,是指在公共道路上堆放、倾倒、遗撒妨碍通行的障碍物,造成他人损害的,行为人承担过错责任,公共道路管理人承担过错推定责任的侵权赔偿责任。这里包括两种责任,一是行为人的责任;二是公共道路管理人的责任。

在公共道路上堆放、倾倒、遗撒妨碍通行的障碍物,造成了他人的损害,行为人有过错,符合过错责任的要求,应当承担赔偿责任。

公共道路管理人承担障碍通行物损害责任,应当遵循以下规则:

(1)障碍通行物损害责任的构成要件是:第一,造成损害的物件是在公共道路上堆放、倾倒、遗撒的障碍物,该障碍物妨碍通行;第二,堆放、倾倒、遗撒的障碍物造成了他人的人身损害或者财产损害;第三,公共道路管理人对障碍通行物未尽到清理、防护、警示义务,存在过错。

(2)障碍通行物损害责任的责任主体,是公共道路管理人。《侵权责任法》第89条规定的是"有关单位或者个人",含义不十分明确,也能确定就是公共道路的管理人。《民法典》第1256条对此明确规定由公共道路管理人承担赔偿责任。

(3)公共道路管理人承担责任的范围,是"相应的责任",而不是全部赔偿责任。具体确定方法,就是与公共道路管理人管理过失相适应的赔偿责任,即有多少过失,就承担多少责任。

(4)公共道路管理人在承担了赔偿责任之后,对堆放、倾倒、遗撒障碍物的行为人是否享有追偿权,对此《民法典》没有具体规定。在公共道路管理人承担了赔偿责任后,发现了障碍物的权利人的,依照法理,有权向堆放、倾倒、遗撒障碍物的行为人主张行使追偿权,使自己的损失得到赔偿。

(六) 林木损害责任

林木损害责任,是指林木折断、倾倒或者果实坠落等造成他人人身损害、财产损害的,由林木所有人或者管理人承担损害赔偿责任的物件损害责任。

林木损害责任的归责原则是过错推定责任原则。被侵权人请求赔偿无须举证证明林木所有人或者管理人对造成他人损害有过错,从损害事实中推定林木所有人或者管理人在主观上有过错。所有人或者管理人主张自己无过错的,应当举证证明。不能证明或者证明不足,则推定成立,即应承担损害赔偿责任;确能证明者,免除其损害赔偿责任。

林木损害责任须具备的构成要件是:(1)须有林木的致害事实,如林木折断、倾倒、果实坠落;(2)须有被侵权人的人身或者财产损害的事实,即林木折断、倾倒或者果实坠落造成被侵权人的人身损害或者财产损害;(3)损害事实须与林木折断、倾倒或者果实坠落之间有因果关系;(4)须林木的所有人或管理人有过错。管理不当的行为推定有过错。

损害责任的赔偿权利主体是被侵权人,赔偿责任主体是林木的所有人或者管理人。被侵权人向林木的所有人或者管理人请求承担赔偿责任。林木所有人或者管理人能够证明自己无过错的,不成立赔偿责任。

(七) 地下工作物损害责任

地下工作物损害责任,是指在公共场所或者道路上挖掘、修缮安装地下设施等形成的地下物,或者窨井等地下工作物,施工人或者管理人没有设置明显标志和采取安全措施,或者没有尽到管理职责,造成他人人身或者财产损害,施工人或者管理人应当承担赔偿损失责任的物件损害责任。

地下工作物损害责任适用过错推定原则。其构成要件是:(1)致害物件为地下工作物,即在公共场所或者道路上挖掘、修缮安装地下设施等形成的工作物,都以空间的形式与土地的地表相连。(2)地下工作物造成了他人的人身损害或者财产损害。(3)地下工作物与受害人的损害事实之间有因果关系。(4)地下工作物的施工人或者管理人存在未设置明显标志、采取安全措施或者未尽管理职责的过失。

地下工作物损害责任分为两种类型:第一,施工中的地下工作物损害责任。地下工作物致人损害的过失在于施工人,施工人未设置明显标志和采取安全措施,存在过失,是赔偿责任主体,应当对被侵权人承担侵权赔偿责任。第二,使用中的地下工作物损害责任。窨井等地下设施造成他人损害,过失在于管理人未尽管理职责,因而对被侵权人造成的损害,应当承担赔偿责任。

无论是施工中的地下工作物损害责任,还是使用中的地下工作物损害责任,施工人或者管理人能够证明自己没有过失的,都不构成侵权责任,对被侵权人不承担赔偿责任。如果损害完全是由受害人的过错所致,则免除地下工作物施工人、管理人的损害赔偿责任;如果损害是由双方过错行为造成的,依照《民法典》第1173条关于过失相抵的规则进行责任分担。

图书在版编目(CIP)数据

中国民法典精要 / 杨立新著. —北京：北京大学出版社，2020.12
ISBN 978-7-301-31626-9

Ⅰ.①中… Ⅱ.①杨… Ⅲ.①民法—法典—中国—部教育—学习参考资料 Ⅳ.①D923

中国版本图书馆 CIP 数据核字(2020)第 178100 号

书　　　　名	中国民法典精要 ZHONGGUO MINFADIAN JINGYAO
著作责任者	杨立新　著
责 任 编 辑	刘文科
标 准 书 号	ISBN 978-7-301-31626-9
出 版 发 行	北京大学出版社
地　　　　址	北京市海淀区成府路 205 号　100871
网　　　　址	http://www.pup.cn　http://www.yandayuanzhao.com
电 子 信 箱	yandayuanzhao@163.com
新 浪 微 博	@北京大学出版社　@北大出版社燕大元照法律图书
电　　　　话	邮购部 010-62752015　发行部 010-62750672　编辑部 010-62117788
印 　刷 　者	北京圣夫亚美印刷有限公司
经 　销 　者	新华书店
	730 毫米×980 毫米　16 开本　20 印张　342 千字 2020 年 12 月第 1 版　2021 年 9 月第 2 次印刷
定　　　　价	69.00 元

未经许可，不得以任何方式复制或抄袭本书之部分或全部内容。
版权所有，侵权必究
举报电话：010-62752024　电子信箱：fd@pup.pku.edu.cn
图书如有印装质量问题，请与出版部联系，电话：010-62756370